Meredith Sanduct. North

Mujeres Apasionadas

Las grandes historias de amor
suelen tener como protagonistas a
mujeres apasionadas, que hicieron de
su vida lo que la posteridad ve a modo
de verdaderas novelas, pero que
fueron dramas reales y muy intensos
que compiten ventajosamente con las
ficciones más famosas de la literatura.
Nadie hubiera podido imaginar
heroínas amorosas con una
personalidad tan fuerte, tan patéticas
y arrebatadas como las que conocemos
con todo lujo de detalles por las
crónicas de tiempo atrás; desde los
sentimientos más sublimes del amor
divino hasta la venalidad de las
célebres cortesanas de antaño, sin
desdeñar la voluptuosa atracción que
es posible sentir por el poder, el arte
o la ciencia, toda la gama de las
inclinaciones del corazón femenino.
En esta colección se recogen de
forma a un tiempo rigurosa y amena,
con la seriedad de un punto de vista
objetivo e histórico, pero también con
la maestría de los buenos escritores,
las apasionantes vidas de estas
mujeres que hicieron de su nombre un
símbolo del amor que, según el poeta,
«mueve el mundo y las estrellas».

CATALINA DE ARAGÓN,
mujer legítima de Enrique VIII

José Luis Olaizola

CATALINA DE ARAGÓN,
mujer legítima de Enrique VIII

Planeta

COLECCIÓN MUJERES APASIONADAS
Dirección: Rafael Borràs Betriu
Consejo de Redacción: Antonio Padilla, Mariona Costa,
 Marcel Plans y Carlos Pujol

© José Luis Olaizola, 1993
© Editorial Planeta, S. A., 1993
 Córcega, 273-279, 08008 Barcelona (España)
Ilustración y cronología al cuidado de Antonio Padilla
Diseño colección y cubierta de Hans Romberg
Ilustraciones cubierta: anterior, detalle de la
 procesión hacia el torneo de Westminster (1511),
 celebrado al nacer un hijo de Enrique VIII y
 Catalina de Aragón; posterior, detalle del retrato
 de Enrique VIII, por Holbein el Joven

Procedencia de las ilustraciones: Archivo Editorial
 Planeta

Primera edición: noviembre de 1993
Depósito Legal: B. 34.422-1993
ISBN 84-08-01043-3
Composición: Fort, S. A.
Papel: Offset Munken Book, de Munkedals AB
Impresión: Duplex, S. A.
Encuadernación: Auxiliar Gráfica Jiro, S. A.
Printed in Spain - Impreso en España

Índice

PRIMERA PARTE

La princesa Catalina, viuda del príncipe Arturo

CAPÍTULO PRIMERO

JUAN EGAÑA, LATINO Y NAVEGANTE

Conocí a nuestra señora la reina Catalina en el año del Señor del 1501, reinando en Castilla su madre, la excelsa reina Isabel, y en Aragón su egregio padre Fernando, ambos unidos los monarcas más poderosos de la Cristiandad con intereses en otros reinos, como el de Nápoles y el Rosellón, más los nuevos territorios recién hallados por el almirante Cristóbal Colón, al servicio de Castilla, allende la mar océana, y a los cuales yo me dirigía huido de la justicia no por demérito de mi conducta, sino por el necio afán de un padre que so pretexto de amoríos de juventud porfiaba que había de casarme con una hija suya que decía que había deshonrado a los ojos de los hombres.

Para mi desgracia este varón era el justicia mayor de la villa en que nací, en tierras de Bizcaya, muy próxima al reino de Francia, y siendo hombre de pocas letras, padre de cuatro hijas, pensaba que todo su quehacer en este mundo había de consistir en casarlas, y mi perdición estuvo en que me aficioné a la mayor de ellas, doncella de buen reír y mejor bailar nuestras danzas, mas de ahí no pasó la cosa.

Hace al caso esta disertación para que se alcance a comprender, con el ejemplo de mi persona, cómo Nuestro Señor dispone de nuestras vidas sin que a nosotros nos quepa cosa alguna que no sea someternos a sus inescrutables designios. ¿Quién había de decirme a mí, cuando andaba al desamparo por no querer casar con quien no me correspondía, que había de terminar en la corte de Inglaterra, al servicio de majestades, de cuya existencia no tenía noticia? ¿Y quién había de decir a sus Serenísimas Majestades Católicas que de aquel su empeño y razonar en que su hija Catalina casara con el príncipe de Inglaterra, se habrían de derivar tantos males para tan amada hija, al tiempo que grave daño para la Cristiandad entera?

De mi persona baste saber que nací hijo de mujer aldeana y caballero principal que nunca alcancé a conocer. Mi apellido es el de mi madre, Egaña, que se correspondía con el del caserío en el que vivíamos, situado en un monte muy alto, desde el que alcanzábamos a ver el mar. De mi padre se sabía que era un caballero de Castilla que volvía de una guerra con Francia y, malherido, fue atendido en el caserío Egaña. De cómo fueron aquellos amores sólo acierto a decir que mi madre era doncella y no mal parecida, que sólo se expresaba en nuestra habla vizcaína, pero que hay negocios que se arreglan sin palabras y de ahí fue el que naciera yo. Dicen que cuando el caballero curó de sus heridas retornó a la guerra de la que nunca más volvió, pero mi madre no perdió la esperanza cierta que, de volver, habría de cumplir la palabra de matrimonio que le dio.

De eso nos vinieron muchos males, pues siendo el caserío de los ricos del lugar, con hasta media docena de vacas, buenos prados y tierra muy fértil para huerta, no le faltaron quienes quisieran casarse con ella, sin mirar a que ya tuviera un hijo habido fuera del legítimo connubio, pero mi madre seguía con el pío del caballero castellano, y siendo sola en el mundo, muy descuidada la hacienda, acabó por malbaratarla en manos de jornaleros que sólo iban a su provecho. A mí me educó como ella entendía que había de ser el hijo de un caballero, que a la postre consistió en que el clérigo del lugar me enseñara algunas letras y en que mis manos no se ensuciaran trabajando aquella tierra tan hermosa, que a nada que nos hubiéramos aplicado a ella muy distinta fuera nuestra suerte.

Cuando cumplí los diecisiete años, justa edad para discurrir y poner fin a aquel desatino, ya el mal no tenía enmienda. Las trampas se llevaron el caserío y nos hubimos de ir a vivir a una choza del pueblo, de las más pobres, y en ella mi madre murió de melancolía. Nuestro Señor Jesucristo se habrá apiadado de su alma, pues salvado su pecado de juventud, en todo fue fidelísima al recuerdo del hombre amado y si conmigo erró dándome una educación que no me correspondía, fue por entender que algún día el caballero habría de regresar y pedirle cuentas de mi persona. Digo que erró, y es un decir, pues aquellas pocas letras de mucho me sirvieron, como se verá, en la corte de los reyes de Inglaterra.

Fallecida mi madre hube de hacer en tierra ajena lo que ella no consintió que hiciera en la propia: trabajar con mis manos en las labores más viles para no morir de hambre. No digo que haya vileza en trabajo alguno que sea honrado, sino en que los hacen viles los que se aprovechan de él como fue el caso del nombrado justicia mayor, Pedro Mendía, quien se concertó conmigo para que le hiciera un huerto de un bosquecillo de hayas que tenía en su heredad. En lo de cortar hayas tenía yo alguna fama, pues nos servía de juego en nuestras fiestas y apostábamos unos contra otros, sobre quién cortaría más troncos en menos tiempo, y en el envite tomaban parte todos los de la comarca. Esta costumbre también la tienen los ingleses, aunque con otra clase de juegos. Mas para hacer un huerto no basta con cortar árboles sino que hay que toconearlos, esto es, descubrir la tierra alrededor de las raíces, para arrancar los muñones, y este trabajo es tan esforzado que hombres muy recios apenas pueden con él. Y el Pedro Mendía se mostró muy mísero en esto último, diciéndome que el concierto de pago comprendía también los tocones, con lo que un año de trabajo no diera para comprarme un jubón. Me lo dijo cuando la labor ya estaba hecha y yo sin remedio, pues en enredos resultó el Pedro Mendía hijo predilecto del padre de la mentira, y rey de los infiernos.

Mientras anduve en el toconeo, con el afán que se traía de ver su campo presto para ser huerto, todo eran gentilezas y bien que cuidaba de que sus hijas me tuvieran atendido, sobre todo en lo que a la comida atañe; nunca me faltaron las habichuelas coloradas con buenos tajos de to-

13

cino y hasta gallina los días de fiesta. De entre ellas la mayor me mostró singular devoción pues tenía en mucho que yo fuera hijo de un caballero principal, quien si algún día aparecía podía hacer de mí lo mismo. La figura la tenía hermosa, la edad pareja con la mía, y yo andaba tan solo en la vida, recién huérfano de madre tan querida, que algún consuelo encontraba en sus atenciones; mas no por ello pasaron de lo que el decoro aconseja. Eso lo había aprendido del clérigo del lugar, que se dio más gracia en enseñarme las leyes de Dios, que las de la gramática en las que andaba muy corto, salvado el latín del que era muy apasionado.

Para mi mala fortuna el Pedro Mendía tenía como virtud considerar en más el trabajo que los bienes de fortuna y viéndome hincar el lomo para despejarle el predio, sin reparar a que lloviera o quemara el sol, tampoco él puso reparo a las atenciones que me mostraba su hija, pues no habiendo tenido hijos varones, pensaba que yo podía hacer las veces casando con aquella hija. En éstas llegó el arreglo de cuentas y nos desconcertamos por lo del toconeo; tan terne se mostró, que aquel mismo día abandoné su heredad y me embarqué en un bajel de los de remo y vela, para hacer la marea pescando la merluza. No lo hice por huir, como corrió la voz el Pedro Mendía, sino por necesidad, pues en las mareas de la merluza, cuando son buenas, se gana más que trabajando la tierra.

El pueblo en el que nací se llama Zumaia, en la bahía de Bizcaya, y si los campos que lo rodean son buenos para labrar, no lo son menos sus costas para pescar. Mucho me place la mar y desde muy niño anduve en ella, pues mi clérigo gustaba de unos moluscos en cuyo cuerpo se contiene una bolsa de tinta, con la que se guisa una salsa muy sustanciosa. En Inglaterra no he dado con ellos, ni en otras costas de nuestro reino creo que tengan aprecio, pues al ser la salsa del color de la pez repele a los que no conocen sus gracias. En mi tierra los llamamos *txipirones*. Los días de mar en calma salíamos a pescarlos y como natura me ha dotado, sin mérito alguno por mi parte, de gran destreza para los ejercicios de fuerza, mucho disfrutaba yo impulsando el esquife con los remos, mientras el clérigo echaba los anzuelos.

14

También influyó en esta afición la costumbre de aquella costa de hacer por juego, en las fiestas, lo que es trabajo los otros días. Así, siendo ya muchacho, tomaba parte en las regatas de embarcaciones a remo que unas villas emprendían contra otras. Gran virtud es hacer del trabajo diversión, si no fuera por la fea costumbre de mediar envites de dineros, que a veces traen la ruina a las familias. No fui yo ajeno a este vicio y debo de confesar, con dolor, que algunos de los débitos que se llevaron por la trampa el caserío Egaña tuvieron su causa en esa ceguera. Y digo ceguera, pues teniendo mi madre a desdoro el que trabajara con mis manos, lo dispensaba mediando el juego por considerarla diversión propia de caballeros, aunque para satisfacerla tuviera que empeñar su hacienda, como así sucedió.

Habla en mi favor que cuando nos vino la ruina, no tuve a menos servirme de aquellas mañas para ganarme honradamente la vida; por eso me fui a la marea de la merluza, como tengo dicho, y el patrón me tomó de grado por ser conocida mi destreza en las cosas de la mar. Duró tres semanas la pesca y a mi regreso fue cuando me encontré con el infundio del Pedro Mendía de que por haber comprometido a su hija mayor debía reparación. Invocó testigos de que nos habían visto juntos en lugares apartados, y hasta cogidos de la mano, lo cual no se podía negar, ni tampoco otros excesos que cometimos, pues ella era muy consentidora y yo, ya digo, muchacho de diecisiete años, inquieto y bullidor. Pero más por mi decoro, que por sus disposiciones, nada hubo en lo que atañe a que una doncella deje de serlo, de ahí mi espanto cuando se me pidió reparación.

Los marineros de mi compañía, gente indocta y de baja condición, me decían que nada mejor podía sucederme pues casando con mujer adinerada se acabaron las penas de andar por la mar, con tanto riesgo para la vida. Y hasta me felicitaban por la maña que me había dado en deshonrarla de manera que tuviera que reparar de modo tan ventajoso. Muchos en el pueblo eran de su mismo parecer. Mi clérigo ya había entregado su alma a Dios y en cuestión tan principal no me pudo aconsejar. Y mira quién me fue a aconsejar, mujer tan malvada, que de seguir sus consejos mereciera que mi alma ardiera en los infiernos, como andará penando la suya, siempre salvada la misericordia de Dios hasta con los pecadores más empedernidos.

Esta mujer no se recataba de que la llamaran *Ama Sorgin*, que en nuestra habla es tanto como decir madre bruja, aunque ella decía que sus hechicerías sólo las empleaba para bien del prójimo y presumía de muy piadosa. Con las hierbas se daba mucho arte y a más de uno curó de hidropesía y del mal de temblores; también tenía muy buenas manos para arreglar huesos y quitar las verrugas y otras miserias de la piel, por lo que era apreciada entre las doncellas que gustaban de mostrarla muy pulida. A mi madre la atendió en su mal de melancolía y si no acertó a quitárselo, sí ayudó a que muriera muy soñadora con lo de su caballero castellano, gracias a unos brebajes que le daba, y también la consoló asegurándole que faltando ella sería para mí como una madre.

Por nada quisiera yo tenerla como tal, pues siendo en extremo codiciosa fue de las que se aprovechó del poco discurrir de la mía verdadera para prestarle dinero en usura, que luego se cobró con tierras del caserío Egaña. Aun siendo malvada sabía expresarse con tal dulzura que, en su presencia, te sentías sosegado y de eso se valía como se sirvió la serpiente en el Paraíso Terrenal para embaucar a nuestra madre Eva.

Cuál no sería mi asombro cuando al desembarcar en Zumaia un varón del concejo, hombre sesudo, pariente por parte de mi abuelo materno, me advirtió de lo que sucedía y, al tiempo que reprendía mi conducta, me aconsejaba que hiciera de grado lo que si no habría de hacer por la fuerza, pues tales eran las leyes de nuestro concejo:

—¿Cómo así? —me admiré yo—. ¿Desde cuándo el cortejar a una doncella obliga a casarse con ella?

—El cortejar no obliga, pero sí el que deje de ser doncella por culpa del cortejo —replicóme mi tío.

—¿Y quién se atreve a decir tanto?

—La propia afrentada, su padre, y los testigos que os han visto en disposición que hace presumir lo que había de ocurrir.

Quedé en extremo afligido considerando que la muchacha que me trataba con tales muestras de cariño lo hubiera hecho con tan torcidas intenciones.

—Por los clavos de Nuestro Señor Jesucristo —me atreví a jurar— que no he de tomar por esposa a quien en tan poco tiene su honra que finge haberla perdido con tal de alcanzar su propósito.

Ahí fue cuando se encolerizó mi pariente y me dijo que la afrenta había sido comprobada, conforme a la costumbre del lugar, por *Ama Sorgin*. Decirme esto y sentirme perdido fue todo uno, al punto de que las lágrimas se me vinieron a los ojos. Mi tío, compadecido de mí, me razonó sobre lo que debería hacer ya que, siendo el padre de la agraviada justicia mayor del concejo, de poco habían de valer mis excusas, y que a la postre no había de faltarme un plato a la mesa y la herencia en su día. De poco consuelo me sirvió esto último pues según nuestras leyes viejas, el hijo, sea por sangre, o por matrimonio, debe trabajar para el padre sin tener otro derecho que el de la mantenencia, hasta su muerte. Y bien sabía yo, por la experiencia del bosquecillo de hayas, cómo quería el Mendía que le trabajasen sus tierras. Era tanto como convertirme en esclavo sin otra esperanza de redención que el transcurso de una eternidad, pues el Mendía no andaría más allá de los cuarenta y la salud muy recia.

Desconsolado, sin acertar a discurrir, sólo alcancé a ir a pedirle cuentas a la *Ama Sorgin* por su complicidad en el engaño.

—¿Cómo puedes pensar que sea capaz de buscar tu mal —me reprendió la mujer— si en el mismo lecho de muerte prometí a tu madre que, en faltando ella, haría sus veces?

La *Sorgin* no era mujer de mala presencia, ni tan siquiera de muy avanzada edad, pero se mostraba tan avariciosa de bienes terrenos que de toda su persona emanaba miseria, pues por no gastar un doblón vestía de andrajos y lo mismo se podía decir de la casa en la que vivía, que apenas merecía el nombre de tal. Pero a nadie engañaba fingiendo tanta pobreza pues todos en la comarca sabían los dineros que lucraba, en ocasiones merecidamente, pues ya queda dicho el arte que se daba en curar algunos males, pero las más deshonestamente con robos y usuras que eran peor que robos. Y por ahí le vino una muerte atroz como alcancé a saber años después. Según aumentaba su fama por las curaciones, todas las gentes se hacían lenguas de dónde escondería sus dineros, pues si bien era muy dada a comprar tierras, no lo era menos al tintineo de las monedas de oro que, como es sabido, es mal común a todos los avarientos.

Una noche se presentaron en su casa dos malhechores, que habían sido soldados en Italia, y no temían ni a Dios ni al diablo, y poco se les daba de los poderes ocultos que decía tener *Ama Sorgin* para que nadie se atreviera a tentarle la ropa. En esa confianza vivía la pobre desgraciada sin más amparo que el de un perro, con fama de muy fiero. Comenzaron los malvados por degollarlo y allí se acabó su fiereza; luego continuaron con la vieja jurándole que si les entregaba los dineros la dejarían con vida. Tenerlos los tenía, pero era tal su vesania por las riquezas, que más quiso la muerte que darles un solo ochavo. Y muerte horrible fue pues los malhechores le iban dando tormento, y cortándola a trozos, para que confesara dónde escondía su tesoro. Tan poco consiguieron que cuando los prendieron, no pudieron acusarlos de robo y hubieron de ahorcarlos sólo por asesinos.

En Zumaia, me cuentan, ha quedado la leyenda del tesoro de *Ama Sorgin* pues ni después de muerta apareció pese a que muchas gentes, durante años, hurgaron y excavaron por todos los lugares por donde anduvo tan infausta mujer.

Nuestro Señor Jesucristo y su Madre Santísima dispusieron que en aquella ocasión acertara yo a apartarme de su compañía e hiciera oídos sordos a sus venenosas dulzuras. Viene a cuento aclarar que, entre los euskaldunos, es costumbre que si una doncella dice haber sido deshonrada, una anciana del lugar ha de comprobarlo *de visu*, y éste es el engaño al que se prestó el *Ama Sorgin*, diciendo que lo había hecho por mi bien, por dejarme bien casado con rica heredera. Lo decía con mucha suavidad, fingiendo mirarme con gran amor y, por momentos, sentía yo que se hacía dueña de mi cabeza y hasta se me figuraba que la que me hablaba era mi madre. Tales eran las artes de aquella mujer.

—Pero *Ama* —le dije yo suplicando su ayuda— ¿no veis que hasta que llegue a ser heredero, me tocará ser esclavo de un amo cruel como pocos, que sólo mira a engrandecer su hacienda a costa del sudor ajeno? Como yerno ni tan siquiera tendré derecho a cobrar un jornal.

—¿Y cuánto crees que ha de durar eso? —me dijo clavando sus ojos en los míos con tal fuerza que a mí me la quitaba hasta para parpadear.

—Tanto como viva el Pedro Mendía —musité como si me dictara ella esas palabras.

—¿Y quién te dice que ha de vivir muchos años? —me susurró.

Por eso la he comparado con la serpiente que embaucó a nuestra madre Eva en el paraíso, pues lo mismo trató de hacer conmigo siendo el fruto prohibido, en esta ocasión, la vida del Pedro Mendía, que ella se encargaría de que fuera corta y huelgan más explicaciones. Dicen que las serpientes, con la fuerza de su mirada, adormecen a los pajarillos que se les acercan, los cuales, privados de su facultad de volar, presto caen entre sus fauces. Así me sentía yo ante el *Ama Sorgin* mientras la infame, como cosa muy provechosa para ambos, me explicaba los remedios de que ella disponía para acortar las vidas de las personas y hasta para troncharlas de un día para otro, pues lo mismo que hay hierbas que curan, también las hay que matan porque Dios, en su providencia, así lo había dispuesto. Decía Dios donde debía decir el diablo del que era fidelísima servidora, queriendo que yo lo fuera también, pues muerto el Pedro Mendía habría de recompensarle con parte de la herencia y tanto lo tenía discurrido, que hasta me dijo cuáles eran las tierras que había de darle.

Me sentí envuelto en un vértigo infernal que me arrastraba a lo hondo de una sima, como si fuera camino llano el que me mostraba aquella inicua mujer y punto menos que voluntad de Dios el que yo me hiciera con la hacienda del Pedro Mendía por tan ruin proceder. No digo más que salí de aquel averno con la cabeza ida y la voluntad tomada por aquella hechicera que entendió que yo consentía en cuanto me había dicho. Si llevaba razón, o no, no alcanzo a determinarlo; sólo sé que teniendo muy reciente la muerte de mi madre, devotísima de la Virgen, acordándome de sus consejos, me fui a postrar a los pies de una imagen que teníamos en lo alto de un monte, espaldas del caserío Egaña, a la que había rezado desde niño y en esta ocasión también me escuchó, pues pedirle luces y dármelas fue todo uno. Con las mismas, aquella noche dejé la villa para no volver.

¿Qué otro remedio me cabía? Si casaba con la doncella, y todos los caminos me conducían a ello, la sombra del *Ama Sorgin* y sus venenos me perseguirían pues con mi silencio le había dado a entender que estaba gustoso de ser su cómplice y por nada me soltaría. Al huir me declaraba culpable de los que me acusaban, pero entendí que era preferible ser culpable ante los hombres que ante Dios, como hubiera ocurrido caso de que el *Ama Sorgin* hubiera consumado su taimado plan.

Según la *lagizarra*, o ley vieja de los euskaldunos, con mi conducta había merecido la horca y tan pronto se conoció mi huida el concejo determinó mi captura a cargo de la Santa Hermandad. Ésta andaba recién armada por sus Majestades Católicas en tierras de Aragón y Castilla, pero su rigor también alcanzaba a Bizcaya. Mucho bien hicieron las cuadrillas de la Hermandad, limpiando de bandoleros los caminos, pero como no siempre acertaban a distinguir quiénes lo eran, algunos hubimos de padecer su celo. A Pedro Mendía, por su condición de justicia mayor, le correspondía ser el alcalde de la Hermandad de aquella parte de la costa y excúsase decir el encono que puso en ello. Burlado como se sentía, con su hija perdida la honra de palabra, aunque no de hecho, se concertó con las Hermandades de los cántabros y puso a precio mi cabeza, pues ya más me quería muerto que vivo.

Sólo se acierta a comprender que lograra escapar de aquel acoso por gracia de la Virgen de Egaña, que encaminó mis pasos. Si no ¿cómo habría de librarme, en mi desamparo, de quienes me perseguían con el señuelo de la recompensa montados sobre buenos corceles, bien dotados de arcos y escopetas? Como primera providencia puso en mi camino a uno a quien llamábamos Tomasio, que se ganaba la vida pescando aquellos *txipirones* de los que tanto gustaba mi clérigo, y por ese motivo teníamos amistad estrecha. Para otra cosa que no fuera estarse en la lancha, con los sedales a babor y estribor, decían que no servía pues tenía la cabeza muy débil y, sin ser tonto, todos en el pueblo le tomaban por tal y le hacían burla, salvado el clérigo a quien la caridad cristiana se lo vedaba y yo que tomé ejemplo de él.

Para mi fortuna aquella noche era de luna llena, que es buena para salir al *txipirón*, y topé con el Tomasio cuando iba camino de su lancha. Prueba de que no era tan tonto como le suponían es que cuando le dije que quería salir de la villa, y que en ello me iba la vida, me espetó:

—Más cuenta te trae dejarte ahorcar que casarte con la hija del Mendía. Las cuatro son malas, pero el que se case con la mayor perdido va.

El tiempo le dio razón, pero no ha lugar a más explicaciones en esta parte del relato, y sirva lo expuesto para constancia de mi necedad juvenil pues me dejé engatusar por doncella que no era ni para engañar a un tonto.

Salimos a la mar y en tres días, con sus noches, sin parar de remar, turnándonos para descabezar un sueño, alcanzamos un cabo que se llama Ogaño, muy escarpado, con cuevas, en una de las cuales pudimos refugiarnos y dormir a resguardo. Cuando despertamos me preguntó el Tomasio que a dónde pensaba ir, y yo le contesté que a las Indias que había descubierto el Cristóbal Colón. Así lo había decidido pues eran varios los marineros de Zumaia que se habían enrolado en las armadas del almirante y se decía que los ríos de aquellas islas, en lugar de guijas, arrastraban pepitas de oro. Poco se me daba a mí de las pepitas de oro pensando como andaba sólo en poner a salvo mi cabeza, y en que los que armaban los navíos de su Majestad para nada miraban si eran malhechores los que querían embarcar, faltos como estaban de tripulantes ya que las gentes se sentían medrosas de cruzar una mar océana de la que se contaba que terminaba en abrupto precipicio de cascadas, por las que se despeñaban los navíos. Yo no creía en esas supersticiones, pues mi clérigo ya me había explicado que la tierra era una suave ondulación, los sabios lo demostraban, y mi paisano Juan Sebastián Elcano, de una villa muy próxima a la mía, lo puso por obra, circundando el mundo de un extremo al otro.

—Pues yo he de ir contigo a las Indias —determinó el Tomasio con gran simplicidad.

Callé, artero, pensando en cuánto me habría de valer su compañía, mayormente su esquife, para salir de la costa dominada por el alcalde y justicia mayor de Zumaia. Entendía que en llegando a Cantabria ya estaría a salvo y en eso no acerté, pero sí en lo primero. En Bermeo nos alcanzó un navío que llevaba cuadrilleros de la Santa Hermandad, pues me buscaban por tierra y por mar, y como algunos de ellos fueran vecinos de Zumaia, así que vieron al Tomasio comenzaron con sus burlas, sin que se les pasara por mientes que yo pudiera estar disimulado en la sentina de la embarcación y que los burlados eran ellos.

—¿Adónde vas, Tomasio? —le gritó un tonelero de Alzola, buena persona, que por no aguantar a su mujer se alistaba de voluntario en la cuadrilla cuando la Santa Hermandad había de salir para otras tierras.

—A las Indias —le respondió el taimado engañando con la verdad.

—¿Y en ese navío piensas llegar? —le dijeron entre grandes risas que yo escuchaba sobrecogido, muy encomendado a la Virgen de Egaña.

—Otro no tengo —les dijo.

—Pues buenos vientos vas a necesitar —insistieron en sus risas.

—Los que me mande Dios, y los que se tira su señora esposa, señor tonelero, que por no soportarlos se encuentra vuestra merced aquí.

Cuento cosa tan sucia para que se vea cómo el tonto sabía decir lo que era del gusto de los que le oían, pues la gente de la mar es muy aficionada a esas bromas. El Tomasio se daba arte de bufón y como es bien sabido que a éstos se les consiente lo que no es lícito a otras gentes, bien que se aprovechaba de ello. La figura le acompañaba pues no la tenía muy arreglada, con un hombro más alto que el otro, las piernas zambas, la frente estrecha y la estatura muy corta. Tengo para mí que la fama de tonto le vino más por lo que se veía por fuera que por lo que había por dentro.

¡Bendito Tomasio, a él debo la vida! De aquélla me

sacó y de muchas más que no son para descritas para no alargarme en exceso. Navegábamos de noche y dormíamos de día, siempre buscando resguardo en las asperezas de aquella costa que, para nuestra fortuna, las tiene muy abundantes, y siempre con rumbo a La Coruña de donde partían los navíos que, costeando Portugal, alcanzaban las puertas de las Indias, que estaban en la ciudad de Sevilla y en su puerto de Sanlúcar de Barrameda.

Era Tomasio el que se acercaba a los pueblos y caseríos a mercar algo de comer, y el que se enteraba con qué furia se había desencadenado la persecución contra mí, pues a las acusaciones del Pedro Mendía se unieron las de *Ama Sorgin*, quien despechada por lo que entendía ser engaño, me acusó de hechicería, cosa que sería de reír si no fuera porque mi suerte podía tornarse a peor y en lugar de morir en la horca, hubiera de hacerlo en la hoguera, loado sea Dios que me libró de ambas.

Con el poco dinero que yo traía, más la pesca, parecía que habíamos de poder alcanzar La Coruña, cuando un aquilón nos tomó de través y fue a dar y despedazar nuestro esquife contra las rocas que llaman de los Tazones, ya en la costa de los astures. En este punto le dije a Tomasio que se retornase a Zumaia, bien andando, bien en algún navío que le quisiera llevar por caridad, pero que de nada servía que arriesgáramos ambos la vida, internándonos por montañas que para nada conocíamos.

—¿Crees, acaso, que porque tenga las piernas cortas no he de poder seguirte? —me dijo ofendido y, a continuación, añadió que la cortedad de sus piernas la suplía con la holgura de otra parte de su cuerpo, que el decoro me impide nombrar. Así gustaba de hablar el Tomasio y, ya digo, que era muy del agrado de las gentes y no sólo de las de baja condición, como tuve ocasión de comprobar.

Dejar la costa y meternos por las honduras de aquellas montañas fue entrar en un mundo de penalidades sin fin. En la mar, en ocasiones, los vientos propicios y las corrientes marineras alivian el trabajo de remar, pero por aquellas breñas lo que no hicieran nuestras piernas nada lo podía suplir. A los pocos días andábamos descalzos, rotas las botas que traíamos, y pisar los suelos y sufrir era todo uno, más yo que el Tomasio que estaba hecho a ese modo de andar. De comer no se diga lo que padecimos, robando lo que pillábamos y dejando, por eso, huella de nuestro paso. Es de admirar que en parajes tan descampados, que días se pasaban sin divisar cristiano, si alguno veíamos pronto lo sabía la Santa Hermandad y ya estaban los cuadrilleros tras nuestros pasos; así fue como consiguieron sus Majestades Católicas limpiar de bandoleros los caminos, siendo los aldeanos los primeros en ayudar a quienes con tanto celo les libraban de robos y asesinatos. El mal estaba en que los cuadrilleros tenían autoridad por sí, y ante sí, para prender a los malhechores y ajusticiarlos sin otro juicio que el de su conciencia, y como esto era sabido, excúsase decir lo que no hiciéramos el Tomasio y yo por no caer en sus manos. Más tarde, en un tratado que tuvo lugar en Madrigal, se dictó una pragmática para evitar los abusos de los cuadrilleros, pero a nosotros no nos hubiera llegado ese remedio.

Días hubo que nos alimentamos sólo de castañas, que en aquellos parajes abundan, y días que ni eso teníamos para llevarnos a la boca. Por suerte agua nunca nos faltó por ser comarca muy rumorosa de arroyos. Tampoco nos faltó, cuando más lo precisábamos, la caridad de la gente, sobre todo de un pastor que topó con nosotros, medio muertos, ya entregados a no seguir caminando, y casi deseosos de que nos prendieran para poner fin a aquel padecer. Cómo sería, que yo me consolaba discurriendo que antes de ahorcarme me darían una buena comida, como es costumbre con los condenados, y eso me compensaría del trago. Pero aquel pastor, sin entrar a hurgar en nuestras vidas, nos dio de la leche de sus cabras, amén de queso para poder seguir el camino.

Ya en tierras de Galicia, sería por Mondoñedo, dimos con un monasterio de monjes benedictinos que fue nuestra salvación. Nos acogieron como corresponde a la caridad cristiana y al padre abad le hice partícipe de mis cuitas, de las que me consoló de palabra y de obra, pues nos dio cartas recomendaticias y nos dibujó un plano muy cuidado de los más apartados caminos para llegar a La Coruña, así como provisiones. No demasiadas porque ellos, que eran de regla muy rigurosa, tampoco las tenían. Lo que más agradecí fue unas abarcas de cuero bien curtido, que el pisar con ellas se me hacía andar sobre caminos de rosas. ¡Cuán poco necesita el hombre para ser feliz! Y en este punto conviene que me excuse. Si me he extendido en presentar mi persona y contar las penas de mi juventud es para que se entienda la razón que me mueve a escribir este tratado. Anciano como soy, ¿qué alcanzo a discurrir sobre mi vida pasada? Pues que la codicia es fuente de toda infelicidad, que alcanza a grandes y chicos. Esto ya lo tienen razonado los Santos Padres de la Iglesia, con gran acopio de doctrina, y a mí sólo me toca explicarlo con el ejemplo de las vidas que Nuestro Señor Jesucristo dispuso que se cruzaran en mi camino, algunas muy ruines, como la del Pedro Mendía, pero otras de la mayor alcurnia, como la de su Majestad el rey Enrique VIII, de Inglaterra, de quien fui servidor y me tuvo por amigo, príncipe excelso en su juventud, y monarca crudelísimo cuando la codicia de poseer a las criaturas se apoderó de él.

Mas de poco serviría este tratado si, frente a los que presos de sus pasiones y codicias arrastran tras de sí a las naciones, no lucieran las víctimas de sus desmanes que, con su inocencia, sirven de consuelo a las almas al tiempo que dan gloria a Dios. Es por ello que me atrevo a acometer la hazaña de escribir lo que hubo de padecer en la corte de Inglaterra, mi reina y señora, Catalina de Aragón, a la que no siempre serví como debía, pues tiempos hubo en que la codicia también me tendió sus redes. Sirva su recuerdo y el ejemplo de su vida a los príncipes cristianos, para no confiar en alianzas movidas por humanos intereses valiéndose de negocio tan sagrado, como es el matrimonio, para dar satisfacción a sus mezquinas ambiciones.

CAPÍTULO II

EN EL SÉQUITO DE LA PRINCESA CATALINA

Dimos vista a la villa de La Coruña en el mes de agosto del 1501, un día luminoso como lo son en aquella tierra en tiempo de verano. La hermosura de esta ciudad no es para descrita, con un puerto tan encalmado que no es de extrañar que los reyes se valgan de él cuando tienen que navegar hacia otros países de Europa. Por ser ciudad avanzada en el mar, está bien dotada de murallas, cañones y torres de vigías. Lo más gracioso que tiene es una península que le sale al frente, toda ella cubierta de verdor, tan agradable a la vista, que embelesa.

Como huidos de la justicia procuramos evitar los lugares principales con muchos rodeos hasta dar con la iglesia de Santiago, para cuyo prelado llevábamos las cartas recomendaticias que nos había dado el abad de Mondoñedo, que gran favor nos hizo. ¿Qué hubiera sido de nosotros perdidos en aquella urbe, tan llena de gentes y personajes principales, que no salíamos de nuestro pasmo viendo carruajes por doquier, con sus palafraneros y criados de casaca? Nos admiramos de que en el puerto estuviera surta una flota de no menos de diez navíos, todos bien armados y adornados de gallardetes, con sus baupreses recamados en plata que, de tal modo resplandecían, que al Tomasio le salió el decirme:

—Ten por cierto que si ésos son los barcos para ir a las Indias, en ellos no tienen cabida gente de nuestra condición.

Gusto de resaltar las frases que decía el Tomasio para

26

que se comprenda que de tonto sólo tenía las apariencias, pues nunca le faltaba razón en lo que decía; muestra de ello es que aquella armada que se ofrecía a nuestra vista, tan engalanada, era la que había de conducir a la princesa Catalina a tierras de Inglaterra, para desposar con Arturo, príncipe de Gales, hijo mayor del rey Enrique VII. El prelado de la iglesia de Santiago, de las principales de La Coruña, nos recibió con un punto de recelo por ser nuestra apariencia muy poco cristiana, las barbas crecidas y enmarañadas, y las ropas un andrajo. Al Tomasio, peor adornado por natura, daba miedo de ver; añádase a ello la dificultad que tenía de expresarse en castellano, pues en Zumaia sólo hablábamos el euskaldún. De mí puede decirse que entendía una y otra, pues la de Castilla me la había enseñado mi clérigo preceptor, aunque no con mucho rigor por tenerla en poco comparada con el latín del que era en extremo admirador; no se cansaba de decir que si todos lo habláramos, como se hablaba en tiempos del Imperio romano, otra sería la suerte del mundo entendiéndonos los unos con los otros como sucedía antes de la desgracia de la torre de Babel. De ahí que, según y con quién, yo me arreglaba mejor en latín que en castellano romance. Mucho tengo que agradecer a mi clérigo el ser tan terne en este punto, pues de mucho me sirvió en las cortes europeas, en las que todos los hombres principales se entendían en latín y en Inglaterra el mismo Enrique VIII era capaz de escribir en la lengua de Virgilio. No fue daño menor el que los luteranos, por ser en todo contrarios a Roma, no quisieran hablar en latín y así lo van orillando en las naciones en las que han hecho presa.

Como digo, el prelado leyó las cartas recomendaticias mirándonos a uno y a otro, de reojo, como quien duda sobre lo que ha de hacerse con quienes más parecían facinerosos que víctimas de la justicia. Cuando terminó su lectura, sin apenas palabra, nos hizo salir de la iglesia y mandó sentarnos en un murete de piedra del ábside, a esperar. ¿A esperar el qué? Ésa fue mi angustia. Era el día en extremo agradable, la temperatura suave, el sol luciente y el Tomasio al poco se quedó dormido; esa virtud de dormir, aun en medio de la adversidad, la tenía en gran medida. Pero a mí me dio por pensar que aquel fraile podía ser quien, después de tanto penar, nos pusiera en manos de la justicia, y no habría pasado media hora cuando lo desperté para escapar de ahí. Se puso a discurrir el zagal sobre mi propuesta, rascándose la cabeza y otras partes de su cuerpo de manera en extremo soez y concluyó:

—Nunca se ha visto que se muerdan dos lobos de la misma camada, y este fraile si no es de la misma orden que el de Mondoñedo, que tanto amor nos mostró, poco le falta. ¿Por qué había de agraviar al primero?

Cada vez fiaba yo más del instinto de aquella indocta criatura, que de buenos apuros nos había sacado en los pasados meses de penares, pero en esta ocasión sentía tal temor que porfié en marchar sin esperar al regreso de quien no sabíamos cuáles eran sus intenciones.

Yo insistía, el Tomasio negaba, y en esta porfía nos sorprendió el prelado a quien acompañaba un caballero, con espadín al cinto, que por la color atezada del rostro cantaba ser hombre de la mar. Nos miró muy fijos y nos dijo:

—¿*Itxagizon?*

Resultó ser un vizcaíno que nos preguntó que si éramos marineros. Al Tomasio le alegró el rostro el oír nuestra habla; a mí no tanto pues se me hacía que no había nadie en el mundo que no supiera de dos vascos que andaban perseguidos por la Santa Hermandad. Pero al vizcaíno, a quien llamaban Maese Andrakoa, se le daba poco de quiénes fuéramos con tal de que supiéramos navegar. Era contramaestre de la armada real, a la leva de marinería de la que estaban cortos por culpa de la locura que había entrado de correr tras el oro de las Indias. Para los barcos que iban a Europa se tenían que valer de levas forzosas, hasta de labradores que no sabían manejar el remo ni lo que era un obenque. Ésa fue nuestra fortuna; en cuanto supo que éramos de Zumaia nos tomó consigo y, además, muy protegidos, pues él era de Motrico y tenía en gran estima a todos los marineros de aquella parte de la costa, muchos de los cuales resultaron pilotos de fama en la conquista de las Indias.

Así fue como el Tomasio y yo nos vimos enrolados en la nao capitana de su Alteza Real, la princesa Catalina, camino de Inglaterra, cuando otras eran nuestras intenciones. Yo, con tal de apartarme de España y de la inquina del Mendía y de las hechicerías del *Ama Sorgin,* a cualquier cosa hubiera accedido, mas no así el Tomasio quien con sus aires de bufón, le espetó el Andrakoa:

—Díganos, vuesa merced, qué se nos ha perdido en esa isla que ni tan siquiera está en nuestros mapas ni nunca la hemos oído nombrar. ¿Es que acaso nos toca a nosotros descubrirla, como el señor Colón ha descubierto las de la mar océana?

A Maese Andrakoa le entró la risa al oírle hablar de sus mapas, y en lugar de enfadarse le contestó risueño:

—Perdidos estáis ahora, hermanos, pero a partir de que subáis a la nave estaréis bajo el pabellón de su Majestad Católica y, por tanto, a resguardo de la cuadrilla de la Santa Hermandad. ¿Os parece poca ganancia? Pero como hay quien tiene en más estima el oro que la propia vida, ahí va eso por cuenta de vuestra soldada.

Y nos entregó a cada uno un doblón de oro y allí mismo quedó cerrado el trato.

El prelado de San Pablo, cuyo nombre no soy a recordar, nos tuvo con él hasta el momento de embarcar, cosa de dos días, para que estuviéramos a salvo de cualquier asechanza. La iglesia tenía aneja una huerta muy hermosa, cuajada de frutos en sazón y allí nos resarcimos de tantas hambres pasadas. Cosa curiosa, no se le quitaba al prelado el aire de recelo, no porque lo tuviera, sino por un defecto del visaje que le hacía el ceño muy fruncido; pero más amoroso no pudo estar y bien que cuidó de que su ama, mujer fornida y con disposición para toda clase de menesteres, nos adecentara para que no diéramos que pensar cuando nos presentáramos en la nao capitana. A mí, ya digo, con tal de escapar de España, lo mismo me diera la nave en la que embarcara, y entonces no di mayor importancia a que la providencia dispusiera que fuera la capitana.

El adecentamiento consistió en bañarnos en tinajas, con agua bien caliente, y era de ver cómo se resistía el Tomasio a pasar por ello, pero de poco le valió. La misma gallega nos rasuró las barbas y en cuanto a nuestros andrajos los quemó en el horno de cocer el pan, e hizo venir a un sastrecillo que nos cosió unas blusas y unas calzas como las que usan los marineros. Esto último lo pagamos de nuestros doblones. En lo demás, todo fueron regalos del prelado, que Dios le haya tenido en cuenta su caridad. Cuando nos vio con las nuevas trazas, el Andrakoa no salía de su pasmo, y a mí me asignó al esquife de la Princesa, no así al Tomasio pues no había limpiezas ni ropas que pudieran quitarle su mala encaradura. Este esquife era como una trainera de ocho remos, cuatro a cada banda, y a popa se alzaba un castillete en el que se sentaba la princesa, hasta con media docena de sus damas. De él se servía para ir de un navío a otro, cuando estábamos fondeados, y también para desembarcar en la península que bordea el puerto. Me cupo esta suerte por ser joven y bien parecido, condición que habíamos de tener los remeros de su Alteza.

En este punto conviene saber que esta boda entre la princesa Catalina, la más pequeña de las cuatro hijas que tuvieron sus Majestades Católicas, y el príncipe de Gales, venía concertándose desde tiempo atrás, cuando la infanta Catalina sólo contaba dos años de edad; en aquella sazón, cumplidos los quince, era llegada la hora de entrarle a su destino y convertirse en princesa de Inglaterra. Iba a salir de su casa, de su familia, y del amparo de padres tan amorosos, que habían cuidado de hacer menos dolorosa la partida proveyéndola de cuanto una doncella puede precisar en tierra extraña. Llevaba consigo doce damas de compañía, doncellas, de los mejores linajes de Castilla, llamadas como estaban a casarse con otros tantos nobles de Inglaterra.

Dicen que las habían elegido, entre otras virtudes, por su belleza, ya que el rey Enrique VII así lo había encarecido por ser gran admirador de la hermosura de las españolas. El Rey Católico había accedido, de grado, pues no deseaba otra cosa sino que aquellas doncellas casaran con caballeros de los más principales de la corte inglesa, para así tener más influencia en ella. Mucho confían los príncipes de este mundo en las ventajas que han de obtener con los matrimonios que conciertan para sí o para sus súbditos, pensando que los negocios de Estado se arreglan en las alcobas; y hasta nuestra reina doña Isabel, con toda justicia llamada la Católica, pese al dolor de no haber conseguido heredero varón (el hijo que tuvo se lo llevó el Señor antes de tiempo) se mostraba muy ufana de haber casado a sus hijas con reyes de Portugal, Alemania e Inglaterra, soñando que así los unía a todos a su corona. Apenas han transcurrido unos pocos lustros de aquel empeño (¿qué son cincuenta años en la historia de los pueblos?) y lo que los Reyes Católicos pensaban ser arreglos han resultado desarreglos, y el más sonado de todos el de su hija Catalina, que por ser la más pequeña era la más querida de su madre, y a quien más tocó padecer, salvada la locura de su hermana mayor, doña Juana, la más hermosa de todas, al tiempo que la más desgraciada.

Pues, como digo, considerando don Fernando el Católico la proclividad del varón a casar con mujer hermosa, se esmeró en que las damas de cámara de su hija lucieran tan bellas como discretas, para que fueran muy disputadas y solicitadas en matrimonio por los nobles ingleses y así las cortes de Castilla e Inglaterra fueran una sola. Vana ilusión. Que yo alcance a recordar sólo la dulcísima María Salinas casó con un caballero de los notables, lord Willoughby, y en cuanto a la más hermosa de todas ellas, Francisca de Cáceres, casó con un banquero genovés, llamado Grimaldi, y en la corte lo tomaron a traición por ser el genovés plebeyo. De las demás damas que conocí y traté no queda memoria que merezca ser contada.

Esto en lo que a las doncellas de cámara se refiere, todas muy sujetas a la autoridad de doña Elvira Manuela, dama de la entera confianza de la Reina Católica, y sin cuya anuencia nada podía hacerse; hasta el capellán de la infanta le estaba sujeto en todo lo que no atañera al fuero de la conciencia. Por lo demás, el séquito lo componían cuantos oficios necesita un reino para ser bien gobernado, desde embajadores, hasta interventores, sin olvidar los más bajos, tales como bastoneros, coperos, cocineros, pinches, lavanderas y fumistas. El tener que mantener este séquito cuando llegaron las penurias no fue de los menores males que le tocó padecer a la reina Catalina.

Viendo aquel ostento no salíamos de nuestro pasmo, más yo que el Tomasio, pues desde el mismo día en el que embarcamos me cupo recibir los efluvios del sol en cuyo rededor todos girábamos: la infanta Catalina. Comenzó mi suerte —si así puede llamarse— por favor del Andrakoa que precisaba de marineros que supieran manejar el remo con estrobo y tolete; los gallegos, más hechos a navegar en dornas, el remo hincado en un palo, se arreglaban mal en la falúa real y en una ocasión a pique estuvieron de hacerla zozobrar. No sólo me asignó un banco en la falúa, sino que éste fue el de popel que por estar situado a popa de la embarcación es a quien corresponde marcar la palada y a los demás tripulantes seguirle el ritmo. No lo hizo por complacerme, sino por la destreza adquirida en las regatas que nos traíamos en la costa de Bizcaya. Nos probó a varios y fui yo el elegido para ese puesto junto al castillete de la infanta que, como queda dicho, se alzaba en esa parte de la embarcación; la tenía frente por frente, a pocos palmos de mí, aunque velada por una cortinilla que la ocultaba de la marinería, pero no siempre. En los días cálidos, que en aquel mes de agosto fueron los más, mandaba doña Elvira descorrer la cortinilla para recibir la brisa; a los comienzos ni me atrevía a levantar la vista del remo por no cruzarla con damas tan señaladas.

De popel inicié la trocha que había de alzarme a la corte de Inglaterra, quién me lo iba a decir, yo que me tenía por el más desgraciado de los hombres, con mi cabeza puesta a precio. Después de las penas pasadas por las montañas de Asturias, cualquier modo de vida fuera bueno para mí, y el poder comer todos los días, más dormir las noches enteras, sin sobresaltos ni vigilias, se me hacía el colmo de la dicha. Por mi condición de marinero de la falúa real me dieron un uniforme con su casaca azul, de botones dorados, que me hacía sentir distinto no sólo por fuera sino también por dentro.

¿De qué se envanece el hombre que no lo haya recibido?, nos recuerda el *Libro de la Sabiduría* en más de una ocasión. Viene a cuento tan atinada reflexión porque en la corte de la infanta se me descubrieron prendas que yo ignoraba tener y que poco había puesto de mi parte en merecerlas. En Zumaia, lugar apartado del reino, en nada se tenía mi persona y a mis espaldas hacían burla de mi condición de hijo del caballero castellano, de quien muchos decían que sólo existió en la imaginación de mi madre, o que de existir nunca dio palabra de matrimonio. En cuanto a los latines que me enseñaba mi clérigo, excúsase las risas que se traían y cómo gustaban de decir que ni para ser cura habrían de servirme, pues siendo hijo ilegítimo no podía ser ordenado sacerdote. Yo bien sabía de estas maledicencias y mucho sufría con ellas, pero porque no llegaran a oídos de mi madre prefería callar ya que de responder se promoverían altercados que pronto hubieran llegado a oídos de aquella infeliz mujer.

Otras gracias no se me conocían en Zumaia, salvada la afición que me tomó la hija de Pedro Mendía. Mentiría si no dijera que yo siempre me sentí bien parecido y con un aire distinto del de los aldeanos de mi tierra, aunque bien es cierto que esta apariencia se acentuó después de la travesía por las montañas. Duró como tres meses y durante parte de ellos estuve con fiebres, a veces tan fuertes que me hacían tiritar aunque luciera el sol; a su término se me había estirado el cuerpo de tal modo que el Tomasio se colocó junto a mí y me dijo:

—Antes te llegaba al hombro y ahora sólo alcanzo la cintura. Como sigas creciendo de aquí a poco quedaré a la altura de tus zapatos, y te los podré limpiar con la lengua.

No fue Tomasio el único en admirarse de mis proporciones, pues cuando me vistieron la casaca azul con botones dorados, el Andrakoa se me quedó mirando muy fijo y me dijo:

—Con ese aire más vales para sargento de alabarderos, que para marinero cimarrón.

Esta estatura, que nada hice por merecer, me sirvió para distinguirme y acercarme al sol que más calienta, que en aquella ocasión fueron la infanta y las doncellas de su corte, alguna de las cuales me miraba de reojo y con buena cara; yo no cabía en mí de satisfacción, necia vanidad. Y en cuanto al latín del que tanto se burlaban mis paisanos fue la llave que me abrió puertas que nunca soñé para mí.

Estuvimos en La Coruña, en espera de zarpar para Inglaterra, algo menos de un mes. En ese tiempo se procedió a avituallar las naves, trabajo no chico si se considera que los que partíamos éramos no menos de dos mil, con tando también los espingarderos y ballesteros. Sólo de cántaras de vino montamos diez mil; lo sé porque a mí me cupo contarlas, además de cargar con ellas, pues no estando de servicio toda la marinería habíamos de ayudar en la estiba. Ahí me veía cada día con el Tomasio que había sido destinado a los remos de la nao capitana y más feliz no podía estar con la estiba por la gran afición que tenía al vino; se hizo con un dedalito y de cada cántara que se echaba al hombro tomaba su parte, sin que nadie fuera a apercibirse. Y aunque lo advirtieran se lo consentirían, ya que el vino le tornaba tan ocurrente que hasta le provocaban a beber por oír sus gracias. Bien es cierto que de esta afición también le vinieron males.

Su Alteza gustaba cada día de salir a pasear en la falúa, bien por la rada del puerto, o por otras partes de la costa cuando la mar estaba en calma. En ocasiones le acompañaba el capellán Geraldini, que era natural de Nápoles, con quien departía en latín. Se veía obligada a ello pues no sabiendo inglés, ni su prometido el castellano, habían acordado entenderse en este idioma en tanto ella aprendiera el habla de la que había de ser su patria. El Geraldini, como todos los italianos de alcurnia, se expresaba con gran elegancia en tan hermoso idioma, y yo no podía por menos de pegar el oído por la afición que me había inculcado quien fuera mi maestro. La entonces princesa Catalina tenía que esforzarse para dialogar con el capellán quien, con el respeto debido, mas con gracia y oportunidad, le corregía sus errores. Las otras doncellas de cámara también participaban en el diálogo, aunque las había que apenas acertaban a declinar el *rosa-rosae*.

Por estar el castillete de la princesa sobre un altillo, y yo de espaldas a la mar, como es obligado para remar, las veía hacer, moverse y reír y apenas me perdía palabra de lo que hablaban, aunque entre ellas eran muy aficionadas a cuchicheos. Yo las tenía por seres de otro mundo, aunque acostumbrado a las doncellas de mi aldea, más prietas de carnes y rubicundas, tardé en entender la belleza de la que traían fama. Las veía tan enjutas que más me parecían muchachos que doncellas; los rostros muy empolvados de arroz, para que lucieran bien blancos, se me figuraban como máscaras de las carnestolendas; en cuanto a los cabellos, adorno natural en la mujer, siempre los traían recogidos, bajo cofias muy apretadas que servían para resaltar el óvalo de sus rostros, de los que todas se sentían muy orgullosas. Los vestidos muy generosos en mostrar otra gracia natural de la mujer, por la parte del escote, pero de ahí para abajo mucho cuidaban de ocultar hasta la punta del chapín, pues se decía que la mujer que lo mostraba era como si declarase su amor al caballero que lo veía.

Pero pronto me hice a sus encantos y los ojos, aunque con gran disimulo, se me iban tras de ellas, sin otro afán que el de hurgar en aquel mundo tan nuevo para mí. ¿Cómo pensar otra cosa si entre ellas y yo se abrían abismos más infranqueables que los riscos astures? Así pensaba entonces; luego, siendo cortesano, tuve ocasión de admirar cómo pueden cegar las mujeres por varones hermosos, aunque sean de baja condición, sin mirar a su decoro. No digo con esto que yo fuera hermoso, pero sí muchacho en trance de cumplir los dieciocho años, de no mala apostura. De todas ellas, la Francisca de Cáceres, con mucho la más traviesa, era la que también me miraba y luego cuchicheaba bromas con las otras damas.

También tomaba parte la princesa Catalina en los juegos y bromas propios de muchachas (todavía estaba por cumplir los dieciséis años), pero siempre con el comedimiento que correspondía a su realeza. Quienes han escrito sobre su regia persona dicen que desmerecía en belleza de la de sus damas de cámara, y no lo entiendo yo así. El cabello lo tenía rojizo, de un tono muy vivo y agradable a la vista, peinado con una raya al centro, para que por los lados le quedara bien estirado. La cofia se lo disimulaba, pero no del todo, mayormente cuando marchábamos en la falúa, en la que siendo el trato más festivo, como de quien va de excursión al campo, se destocaban en parte, y entonces lucía su hermoso cabello como una llama ardiente. Las mejillas las tenía sonrosadas, sobre una piel muy blanca, ya digo, por los polvos de arroz. Pero cuando el anciano rey Enrique, a su llegada a Inglaterra, le alabó el color de sus mejillas como muestra de salud y futura fecundidad, dejó de usar la princesa los polvos y en mucho mejoró su gracia. Las facciones las tenía en extremo agradables y muy bien proporcionadas, aunque por la parte del cuello, si inclinaba la cabeza, se le formaba un pliegue en forma de papada, que la afeaba. Pero la princesa, como advertida de ello, bien que cuidaba de llevar la cabeza siempre alzada como correspondía, además, a su dignidad real. Los ojos claros, mas de mirar profundo. Y la voz tan grave y bien timbrada, que cuanto saliera de sus labios resultaba armonioso. Era muy dada a cantar.

Prueba de lo que digo es que al llegar a Inglaterra, el hombre más noble de cuantos he conocido, sapientísimo en todas las artes y humanidades, canciller que fuera de Enrique VIII, al tiempo que víctima de su vesania (estoy hablando de sir Tomás Moro) escribió de ella: «No hay nada que la más hermosa doncella deba tener y ella no tenga. Todo el mundo la elogió muchísimo, pero nadie lo suficiente.» Soy de su mismo parecer si bien, a fuer de sincero, ha de admitirse que le faltaba un punto de estatura que en mujer no es falta grave. En el vestir poco se diferenciaba de las otras doncellas exceptuando una joya de gran valor que siempre llevaba al cuello, por lo que representaba; era un conjunto de valiosísimas gemas, enmarcadas en oro, formando una cruz en cuyos cuatro extremos y en el centro lucían unas esmeraldas como yo no las había visto igual. Se la regaló su madre, la reina doña Isabel, muy dada a no regatear riquezas cuando se trataba de representar la cruz de Nuestro Señor Jesucristo.

Dicen que la princesa tenía algún parecido con la Reina Católica y nada puedo decir pues no conocí a la serenísima señora, pero siempre tuvo fama de muy cumplido donaire. También lo tenía con su hermana doña Juana, de triste memoria por lo que le tocó padecer con su locura, y a ésta sí la conocí como se dirá en su lugar, y puedo asegurar que fue hermosa en extremo.

Del capellán Geraldini se han dicho cosas que a mí no me toca enjuiciar; si lo eligió para confesor de la princesa mujer tan santa como la Reina Católica, sus razones tendría, aunque no es menos cierto que al cabo tuvo que ser removido del oficio. ¿Cómo podría hablar mal de quien me levantó de la bancada de popel para sentarme a los pies de la que estaba llamada a ser reina?

El Geraldini era varón de buena figura que él cuidaba de hermosear vistiendo siempre sotanas y balandranes de lino fino y hasta de seda que se hacía traer de Italia. Su habla con las damas era melosa, más propia de galán que de clérigo; o, al menos, no se expresaba con la llaneza que acostumbran los frailes en Castilla. Cuenta a su favor que aun siendo capellán de corte no tenía a menos, cuando del alma se trataba, atender a la de los más miserables como hubo ocasión de comprobar en una tormenta que nos cogió en el golfo de Bizcaya, que a punto estuvo de llevarnos a pique; en tal oportunidad fue de lo más celoso en confesar a quienes temían por su vida, sin mirar si eran capitanes o grumetes.

Gustaba la princesa de pasear por una playa muy apartada que hay en aquella costa, tan prieta de arenas finas y doradas, que con la bajamar andar por ella es como hacerlo sobre tapices. Nos llegábamos hasta allí y mi arte estaba en embarrancar la falúa, a contrarremo, para que montando la popa sobre la arena, pudieran bajar las damas sin mojarse los pies. Los marineros nos quedábamos en la trainera, muy atentos a la subida de la marea o al cambio de los vientos. En una de aquellas ocasiones, la princesa y su séquito ya en tierra, acerté a ver un libro de epigramas latinos de Décimo Junio Juvenal, autor muy celebrado de mi clérigo por la gracia con la que denostaba las costumbres romanas. Lo habían dejado al descuido las damas, en el altillo próximo a mi bancada, y sólo tenía que alargar la mano para tomarlo, como así hice. No había caído yo en la cuenta de que el capellán Geraldini se había quedado reposando en el castillete y, que celado por las cortinillas, vio mi operación, al principio pensando que quería hurtarlo para obtener algún provecho con su venta, y luego asombrado de verme sonreír al leerlo. Creyó que lo hacía por burla de fingir que entendía lo que no era de razón entendiera, mas no siendo altivo con los de humilde condición, asomó la cabeza entre las cortinas y díjome en tono de reproche:

—¿Cómo así, buen mozo, que reís de lo que no entendéis? ¿De quién o de qué, queréis hacer mofa?

Una aparición bajada del cielo no me hubiera dejado más pasmado, tan alto estaba el Geraldini y tan bajo yo; sin embargo advertí la intención de su reproche, acostumbrado como estaba a que en Zumaia, cuando querían hacer burla de mí, farfullaban en el latín de la misa fingiendo decir cosas sapientísimas. Y porque no pensara de mí lo mismo, me encontré diciéndole la verdad:

—Ruego a vuestra paternidad disculpe mi gran atrevimiento, pero tuve un maestro en mi pueblo, clérigo muy latino y, como tal, amante de Juvenal; por eso no pude resistir la tentación de tomar el libro sin otra intención que recordarlo.

Miróme con mucha atención y advertido por mi habla que podía ser otra mi condición, me espetó:

—¿*Cupidus libri legendi*? (Que quiere decir si estaba deseoso de leer el libro.)

A lo que acerté a responderle en el mismo habla que, ciertamente, gustaba mucho de leer libros.

—¿Cómo, entonces, os halláis en tan humilde menester?

Por no confesar la verdad, temeroso como seguía de la sombra alargada de la Santa Hermandad, sólo se me ocurrió decirle:

—En mi tierra, señor, tenemos en mucho saber gobernar navíos, porque va en ello muchas vidas; y el poder hacerlo al servicio de la princesa de Castilla no lo tengo yo por humilde menester.

—Bien discurre vuesa merced —replicóme el capellán con aire festivo—, pero tenga por cierto que en tantos años es la primera vez que topo con marinero que sabe latín. ¿Y cuál decís que es vuestra tierra?

—Bizcaya, señor.

—¿No son de Bizcaya dos marineros que andan huidos y perseguidos de la justicia?

Me salió del alma el confesarle allí mismo, con lágrimas en los ojos, que más bien andábamos perseguidos por la injusticia, pues era inocente de los delitos que se me imputaban. Con gran asombro de mis compañeros me mandó subir al castillete y me hizo contarle mi vida pasada, que escuchó como si le sirviera de distracción, pidiéndome detalles de lo que no acababa de comprender. Sobre todo le admiraba que un clérigo, tan poco versado en el castellano, hubiera acertado a enseñarme tan cumplidamente el latín.

Cuando retornaron las damas de su paseo, les dijo con cortesano desenfado:

—He aquí, *miladys,* un rústico que habla el latín mejor que sus señorías.

Don Alessandro Geraldini, además del italiano, el castellano, el latín y el griego, se hacía entender en inglés, y a veces les decía palabras en este idioma para que se habituaran al habla del país al que se dirigían.

Las doncellas comenzaron a preguntar y a reírse entre ellas, como acostumbraban, y la Francisca de Cáceres concluyó:

—Si tan mozo y rústico sabe latín, será porque se ha escapado de algún convento.

Esta salida hizo que redoblaran las risas, hasta que la princesa las hizo callar y fue la primera ocasión en que me dirigió la palabra. Sólo acierto a recordar que se interesó por mi persona con el distanciamiento que debe de hacerlo un monarca respecto de los que le están sujetos, pero sin poder ocultar un punto de curiosidad.

Cuando emprendimos el regreso al puerto, el capellán se sentó junto a su señora y por el aire reservado con el que le hablaba, bien se veía que le estaba contando mi historia. Las otras doncellas procuraban pegar el oído y no se recataban en mirarme. Yo me hice el disimulado, sólo atento a mi remo, como si no supiera que andaban tratando de mí.

Así dispone el Señor nuestros destinos. Si el Andrakoa, en lugar de popel me hubiera hecho proel (puesto también de gran responsabilidad, pues de las fuerzas de arranque de quien va sentado a proa, depende la buena marcha de la nave), cuán distinta hubiera sido mi vida.

CapÍtulo III

RUMBO A INGLATERRA

El día 24 de agosto de 1501, después de misa solemnísima, con gran estruendo de salvas de artillería, zarpó la armada real rumbo a Inglaterra. Coincidió la marea con la hora del mediodía, y siendo los vientos propicios era una hermosura ver tantas velas desplegadas, con todos los gallardetes flameando al aire, los navíos emparejados como es costumbre en estos casos, cada pareja siguiendo la estela de la precedente, cuidando los más veleros de no tomar ventaja, para que los unos se puedan ayudar a los otros.

Yo no cabía en mí de alegría, pues por mucho que me decían unos y otros que nada había de temer de la Santa Hermandad estando bajo pabellón de la princesa, más seguro me encontraba fuera de su alcance. Otro motivo de alegría fue la consideración en que me tuvo el Andrakoa desde que supo que el capellán Geraldini me hablaba en latín. Me quitó del remo y me puso en la intendencia para llevar la cuenta de los avituallamientos. A él le tocaba su parte de lo que entraba y ahí fue cuando comencé a asombrarme que lo que entendían los señores por costumbre era tenido por robo en gentes de más humilde condición. Todos los que proveían a la armada bien fuera de carnes, de granos o de aceites tenían que darles su juanillo tanto al intendente como al contramaestre y a mí me tocaba falsear las guardas. Esto es, si entraban dos y tres cuartos, poner que entraban tres. Era cosa sabida y consentida, no siendo sólo mal de Castilla, pues en Inglaterra lo mismo hacían hasta los encargados de recaudar los impuestos; y, lo que es más doloroso, los prelados y obispos, pues los había con sedes episcopales que sólo las conocían por el nombre, sin nunca visitarlas ni atenderlas, sirviéndose de ellas para beneficiarse con sus rentas. Al principio me extrañó, luego me acostumbré, y a lo último lo deseé para mí también y hasta admiré a los que así se enriquecían. Pero, por la misericordia de Dios, si a lo largo de mi ya dilatada vida hubo quienes me dieron mal ejemplo, también los hubo que me lo dieron mejor y al final de mis días más he procurado atenerme al de éstos que al de aquéllos.

Llevaríamos tres días de navegación cuando saltó un austral, al principio muy agradable y bien enfilado, pero el piloto mayor, que también era de nuestra costa, advertido del peligro, mandó soltar los cabos y eso nos salvó. Una de las naves, la *San Nicolás,* por descuido o temeridad, mantuvo las velas arboladas y en un abrir y cerrar de ojos el vendaval dio con ella de través y se fue a pique; a los tripulantes pudimos rescatarlos. Tratamos de mantenernos al pairo, pero como no cediera la galerna hubimos de buscar refugio en el puerto más próximo, que resultó ser el de Laredo, en la costa de Cantabria, que alcanzamos con grandes apuros.

Este revés, del que tanto se condolieron los que iban al frente de la armada, fue de gran provecho para mi persona, decidido como estaba el Señor a escribir mi vida con renglones bien torcidos. Según llegábamos a Laredo, ya con la mar más encalmada, algunas de las damas se atrevieron a subir a cubierta, entre ellas la doña Elvira, muy amante de los gatos, en especial de uno de Angora del que no se separaba por entender que le traía suerte. En esta ocasión lo traía en brazos, pero bien fuera por un bandazo de la nave, bien porque tuviera que inclinarse sobre la borda para arrojar por culpa del mareo, el caso es que el animalito cayó al agua y todos lo dieron por perdido por pensar que los gatos no aciertan a nadar. Bien sabíamos el Tomasio y yo no ser verdad tal creencia popular, por haberlo probado en Zumaia, con más de un gato que echamos al agua. Al tener estos animales las patas muy pequeñas y el cuerpo grande, han de hacer grandes es-

41

fuerzos para mantener la cabeza a flote y por eso, de suyo, rehúyen del líquido elemento; pero si están en apuros bien que se las apañan para salir de él.

Se lamentaba doña Elvira de la pérdida como si la vida le fuera en ello, con un punto de superstición por creer, ya digo, que de aquel gato dependía su suerte. El Tomasio y yo estábamos cuando esto sucedió a las velas, preparando el atraque, y nos tiramos al agua el uno detrás del otro. En este punto conviene advertir que hay muchos marineros, sobre todo de la parte de Huelva, buenos navegantes todos ellos, que no saben nadar lo cual es temeridad, y de las grandes, siendo su trabajo el andar entre barcos. Éstos nos decían que no nos tirásemos pues el animalito ya se habría ahogado, pero nosotros no les hicimos caso por lo que queda dicho. Acertamos y dimos con el de Angora muy pegado a la quilla, intentando trepar por un saliente, aunque sin conseguirlo.

Doña Elvira Manuela no sabía cómo agradecérnoslo y nos dio a cada uno una moneda de oro y a mí, además, me ofreció pasarme al cuerpo de pajes. Doña Elvira, dama muy principal, cuyo hermano don Juan Manuel era embajador en Flandes, ambos muy de la confianza de los reyes, disponía a su antojo de aquella corte, siendo su hijo don Íñigo quien estaba al frente de los pajes. El Andrakoa me dijo que de ningún modo me interesaba, pues en el cuerpo de pajes era todo oropel y poco provecho, mientras que si seguía a su lado podría hacer fortuna con la intendencia; el Andrakoa se había acostumbrado a mi modo de echar las cuentas, muy a su gusto, y no quería perderme. A la postre el que decidió fue el capellán Geraldini, quien me dijo que así estaría cerca de él y en mucho podría mejorar mi latín. El capellán entendía que, siendo hijo de aldeana y de incierto padre, mi porvenir estaba en la carrera eclesiástica, y que si había dificultades por mi ilegítimo origen, él sabría conseguir las dispensas necesarias e, incluso, hacer que me ordenaran en Roma para con el tiempo llegar a obispo.

Estar cerca de don Alessandro Geraldini era estarlo también de la princesa; en las tres semanas que paramos en Laredo se botó de nuevo la falúa real, pero en lugar de ir al remo me tocó sentarme en el castillete, no siempre, sino cuando correspondía departir en latín. A mí me embelesaba la elegancia del capellán recitando en un latín tan hermoso, que en poco se parecía al que me enseñó mi clérigo. Digo en lo que a entonación se refiere, pues de gramática andaba yo muy ducho y en esto hacía de maestrillo de las doncellas y, con el debido respeto, de la princesa Catalina. Su Alteza se valía bien en este idioma, aunque con bastante descuido, pues su cabeza la tenía en negocios más importantes. ¿Cómo no había de ser así para quien dejaba casa y familia, de por vida, para unirse en matrimonio con varón desconocido? De cuantos marchaban en la armada nadie conocía al príncipe Arturo, aunque las personas más próximas a su Alteza sólo acertaban a decirle lindezas de su prometido.

Si yo medré no fue menor la fortuna del Tomasio que vino a ocupar mi bancada en la falúa, cosa impensable dada su fealdad si no fuera porque su fama de bufón le ayudó; alcanzó gran favor entre las doncellas, y hasta gozaba de la protección de doña Elvira por la parte que le cupo en el salvamento del gato de Angora.

En cuanto al cuerpo de pajes conviene distinguir los que procedían de familias nobles, que lucían espadín al cinto y sombrero de plumas, y los de mi condición que más éramos criados que pajes. Nos correspondían los menesteres ordinarios tales como vaciar bacinas y palanganas, portar hachones para alumbrar caminos, servir a la mesa, y hasta fregar los suelos. Comíamos las sobras de los señores, siendo éstas tan abundantes y sustanciosas, que hasta podía guardar parte de ellas para el Tomasio. A mí, de ordinario, me correspondía servir a la mesa de don Alessandro que gustaba que estuviera muy cuidada, sobre todo en lo que a vinos se refiere. Nunca apuraba las botellas por no beber los posos, y esos fondillones se los llevaba a mi amigo que en siendo vino todo lo daba por bueno.

El 27 de septiembre del 1501 zarpamos de nuevo rumbo a Inglaterra; para vergüenza de los que hacían cabeza en la armada, el rey de Inglaterra, ansioso como estaba de que se consumara matrimonio tan ventajoso para su pequeño reino, envió un piloto de Devon, muy famoso en aquel canal, de nombre Stephen Brett. El piloto mayor dijo que no había de consentir que sus naves las gobernase un inglés, pero al cabo hubo de consentir por no agraviar a su majestad británica.

Arribamos al puerto de Plymouth el día 2 de octubre, festividad de los Santos Ángeles Custodios, quienes como mensajeros del Señor encargados de velar por cada uno de nosotros acertaron a que llegáramos con bonanza de buen augurio para el acontecimiento que se avecinaba. La gente del West Country, que es como se llama a esa región de Inglaterra, recibió a la princesa como si fuera un enviado del cielo, y para ellos de algún modo lo era. Hay un dicho que canta que por el interés te quiero, Andrés, y a los de aquella comarca les iba mucho que se cerrara el trato, pues dependían del comercio de lanas con España y Flandes. Y lo mismo cabe decir del resto del reino que, comparado con España, era como tres veces menor y sin más riquezas que las que producía su tierra, mientras que Castilla disponía de otros reinos en Europa y allende los mares las inmensas posesiones de las Indias de las que ya comenzaban a llegar riquezas de oro, plata, perlas y diamantes.

Mas es de justicia señalar que si a los comienzos fue la curiosidad y el interés lo que hizo que nobles y villanos se agolpasen en las calles de Plymouth por ver a la princesa, así que la conocieron les ganó el corazón, y ya siempre la tuvieron por su reina, aun después de que Enrique VIII tan injustamente la repudiara. A lo largo de este relato aflorarán las razones para ello. La primera de todas fue la piedad que mostró en aquella ocasión, pues nada más pisar suelo inglés dispuso que se celebrara un *Te Deum* en acción de gracias, en la iglesia catedral, a la que fuimos todos en procesión. No quiso valerse de carruaje alguno, sino que como el más humilde de los peregrinos caminó por su propio pie, y aquellas buenas gentes, muy piadosas como lo son los que andan en los riesgos de la mar, enloquecían de fervor viendo a tan gentil criatura mostrarse tan sumisa con el Supremo Hacedor.

Eran a la sazón las gentes de Inglaterra muy rústicas y empobrecidas por las muchas guerras habidas entre

44

ellos, baste considerar que con la de las Dos Rosas llevaban treinta años y que sumió en la ruina a todos los barones ingleses. Se llamaba así porque la familia de Lancaster tenía como emblema una rosa roja, y la de York otra
blanca. El mérito de Enrique VII, el llamado a ser suegro
de la princesa Catalina, fue que acabó con uno y otro flo-
rón, fundando una nueva dinastía, la de los Tudor, de la
que él fue cabeza.

Este Enrique Tudor era tan sólo duque de Richmond,
de la casa de Lancaster, y mientras los York gobernaban
Inglaterra tuvo que desterrarse a Francia. Pero aprove-
chando el descontento que reinaba en su país bajo la ti-
ranía de Ricardo III, consiguió con ayuda de los franceses
organizar un ejército para combatirle. De Ricardo III se
decía que mandó matar en la Torre de Londres a sus dos
sobrinos de corta edad, que tenían mejores derechos al
trono que él, por lo cual era muy poco querido del pueblo.
La batalla tuvo lugar en Bosworth, en agosto del 1485, y
en ella halló la muerte el cruel Ricardo III, por lo que al
Parlamento no le quedó más remedio que sancionar a Enrique como rey, pero absteniéndose sus miembros de pro-
nunciarse sobre la legitimidad de su corona. Pronto salieron otros nobles que decían tener mejor derecho a ocupar
el trono, pero Enrique consiguió casar con Isabel, hija de
Eduardo IV, primer monarca de la casa de York, y así
unir en matrimonio las dos rosas, la roja y la blanca; los
que desde entonces se atrevieron a discutir sus derechos
lo purgaron en el patíbulo.

Mucho pesaba esto en el ánimo de nuestro Rey Católico, don Fernando, pues tenía en menos el casar a hija de
matrimonio con tantos títulos como el suyo, con el hijo
de un monarca que a cada poco tenía que resolver su legitimidad con ayuda del hacha del verdugo. Por eso, como
queda dicho, las negociaciones para el casamiento de los
príncipes duraron más de diez años, mayormente por la
cuestión de la dote, pues no había de ser la misma que si
la boda se concertara con príncipe de casa real bien afir-
mada. A la postre accedieron nuestros monarcas al casamiento, interesados como estaban en el libre comercio
a través del Canal, amén de buscar alianza segura contra
el rey de Francia. La dote se fijó en doscientas mil coronas

y de ello se hablará en su lugar, pues mucho le tocó padecer a la princesa Catalina por culpa de la dichosa dote. Si, como queda expuesto, los barones ingleses andaban arruinados a causa de la guerra de las Dos Rosas, excúsase decir cómo estarían sus súbditos, sabiendo que cuando al amo le duele la punta de la nariz, al siervo le duele el cuerpo entero. De ahí el asombro de las gentes de Plymouth cuando vieron desembarcar aquel séquito con un esplendor para ellos desconocido. Nuestros Reyes Católicos también habían tenido guerras, pero no entre ellos, sino contra los enemigos comunes de la cristiandad, los moros, a los que habían arrojado de Granada, su último bastión en Europa, por lo que su prestigio era grande en el mundo entero y el botín obtenido con aquella conquista, no chico. Parte de él lucía en aquel séquito, sobre todo de caballos árabes engualdrapados de rica pasamanería.

La princesa, como es costumbre en las prometidas, llevaba el rostro velado, pero eso no era a disimular su gracia sino, muy por el contrario, a despertar la imaginación de las gentes que la adornaron hasta de lo que no tenía; siendo de corta estatura andaba con tal donaire que no se advertía la falta. Al salir del templo, después de la acción de gracias por haber alcanzado sanos y salvos aquellas costas, un grupo de marineros, acompañados de instrumentos musicales —algunos para nosotros desconocidos— le cantaron una melodía muy hermosa, de la que nosotros no entendíamos palabra, pero en la que deseaban a la recién llegada prosperidad, fecundidad, y una larga vida entre ellos. Era una canción tan sentida que a muchas gentes de la multitud se les llenaron los ojos de lágrimas. Y a nosotros también aun sin saber lo que decían.

Así fue de hermosa la recepción que hicieron las gentes sencillas a nuestra amada princesa y nada hacía presagiar lo que pasado el tiempo habría de ocurrir.

Estaba convenido entre la corte inglesa y el doctor Puebla, embajador de los Reyes Católicos para este negocio, que el encuentro de los príncipes tendría lugar en

Richmond, casa solariega de los Tudor en el río Támesis a su paso por Londres, pero el monarca inglés, impaciente como estaba por conocer a su futura nuera, salió a su encuentro en el Hampshire.

Aquí conviene decir dos cosas. La primera atañe a mi persona por el gran honor que me cupo de servir a la princesa en algo más que portear el hachón para guiar sus pasos en la oscuridad. Desde que ambos príncipes se prometieron por poderes cuatro años antes *per verba de praesenti* (es decir, no para el futuro) comenzaron a dirigirse cartas para que el encuentro entre ellos no fuera como si de desconocidos se tratara. Las cartas estaban escritas en latín, idioma común para ambos, y es excusado decir que en las de la princesa mucho intervino, en su redacción, don Alessandro Geraldini. Y lo mismo ocurriría en las del príncipe Arturo, escritas en un latín tan pulido que no es de suponer perteneciera a joven, por noble que sea, apenas salido de la pubertad.

Desde nuestra llegada a Plymouth hasta el encuentro del Hampshire, pasaron veinte días si la memoria no me es infiel, durante los cuales las buenas maneras exigían que cada día los prometidos habían de escribirse una carta para estrechar unas relaciones que presto habían de terminar en el tálamo nupcial. Pero al Geraldini le entró un mal de vómitos, a causa de las aguas inglesas que por ser de río, y no de pozo como en Castilla, no a todos sientan bien. Otros del séquito también padecieron de ese mal. No pudiéndose valer dispuso el capellán que hiciera de amanuense de la princesa y el primer día que su Alteza me dictó me temblaba el pulso como un azogado. Cuando terminé el mandado pasé la carta al capellán, que gimiente en el lecho me dijo:

—A los monarcas, como designados por Dios para gobernar los pueblos, se les consienten faltas mayores pero no menores. ¿Cuándo se ha visto que un rey o una reina cometan faltas al escribir? Hasta los que no saben juntar las letras, saben escribir cartas muy cumplidas.

Con esto quería decirme que en mí estaba el suplir la poca afición que tenía su Alteza a la gramática latina, de manera que sin faltar al respeto debido, acertara a decir lo que quería decir la princesa, como si lo dijera el mismo

Cicerón. Cosas como éstas aprendí muchas del ilustre capellán.

Desde aquel día la princesa me dictaba sus sentimientos y yo los ponía lo mejor que sabía; luego los corregía el capellán Geraldini y, por fin, su Alteza redactaba la carta de su puño y letra y un mensajero partía raudo a llevársela al príncipe Arturo trayendo otra de vuelta. O se cruzaban los mensajeros porque día hubo que se enviaron más de una misiva. Digo los sentimientos pues la princesa, bien adoctrinada por su madre, amaba a su prometido aun sin conocerle; y el príncipe Arturo parecía del mismo sentir a juzgar por las cosas tan tiernas que le decía. También le daba explicaciones sobre cómo era la vida en la corte inglesa y, con gran gentileza, se disculpaba de que no fuera tan esplendorosa como en Castilla. Tuvimos de reír cuando en una de las cartas le dijo que «en Inglaterra el agua no es potable, y aunque lo fuera, el clima no permitiría que se bebiera, por lo que recomiendo a su Alteza, que se acostumbre a beber vino». Nos reímos a cuenta del Geraldini quien se lamentaba de que tan sabio consejo no se lo hubieran dado antes de poner pie en aquella tierra.

Habiendo conocido con los años a otros príncipes y monarcas, me asombro al recordar el trato tan llano que tenía con nosotros la princesa. La primera vez que le presenté una carta dirigida al príncipe, con mi propia redacción, temblaba pensando que su Alteza había de decirme que así no lo había dicho ella. En lugar de reproches me dio las gracias. Este asunto de las cartas fue famoso pues en nuestra corte se vivía esperando las del príncipe; cuando llegaban primero las leía la princesa, luego la comentaba con alguna de sus doncellas de confianza, como María Salinas, y entre ellas discurrían sobre lo que habría de contestarle, aunque a la postre decidía la princesa. En las últimas cartas que escribimos, cuando dudaba sobre lo que me había dicho, me preguntaba con aquella su voz armoniosa: «¿Os parece bien, Juan, esto que le digo a su Alteza?» Yo, confuso ante tamaña confianza, siempre le decía que me parecía de perlas. Cierto es que la princesa me daba confianza, pero yo no me la tomaba y nunca olvidaba en presencia de quién me encontraba. Es condición de los monarcas hablar delante de los criados como si éstos no existieran; pero debe ser virtud de los sirvientes el saber sordos y mudos por lo mucho que les va en ello. Hay criados que hablan por unas monedas, otros por vanagloria de saber cosas ocultas de sus señores, pero en la corte de Inglaterra a más de uno le costó la cabeza su codicia o necedad. Yo siempre acerté a callar y si ahora hablo es porque ya no están en este mundo las personas a las que serví y debía respeto; si no, bien me cuidaría de hacerlo.

La segunda cosa que conviene decir, según he anticipado, son las causas que movieron a Enrique VII a adelantar el encuentro con la princesa. Es de razón que estuviera impaciente por conocer a la elegida para ser reina de los ingleses, pero no era menor su impaciencia por meter en su bolsa la dote de la princesa, pues el pecado capital de este monarca estaba en lo tocante a la pecunia. Era tal su afán de atesorar, que no perdonaba exacción por pequeña que fuera, y a su muerte, quien recibiera un trono esquilmado por las guerras, dejó un inmenso caudal, en su mayor parte en monedas de oro por las que sentía especial afición. Virtud sería en un monarca atesorar si lo hiciera pensando en su pueblo, pero no fue ése el caso de Enrique VII.

La dote convenida ascendió a doscientas mil coronas, de las cuales habían de entregarse cien mil a los esponsales, y las otras cien mil en el plazo de un año. De esta segunda parte, treinta y cinco mil coronas estaban representadas en vasos de oro, cubertería de plata y piedras preciosas, y en su avalúo se dieron tales miserias y discusiones, que vergüenza da nombrarlas tratándose de príncipes cristianos. Bien es cierto que la princesa Catalina estaba ajena a todo ello, ya que por parte del Rey Católico todo lo negoció el embajador don Gutiérrez Gómez de Fuensalida, comendador de la Membrilla, con ayuda del doctor Puebla como más conocedor de los ingleses. Hay quien piensa que este doctor Puebla más se ayudó a sí mismo, y que en los tratos parte de esa dote fue a parar a su bolsillo. El doctor Puebla era judío converso, o hijo de judíos conversos, eso no lo sé cierto, y por tal motivo no eran pocos los que le mostraban recelo.

En medio de una lluvia torrencial llegamos a Dogmersfield, en la región del Hampshire, donde nos tenían preparado alojamiento en el palacio del obispo de Bath y allí fue donde se presentó su Majestad el rey Enrique al siguiente día, con un séquito de no menos de dos centenares de caballeros amén de su primogénito, el príncipe Arturo, y del príncipe Enrique, a la sazón muchacho de once años, que estaba siendo educado para cardenal de la Iglesia. Fui testigo de lo que allí ocurrió pues desde que el Geraldini me metió en el asunto de las cartas, era más paje que criado, y habiéndose acostumbrado la princesa a mi presencia, no quería que me separara mucho de ella.

Me correspondía dormir en el zaguán, sin desvestir, por si mis servicios eran requeridos de noche, lo cual solía suceder pues doña Elvira Manuela tan celosa se mostraba de la guarda de la princesa, que noches parecía que no pegaba ojo y a cada poco nos requería para que le trajéramos tisanas o para que atizáramos los fuegos del hogar. Era dama en extremo nerviosa, siempre urdiendo para bien de la Corona, aunque a la postre también fue de las que se equivocó y hubo de dejar la corte.

Tan gran cortejo llegó a Dogmersfield con el estruendo de caballerías y voces de mando y sería necedad pensar que no se supiera en varias leguas a la redonda que había llegado el rey y señor de Inglaterra, con sus dos hijos varones; mas doña Elvira determinó que estando acordado el encuentro en Richmond, y que el príncipe de Gales no había de ver a su prometida hasta el día de la boda, todos habíamos de fingir que seguíamos durmiendo, como así hicimos, pero no paramos en toda la noche. Para empezar, el embajador don Gutiérrez Gómez de Fuensalida fue requerido por su Majestad británica para que le mostrara la parte de la dote que traía y en eso hubo que acceder pues para nada atañía a la virginal visión de la novia, que era lo vedado según costumbre.

«¿Según costumbre de quién? —dicen que clamó el rey—. ¿No son tales ocultamientos más bien costumbres de los turcos, que poco tienen que ver con las de los reinos cristianos?»

Razón no le faltaba pues era uso de Castilla, pero tomado de los moros que traían a sus mujeres veladas hasta después de casadas. Y en aquella ocasión se terminó la costumbre para siempre, pues pese a que la dueña se mostraba muy terne en no mostrar a la novia, fue la princesa quien determinó que estando en Inglaterra habían de seguir los usos ingleses y que ella nada tenía que ocultar.

Los pajes, con ayuda de otros criados y criadas, adecentamos el zaguán apartando las yacijas y colocando en su lugar tapices, de los más labrados, pues allí había de tener lugar el encuentro aunque, ya digo, fingiendo ser inesperado. El rey, que ya había conseguido que le entregaran en depósito las cien mil coronas de la dote, venía muy ufano y con su mano, como quien demanda albergue en una posada del camino, tomó la aldaba y pidió licencia para ver a la princesa. Se le dio paso y entró chorreando agua y los pies manchados del barro del camino; de la misma guisa entraron algunos de sus caballeros principales además de los dos príncipes varones.

Estaba el rey Enrique en buena edad, poco más de cuarenta años y la figura la tenía gallarda salvado un sesgo de los hombros que le hacía andar encorvado. El rostro lo tenía muy escurrido y poco barbado y la mirada indecisa; los labios muy finos. Vestía con extrema sencillez y la única joya que lucía era una gran cadena de oro al cuello de la que pendía la Orden de la Jarretera, la más preciada de Inglaterra. Se situó junto a la chimenea que ardía en un costado del aposento, siendo tal la mojadura que de su cuerpo comenzó a emanar vapor.

Al poco se presentó nuestra princesa vestida como acostumbran las doncellas cuando están en casa propia, sin adornos de clase alguna, y el rostro velado para ser desvelado por quien tenía derecho a ello. Se acercó la princesa al rey con aquel su andar que parecía no tocar el suelo, tal era su gracia, e hizo ademán de arrodillarse para besar su mano, lo que no consintió el monarca, quien tomándola entre sus brazos, primero la besó en la frente para, a continuación, descubrirle el rostro. La princesa, como sorprendida en su pudor, mostró un rostro tan arrebolado y agradable a la vista que todos los presentes, comenzando por su Graciosa Majestad, no pudieron ocultar su admiración. Era este rey famoso por decir lo que le

51

placía y, en esta ocasión, lo primero que dijo fue que doncella tan hermosa y saludable por fuerza había de ser fecunda. Esto de la fecundidad lo tienen en mucho los reyes, pues de ella depende la continuidad de su reino, mas vanos son los planes de los hombres cuando para conseguirlos orillan de ellos a Dios, como se verá en esta historia, que por la obsesión de los Tudor de tener hijos varones vino gran daño para la cristiandad.

Dijo lo de la fecundidad el rey Enrique en forma que no se debe de decir ante virginal doncella, aunque como lo dijo en inglés, sólo nos enteramos después. A continuación fue presentada al príncipe Arturo, que a la sazón tenía quince años y de cuya salud mucho se ha hablado, y yo diré lo que alcanzaron a ver mis ojos. Tenía la figura espigada, no recia, mas tampoco endeble. El cabello muy rubio y los ojos azules. Aunque de estatura mediana no era más bajo que la princesa como se ha dicho hasta en escritos. En aquella ocasión se traía una tosecilla que podía atribuirse a la mojadura, pero nada hacía suponer que en menos de un año se lo había de llevar el Señor consigo. Hablaba con gran dulzura y comedimiento y cuando se dirigía a la princesa, no podía disimular el embeleso que le producía su vista. Digo que hacían una buena pareja y todos se congratulaban de ello. Se cambiaron entre los prometidos besos ceremoniosos y el príncipe de Gales, en buen latín aunque con una dicción distinta de la nuestra, le dio la bienvenida y prometió hacerla feliz.

En cuanto al príncipe Enrique, que por el fallecimiento de su hermano mayor habría de convertirse en rey de Inglaterra y esposo de Catalina, sólo cabe decir que la divina providencia se había complacido en dotarle de cuantas gracias pueden adornar a una criatura. Me llora el alma al recordar cómo era y cómo terminó siendo, el Señor en sus inescrutables designios sabrá por qué. Tenía tan sólo once años y era ya en extremo apuesto, alto y bien proporcionado, el rostro rubicundo y los ojos alegres. Como segundón de la casa real había sido educado para la carrera eclesiástica, en la que estaba llamado a ejercer las más altas dignidades, pues había tenido los mejores preceptores, no sólo de Inglaterra, sino de la Europa entera. Se cuenta que el famoso Erasmo de Rotterdam, en una de sus estancias en las islas, se admiró de los conocimientos del joven príncipe. Otro de sus mentores fue Tomás Moro, por quien el príncipe y luego monarca sintió verdadera devoción, hasta que el diablo se le metió en el cuerpo. Pero fue John Skelton, laureadísimo poeta, quien le adoctrinó en el latín de modo que llegó a hablarlo con la elegancia que se merecía tan ilustre maestro.

Así fue nuestra llegada a Inglaterra, toda llena de venturas, salvadas las lluvias que a los de Castilla les parecían excesivas y no se hacían a ellas, pero a mí, acostumbrado a las de Bizcaya, no me cogía de nuevas.

Capítulo IV

DESPOSORIOS CON EL PRÍNCIPE ARTURO

El esperado enlace tuvo lugar el 14 de noviembre del 1501 en la iglesia más principal de Londres, la de San Pablo, con la majestad y el esplendor que requería tan señalado acontecimiento. En el tiempo que medió entre el encuentro relatado y la boda, cosa de un mes, el prometido, como príncipe de Gales que era, hubo de retirarse al castillo de Ludlow donde estaba previsto que había de establecer su corte. Nosotros nos quedamos en la corte principal de Londres y volvió el juego de escribir cartas, aunque no con tanto afán pues la princesa debía atender a múltiples quehaceres, algunos relacionados con el ajuar y vestidos para la ceremonia, y otros con el aprender las costumbres de su nuevo país. Para este último menester así como para conocer la capital del reino se asignó al séquito de la princesa, a título de caballero, al mismo príncipe Enrique; la razón fue que los soberanos consideraban oportuno que el pueblo de Londres conociera a la que estaba llamada a ser su reina.

Cada mañana se presentaba el príncipe Enrique, jinete sobre un hermoso alazán, para dar escolta a la princesa por las calles de la ciudad, donde eran aclamados por las multitudes con el fervor que merecía la gracia de ambos. La princesa montada sobre una mula de Castilla, ricamente engualdrapada y a mí, en ocasiones, me tocaba llevarla del ronzal lo que tenía a gran honor. Pero, a su vez, el príncipe Enrique se sentía altamente honrado de ser el caballero de tan gentil dama, y bien que hacía caracolear

54

a su caballo para lucirse en su presencia. Tengo para mí que miraba con gran embeleso a la que iba a ser su cuñada, y su reina el día de mañana, lo cual responde a natura. ¿Cómo no había de embelesarse doncel tan despierto a la vida ante dama con tales atributos para enamorar? ¿No estábamos, acaso, todos un poco enamorados de ella? Entiéndase que nuestro amor era como el que siente la más humilde de las florecillas por el sol, de quien recibe la vida y con eso se conforma. Todos nos alimentábamos de la presencia de la princesa Catalina y todos éramos a agradarla, y en eso no fue excepción el príncipe Enrique, duque de York. De su Alteza circulan algunos retratos que no le hacen justicia, pues los pintaron siendo ya reina, después de mucho padecer, y la representan matrona, muy señalada esa papada que ya queda dicho que no le favorecía.

¿Quién había de pensar que aquel joven príncipe, que hacía las veces de paje de su futura reina, con el tiempo se convertiría en su esposo, dueño y señor? Por aquel entonces en todo estaba sujeto a lo que dijera la princesa Catalina y se dirigía a ella con gran miramiento, sólo atento a complacerla. Como queda dicho más arriba, era muy dada la princesa a cantar y entre las muchas gracias del príncipe Enrique no era la menor el arte que se daba para la música; gustaba de hacer composiciones poéticas que luego se acompañaba con el laúd en el que era muy diestro. Cuando conoció la afición de la princesa, con gran gentileza le hacía cantar canciones de Castilla y él le acompañaba con su instrumento. También le enseñaba canciones populares de su reino, sobre todo galesas y escocesas que son las que más fama traen. Por aquellas fechas, quizá un poco después, cumplía años la princesa y el príncipe Enrique cuidó de traer una orquesta de músicos a los que había instruido en una de las canciones preferidas de la infanta y, por sorpresa, se la vinieron a cantar muy de mañana al pie de su balcón. La princesa demostró su agradecimiento con lágrimas muy tiernas.

Si alguna mañana, requerida por otras obligaciones, no podía salir la princesa con su caballero, se quedaba éste cariacontecido sin disimular su contrariedad.

Cuento todo ello con algún detalle para que se comprenda el afecto que se profesaban, ya desde muy jóvenes, quienes el destino quiso hacer de ellos marido y mujer.

El día de la boda, contra lo que es costumbre en Inglaterra en esa época del año, amaneció en extremo luminoso de manera que todo el pueblo de Londres, y de villas vecinas, ocupó las calles de la ciudad desde horas muy tempranas; parecía que no cabía dicha más grande para los ingleses que el que aquel matrimonio tuviera lugar. La princesa vestía un vestido blanco recamado de joyas e iba tocada con una mantilla que le servía de velo; el príncipe Arturo lucía todos los atributos de su futura realeza y, si bien se mostraba pálido por la emoción, nada hacía presagiar su próximo final. A su hermano Enrique, duque de York, correspondió conducir a la novia al altar, tomándola de la mano derecha, cumpliendo con gravedad impropia de sus años el papel de caballero que le habían asignado.

En la ceremonia se dijeron cosas muy hermosas y esperanzadoras para el futuro de los desposados y del mismo reino de Inglaterra ninguna de las cuales se cumplieron. Los banquetes, en el castillo de Baynard, duraron tres días, con sus noches, pues las fiestas no tenían fin. Tan felices estaban los monarcas que el rey Enrique, pese a su proverbial tacañería, costeó el vino del que se bebió en abundancia, no sólo en Londres, sino también en Ludlow y en Durham, y quizá también en otras regiones. En Inglaterra no se recordaba nada igual.

Las doncellas de la princesa se lucieron en los bailes que siguieron a la ceremonia siendo la admiración, por su gracia y belleza, de todos los asistentes. La misma princesa bailó con el príncipe Arturo y todos se hacían lenguas de la buena pareja que formaban. En tan cumplida fiesta a mí me cupo servir la mesa y al Tomasio hacer reír a la gente. Bufones había muchos, pues era costumbre que cada familia noble tuviera el suyo, pero la gracia del Tomasio estaba en la forma que tenía de hablar el inglés de cuya lengua sólo sabía cuatro palabras, pero se las ingeniaba para decirlas con malicia y oportunidad, como quien no sabe lo que dice, pero sabiendo; eran palabras que el pudor aconseja vedar, pero las primeras en reír eran las damas aunque fingiendo sofoco.

De comer y beber asombra la afición que existe en aquel pueblo pues so pretexto de las lluvias y los fríos, dicen que lo necesitan más y parece que nunca se hartan. El vino ellos no lo tienen y se lo hacen traer de Francia. La cerveza la toman caliente con lo que los vapores presto se suben a la cabeza. Siendo tierra abundante en pastos crían muy buen ganado, que lo asan a cielo abierto, y del mismo asador lo toman con sus manos y hay caballeros capaces de comerse medio ternero de una vez. Pescado también lo tienen muy sabroso, pero los nobles sólo toman del que pescan en lagos y ríos, siendo el de la mar para la gente del pueblo o, en salazón, para las campañas militares.

Con el tiempo habría de convertirse en cuestión capital sobre si aquella noche hubo o no hubo trato carnal entre los recién desposados. Sería necedad que presumiera saber de lo que por función no me correspondía entender. Sólo diré que propiamente no hubo noche de bodas, pues el festejo se sucedió por los tres días dichos y los príncipes de Gales, si bien se retiraban algunos ratos, presto volvían al salón pues no en vano eran los huéspedes más principales. Bien recuerdo a la princesa Catalina quedarse dormida sobre un escabel, a la vista de todos, tal era su cansancio, sin que la música ni las risas de los que bailaban fueran a despertarla. También puedo decir, como testigo de presencia, el mucho amor con el que se trataban ambos príncipes, diciéndose gentilezas y estando cada uno pendiente de los deseos del otro. Cierto que al príncipe le entraba de cuando en cuando su tosecilla, pero no podía ser por menos pues los caballeros más recios no eran a aguantar fiesta tan prolongada. De mí puedo decir que en aquellos tres días no alcancé a dormir más de una hora seguida, tal era el trajín que nos traíamos los criados.

Terminadas las fiestas se dispuso que el príncipe Arturo se retirase a su castillo de Ludlow, que por estar en Gales es donde había de establecer su corte. Al principio se pensó, aunque sin mucho fundamento, que se adelantaba el príncipe para preparar el recibimiento de la nueva princesa de Gales; luego se corrió la voz de que el rey Enrique había determinado que los recién desposados eran muy jóvenes para consumar el matrimonio y que habían de esperar un año y entretanto vivir separados, lo cual tenía menor fundamento todavía. ¿Cómo habían de considerarse jóvenes a quienes natura, en su milagrosa armonía, había dotado del don de procrear que de todos es el que más asemeja al hombre con su creador? Basta mirar que la princesa Catalina tenía cumplidos los dieciséis años y con menos edad había princesas y hasta reinas en Europa, que ya eran madres de más de un hijo. Y no se diga entre la gente de baja condición que apenas cumplen los doce años ya son madres. En cuanto al príncipe ¿no es acaso a los quince años cuando la pasión amorosa se adueña de los jóvenes conduciéndolos, en ocasiones, por caminos de perdición? Si el matrimonio no se consumó otras serían las razones, mas no la edad ni cuanto menos que les faltara el afecto debido pues la princesa, así que pasaron los días, determinó que había de seguir a su esposo y, como luego se supo, Arturo también esperaba anhelante el encuentro.

La princesa era en todo muy sumisa y sosegada, pero sin olvidar nunca de quién era hija y cómo tan ilustres padres la habían educado para ser reina. Habiendo sido la corte de los Reyes Católicos itinerante en aquellos años a causa de la guerra con los moros, desde muy niña asistió a grandes eventos, tal la conquista de Granada, y vio cómo su madre la reina Isabel sabía ceder, mas no cuando estaba en su derecho y en ello le iba el honor. ¿Y no es, acaso, deshonor para mujer casada prohibirle vivir junto a su esposo?

Doña Elvira Manuela, que tan bravía se mostraba con el gobernarnos a pajes y doncellas, sentía gran temor del rey Enrique no atreviéndose a contradecir lo que su Majestad había dispuesto al respecto. Recuerdo que un día, serían vísperas de la Navidad de aquel año, paseaba la princesa con sus damas por los jardines de palacio, y la doña Elvira le razonaba que había de tener paciencia y atenerse a la voluntad del rey. En este punto se incorporó el príncipe Enrique que seguía muy asiduo y solícito de la princesa y, también por consolarla, le dio como razón de la separación el que su hermano Arturo seguía con aquella tosecilla, para la que le sentaban muy bien los aires de Ludlow, que es castillo rodeado de montañas muy rocosas que secan la humedad del viento que viene del mar. A lo que la princesa le replicó con gran energía:

—¿Y cuándo se ha visto que por un mal de pecho haya la esposa de estar apartada del esposo? ¿No es acaso en la enfermedad cuando más precisan los esposos el uno del otro?

El joven príncipe, asombrado de tan tierna y cristiana respuesta, no pudo por menos de decirle:

—De tal modo lleváis razón, querida hermana, que habéis de poner por obra tal y como lo pensáis. Os aconsejo que habléis con mi madre, que como mujer os ha de comprender, y ella es la única a vencer la voluntad del rey, mi padre.

Admira que príncipe tan joven tuviera tan buen discurrir, pues hablar con la reina Elizabeth y resolverse tan enojosa separación fue todo uno. Esta reina tenía gran ascendiente sobre el monarca pues no en vano fue quien dio con su matrimonio, legitimidad a su reinado. Era mujer de gran dulzura, muy amorosa con Catalina, y fue no poca desgracia para la princesa que de allí a poco el Señor se la llevara con Él.

En este punto viene a cuento explicar una costumbre de los ingleses que a mí no me cogió de nuevas pues también la tenemos en Bizcaya, aunque no con el rigor con que ellos la practican; me refiero a juegos de destreza con envites de dineros. El príncipe Enrique desde muy chico fue en extremo aficionado a todos ellos y nunca tenía pereza cuando de cazar, alancear o jugar a la pelota se trataba. Con este último juego estaba muy encaprichado sobre todo desde que se le ocurrió un modo distinto de jugarlo, que es lo que viene al caso. En Francia lo llaman el *jeu de pomme* y lo juegan con la mano, lanzando la pelota contra un frontón; en Bizcaya lo jugamos unas veces con la mano y otras con palas de madera, estrechas y gruesas, pero siempre lanzando la pelota contra un muro frontal y, de rebote, contra una pared que se levanta a su izquierda. Cuando se juega en los atrios de las iglesias valen todas las paredes y hasta las bancadas de reposo.

El modo en que se empeñó el príncipe Enrique que se jugara en Inglaterra fue el siguiente: no se valían de pared alguna, sino que lo hacían sobre un prado muy bien segado, que dividían en dos campos separados por una red de las que usan los pescadores, como de diez palmos de alta. Los jugadores se colocaban a uno y otro lado de la red, pero en lugar de la mano se valían de una raqueta para impulsar la pelota. La raqueta tenía un mango del que arrancaba un bastidor como el que usan las mujeres para bordar, pero de mayor tamaño, y en su interior había otra red atirantada hecha con tripas de vaca. Las pelotas las hacían con cueros y vejigas de carnero, con aire dentro, para que pudieran botar sobre la hierba. Según el número de jugadores que se colocara en cada campo, se pintaban rayas para que cupieran todos. Pero al cabo de un tiempo el príncipe Enrique determinó que sólo habían de jugar cuatro, dos contra dos y, en ocasiones, uno contra uno; esa costumbre prosperó y de su acierto se sentía muy ufano Enrique VIII.

Los pajes y criados nos colocábamos en rededor del prado para recoger las pelotas y retornarlas a los jugadores. Éstos eran caballeros de su séquito, aunque el príncipe no tenía a menos jugar con gente plebeya siempre que fueran diestros en el juego. Con el tiempo, siendo ya rey, acostumbraba a jugar con los prisioneros franceses que, por su afición al *jeu de pomme*, pronto se hacían al modo de jugarlo en Inglaterra. El más famoso de todos fue el duque de Longueville, quien alcanzó su libertad en una de esas partidas; la postura fue de ricas tierras de su ducado, en Normandía, contra su libertad. Ganó el duque y su Majestad le dijo: «No siento que alcancéis la libertad, que bien la habéis merecido, sino perder tan buen contrincante.» Su Graciosa Majestad Enrique VIII fue monarca nobilísimo hasta que le entró el demonio de la lujuria.

Aquel mismo día habló la princesa Catalina con la reina Elizabeth, quien le prometió que rogaría al rey que atendiera a su justo deseo de vivir con el príncipe Arturo. Estaba la princesa que no cabía en sí de gozo y su cuñado, el príncipe Enrique, muy orgulloso de que se hubiera seguido su consejo. Lo celebraron con un almuerzo muy copioso, sin que faltaran las libaciones pues desde muy niños acostumbran a beber vino por entender que enriquece la sangre y hasta los prelados recurren a citas de las Sagradas Escrituras para apoyar el aserto. Las damas lo toman mezclado con agua siguiendo el consejo de san Pablo a Timoteo, pero los caballeros lo beben como Noé.

Era aquella corte más llana que la de Castilla, y a los pajes nos hacían cierta confianza, en especial a mí por el afecto que me mostraba la princesa. El príncipe Enrique, oyéndome hablar en latín y, a veces, viéndome terciar en la conversación cuando no se entendían los unos con los otros, pensó que era paje de los de noble alcurnia y cuando supo que iba para clérigo me tomó más afición pues él también estaba destinado a la carrera eclesiástica. Ambos pensábamos que iba a ser así y, a la postre, ninguno de los dos entramos en religión. En lo que a mí toca era el capellán Geraldini quien me inclinaba por ese camino, pues todos los que son llamados a altos cargos eclesiásticos gustan de tener protegidos de los que luego se valen. Yo decía que sí, pues hasta la princesa Catalina me animaba a ello por entender ser lo mejor para joven pobre, pero con letras; mas viendo el embeleso que me producía el estar cerca de las doncellas, mucho me lo pensaba.

En cuanto al Tomasio rondaba por la corte, aunque no siempre por no tener oficio fijo en ella, salvado el de hacer reír a la gente según soplaran los aires y aquel día le soplaron muy favorables. Terminado el almuerzo, todos bien contentos, manifestó su Alteza deseos de jugar a la pelota, eso lo hacen mucho los ingleses, dicen que para ayudar a la digestión y el Tomasio entre muecas y medias palabras le hizo saber que con gusto contendería con él, pues al ser más bajo y estar más cerca del suelo, acertaría a dar mejor a la pelota. Es sabido que estas bromas son consentidas a los bufones y su Alteza la recibió entre risas y le preguntó que cuál era la apuesta.

—Una parte de mi cuerpo sin la cual el varón deja de ser tal —le respondió el Tomasio con la media lengua de la que se valía para expresarse en inglés, más los gestos de los que se ayudaba. En estos gestos estaba la gracia, mas la princesa Catalina no se los consentía por lo que solían tener de sucios y obscenos; por contra, el príncipe Enrique mucho los celebraba.

—Sea —dijo en esta ocasión su Alteza— y sea vuestro compañero John Egont, que yo me valdré de cualquier de mis caballeros.

—¿Y qué parte de vuestro cuerpo se juega su Alteza real? —se atrevió a preguntarle el Tomasio.

—Habida cuenta de la parte de vuestro cuerpo que ponéis en juego, que por lo que se ve desde fuera ha de ser bien menguada, será suficiente, por mi parte, un puñado de coronas. ¿Y qué se juega el John Egont?

Esto lo dijo en medio de grandes risas, dirigiéndose a mí, pues si bien mi nombre es Juan Egaña, en Inglaterra me lo cambiaron por el de John Egont. John es Juan, y Egont es como entienden que se dice Egaña. A la pregunta anterior le contesté yo en latín:

—Ninguna parte de mi cuerpo puedo jugarme, pues si he de ser sacerdote debo conservarme entero para ofrecerme al Señor.

Mucho celebró el príncipe mi salida y si lo cuento con tanto detalle es para que se entienda cómo nació el favor que me tuvo el príncipe Enrique, y aquel día fue de los señalados.

Comenzamos la partida el Tomasio y yo de una parte, y su Alteza y un caballero de su séquito de la otra. Al principio todo eran risas y bromas porque fácilmente nos tomaban la delantera, hasta que el Tomasio y yo le cogimos el aire al juego. Ambos éramos de los más diestros en Zumaia en jugar con la pala que queda dicha, y al cabo de un rato hasta nos parecía más simple devolverlas con una raqueta que tiene su red tensada, que no con un leño de madera. Y comenzaron a cambiar las tornas; tenían que cambiar pues su Alteza, pese a sus buenas proporciones, era un muchacho de once años, y yo, con dieciocho años, un hombre cumplido. En cuanto al Tomasio, era todo malicia para colocar la pelota lejos del alcance de nuestros contrarios.

Allí acostumbran a durar las partidas hasta que se pone el sol o antes si así lo dispone el que hace cabeza. Cuando más encendido estaba el juego a mí se me ocurrió dar a la pelota en el aire, sin esperar a que tocara la hierba (que en el juego de pelota de Bizcaya es golpe muy apreciado), y el caballero del príncipe pidió falta en nuestra contra.

—¿Cómo falta? —dijo el príncipe Enrique reflexivo—. ¿No tiene, acaso, más mérito darle en el aire sin esperar a que llegue al suelo? Pues lo que tiene mérito no puede ser penado como demérito.

Desde ese punto trató el príncipe de darla al aire y cada vez que acertaba, no podía disimular su júbilo; así se estableció una nueva regla del juego que el príncipe denominó the John Egont punch (el golpe de Juan Egaña), quién me iba a decir que iba a merecer tanto honor. Como el día estaba soleado, aunque frío, la princesa con sus damas seguían la partida, cortejadas por caballeros del séquito quienes cruzaban apuestas entre ellos, aunque casi siempre a favor del príncipe pues no estaba bien considerado hacerlo contra su señor.

Fue una tarde difícil de olvidar, con muchas risas por los visajes que hacía el Tomasio cada vez que no acertaba a la bola, pero también con sofocos del príncipe y su caballero por ser ambos muy pundonorosos y poco amigos de perder, al punto de que la princesa en un aparte me dijo que le haría gran favor si cedía en el juego para que el príncipe se saliese con la suya. Si la vida me pidiera mi señora Catalina con gusto se la daría, cuánto más cosa tan menuda como es un juego de pelota. Le hice saber el deseo de nuestra soberana al Tomasio quien, cerril, me replicó:

—¿Cómo perder, si en ello me va parte de mi cuerpo de la que tanto preciso?

Creí que lo decía por broma, pero con los hechos me demostró que no estaba dispuesto a ceder y cada vez ponía más afán en devolver cuantas pelotas se ponían a su alcance y yo, apurado, hacía lo contrario con las mías. Hasta que su Alteza, quizá advertido de esto último, dijo:

—Alto el juego; parece que el John Egont no acierta a hacer lo que debe. Será que está fatigado en exceso.

Se hizo un silencio pues lo dijo el joven príncipe con gesto ceñudo, yo temblaba, pero su Alteza determinó:
—Quede entero el bufón y cobre su apuesta que bien se lo ha merecido.

Digo que fue día difícil de olvidar pues desde aquella fecha el príncipe Enrique comenzó a darme trato de amistad, siempre salvada la distancia entre señor y vasallo, pero buscando mi compañía para jugar partidas, sobre todo cuando había de enfrentarse con caballeros franceses o escoceses y esto siendo ya rey. También gustaba que le acompañase en sus hazañas de caza y en sus alardes ecuestres, así como discutir en latín cuestiones teológicas en las que yo andaba ayuno y él muy ducho. Quién me lo iba a decir que el poco latín que me enseñara mi clérigo, más la afición a jugar a la pelota en el atrio de la iglesia de mi pueblo me habrían de ser de tanta ayuda en país extranjero. El Geraldini no cabía en sí de gozo viendo el favor con que me trataba su Alteza, pues su obsesión (y ahí estuvo su perdición) no era otra que estar a bien con los grandes de este mundo.

Pero también fue inolvidable pues perdí para siempre la compañía de quien tanto hizo por mi vida. Aquella misma noche el Tomasio me dijo que tenía decidido el volverse a nuestro pueblo de Bizcaya, razonándome que desde la primera moneda que le diera doña Elvira Manuela por el gato que le salvamos, hasta las que acababa de recibir por la partida, todas las tenía a buen recaudo. Y sacándose una bolsa que llevaba muy disimulada, me mostró su contenido, no menos de cincuenta coronas de oro, que en aquellos tiempos era una fortuna. Me explicó que algunas eran dádivas que le daban los caballeros por hacerles reír, pero a mí se me hacían demasiadas para ese menester y pienso si no voló alguna de ellas. Traté de disuadirle pues no me hacía a que me pudiera faltar su compañía y le razonaba, diciéndole:
—¿Dónde vas a encontrar negocio tan saneado que por hacer reír a la gente lleves camino de hacerte rico? (Lo cual era cierto pues bufones hubo en Inglaterra que llegaron a ser más adinerados que sus dueños.)

A lo que me respondió:

—Cuando ellos ríen, yo lloro por dentro pues ríen en demérito de mi persona, y yo quiero reír en torno al hogar haciendo reír a mi mujer y a mis hijos, si Dios se digna concedérmelos.

Me entra contrición de pensar que no se me había pasado por mientes que, como ser humano, también tenía derecho el Tomasio a lo que todo hombre anhela; pero él me abrió su corazón y me dijo que estaba muy enamorado de una doncella de Zumaia, apenas salida de la pubertad, que le correspondía en la afición y le reía las gracias de un modo distinto a como lo hacían los caballeros. Después de mucho insistirle terminó por decirme quién era la elegida de su corazón y a poco no me desmayo del susto pues era ¡la hija pequeña del Pedro Mendía!

—¿Pues no me decías que las cuatro eran malas y que más me valía dejarme ahorcar que casarme con la mayor? —le dije en el colmo del asombro.

—Así es en lo que a la mayor respecta, pero por la menor yo me dejaría ahorcar. La maldad les viene de su padre y con este dinero, siendo el Mendía codicioso como es, seguro que me la ha de dar y aún me sobrará para comprarme una trainera de la que seré patrón, pues mi corazón lo tengo en la mar y mi dicha en andar tras las bandas de peces.

En eso no le faltaba razón ya que tenía un ojo que un solo pez que hubiera, él sabía dónde encontrarlo. Bien lo puedo atestiguar de cuando anduvimos costeando por Cantabria, huyendo de la Santa Hermandad, ya que gracias a ese don comimos más de un día y más de dos. Así termina la historia de Tomasio en el reino de Inglaterra; de allí a pocos días en un navío que se retornaba a España tomó el tole, pero supe de su vida por pilotos vizcaínos que fondeaban en el Támesis pues bien que se cuidaba él de que me trajeran letras sobre sus hazañas. Digo hazañas porque la primera fue muy sonada; acertó en lo de la codicia del Pedro Mendía quien así que oyó el tintineo de las monedas de oro, consintió en el matrimonio, siendo cosa nunca vista que fuera el novio, en lugar de la novia, quien tuviera que dar la dote. Como primera providencia el Tomasio dio una gran paliza a su esposa para que se le quitaran los humores y mañas que hubiera aprendido de su padre, advirtiéndola que de allí en adelante otros serían los sones a los que habría de bailar, y que el único en marcarlos sería él. Remedio tan cruel y poco cristiano sirvió en aquella ocasión, pues resultó esposa fidelísima que le dio ocho hijos y ninguno salió encorvado como su padre. Por contra, las otras hijas del Pedro Mendía terminaron a cual peor, y la que a mí me destinaban la peor de todas pues acabó en tierra de moros; por la dichosa codicia se unió a un renegado que traficaba en Argel y el castigo fue que terminó siendo una más en el harén de aquel malvado.

El Tomasio se mercó una trainera de las grandes, con bancada para catorce remeros, y de ella fue patrón famosísimo al punto de que le cambiaron el nombre por el de Tomás *Jakintsu*, que en nuestra habla quiere decir *el Sabio*, tal era el arte que se daba para todas las cosas de la mar. La fama le vino en toda la costa porque en las regatas que hacían unas villas contra otras, con ocasión de las fiestas, la que él patroneara era la ganadora. Pasados los años, calculo que más de veinte, me vino la noticia de que había muerto en el mar, peleando con una tormenta terrible, pero como buen patrón que era consiguió poner a salvo a sus remeros (algunos hijos suyos, ya) y sólo él perdió la vida por un golpe de mar cuando ya estaban a la vista del puerto. Pienso que fue una muerte hermosa para una vida hermosa, y que también mereció el sobrenombre de *Jakintsu* por el acierto de dejar la vida de una corte en la que, como habrá ocasión de relatar, hubimos de padecer mezquindades y crueldades sin fin.

También es de reflexionar que quien en el pueblo sólo servía de befa cuando era pobre, tomó fama de sabio cuando la fortuna llamó a su puerta. Ítem más; también es de admirar que quien buscaba fortuna en las Indias, contando con padecer muchas penalidades, la encontró en Inglaterra, con más risas que penas. ¿Cómo dudar de que es el Supremo Hacedor quien así dispone de nuestras vidas?

CAPÍTULO V

PRINCESA VIUDA Y ENAMORADA

De las mezquindades de las que se valía el rey Enrique para atesorar dineros, no fue de las menores la que se trajo con la vajilla de la dichosa dote de nuestra señora. Como queda dicho estaba tasada en treinta y cinco mil coronas y miren lo que discurrió su Graciosa Majestad para que quedara fuera de la dote, de modo que el Rey Católico tuviera que suplirla con monedas contantes y sonantes. Accedió el rey Enrique a que la princesa se trasladara al castillo de Ludlow y así pudieran vivir juntos los jóvenes esposos, pero con una condición: que habían de comer todos los días en la vajilla traída de Castilla por entender que los reyes de España se avergonzarían de ofrecer lo ya usado en pago de la dote. Basta que lo impusiera su Majestad con tanto afán para que la doña Elvira Manuela se recelase y ahí comenzaron las discusiones. Por tanto, el viaje al castillo de Ludlow que iniciamos en medio de tanta alegría, terminó en lágrimas pues yo he visto llorar a la princesa Catalina a cuento de si podía o no podía comer con la vajilla de plata. La que había en el castillo de Ludlow era de peltre. A la postre, con aquel arranque que tenía nuestra señora, determinó:

—Comeré con la vajilla que diga mi señor, el príncipe de Gales, pues no he venido a otro negocio a este palacio sino a darle gusto en cuanto pueda, siempre que con ello no falte a mi conciencia; y en este punto mi conciencia nada me dice sobre si he de comer con cubierto de plata o de peltre.

El pobre príncipe, temeroso de que si desairaba a su padre le habían de retirar de nuevo a su esposa, dijo que plata y así quedó la cosa, mal a gusto de muchos. A éstas y a otras mezquindades me refiero cuando digo envidiar la suerte que corrió el Tomasio alejado de la vida de la corte, aunque en ello le fuera la vida.

El país de Gales es en extremo deleitoso. Sus valles son tan suaves y tan húmedos que los ganados se mueven en ellos, con gran contento y aprovechamiento. Allí no hay grandezas como las de Castilla, ni palacios como el de la Alhambra del que cuentan y no acaban, pero las aldeas son todas muy recogidas y bien construidas, en buena cantería, y sus campesinos no padecen tanto como en Castilla, pues la palabra sequía ni se nombra entre ellos. Bien es cierto que sufren extremadamente con los impuestos del rey, pero no sé qué campesino alcance a estar libre de ese mal. El castillo de Ludlow se alza sobre un cerro en la linde con Inglaterra, tan bien dotado de torres y murallas, que parece imposible nadie pueda traspasarlo sin permiso de sus moradores. Por dentro es oscuro y triste, sobre todo los días de lluvia que son los más, pero así que sale el sol las hermosuras que se divisan desde sus atalayas no son para descritas. En la distancia se alcanza a ver los días claros el valle que llaman del Teme, junto a las montañas de Stretton, que al atardecer, entre celajes, semeja la entrada del paraíso. Toda Inglaterra es muy hermosa, con olores muy dulces en sus campiñas, y los días de verano tan largos y luminosos, que no es de extrañar que los caballeros gusten tanto de estar al aire libre con sus juegos y cacerías. De soles tórridos, como los nuestros, saben poco. Sus gentes son buenas y en extremo piadosas, aunque no sé lo que será de su piedad desde que sobre ellos se cierne la sombra de Lutero.

Digo que el castillo era triste por dentro y mejor sería decir que lo recuerdo así, por las penas que nos tocó vivir en él, no siendo menc la muerte de tan gentil criatura como fue el príncipe Arturo que falleció a los pocos meses de nuestra llegada.

En este punto vuelve la cuestión de si tuvieron o dejaron de tener trato carnal los príncipes de Gales mientras vivieron juntos en Ludlow, pues del sí o del no dicen que dependía la licitud del matrimonio que, pasados los años, contrajeron Enrique y Catalina. Trato tuvieron, pero cuáles fueran sus extremos sólo Dios y la princesa Catalina saben la verdad. Y esta princesa, en extremo temerosa de Dios, llegado su momento dijo que pese al cariño que mediaba entre ambos el matrimonio no pudo consumarse. Por su parte el príncipe Enrique bien que se hartó de decir cuando casó con ella que la encontró tan virgen como cuando vino al mundo. Si no se ha de dudar de palabra de rey, cuánto menos de reina tan cumplida como lo fue nuestra señora Catalina, que en lo de católica y veraz no le iba a la zaga a su madre, doña Isabel, de feliz memoria.

Trato hubo, a lo menos de caricias y dormir juntos, pues de ello fuimos testigos cuantos vivíamos en el castillo y mucho nos complacía ver a los esposos tan deseosos de complacerse el uno al otro. ¿Cómo no había de ser así si de ello dependía nuestra suerte? Los que hemos nacido para servidores (aunque luego en algo cambió mi suerte) aspiramos a medrar a la sombra de nuestros amos y mucho nos iba el que los príncipes alcanzaran a ser padres de muchos hijos, pues en su fecundidad estaba nuestra prosperidad.

¿Por qué no se consumó el matrimonio? No por la edad, que ya queda expuesto que la tenían justa pero suficiente para lo que requiere el connubio, ni tampoco por la salud del príncipe (como se verá, otras fueron las causas de su prematuro fallecimiento) sino porque el deseo de tantas gentes de que se produjera el feliz suceso, retraía a quien debía de poner en ello lo más principal. Así como a un cantante joven, si es tímido, se le quiebra la voz si advierte a una multitud pendiente de ella, de igual modo al príncipe Arturo se le quebró la vehemencia que ese negocio requiere. El rey, su padre, le decía que se moderase en el uso del matrimonio y tanto se moderó que esposo y esposa quedaron como si no se hubiese celebrado. Desde esta atalaya de mi edad provecta ¿cómo no pensar cuán distinto hubiera sido el discurrir de la historia si aquel matrimonio se hubiera consumado? De haber nacido un heredero, él hubiera ceñido la corona de Inglaterra y el príncipe Enrique hubiera seguido su camino de príncipe de la Iglesia, quién sabe si para llegar a Papa, en lugar de convertirse en enemigo del Papa. Todo esto son discursos de viejo y ganas de que la historia discurra conforme a nuestro entendimiento, y no conforme a los designios de la divina providencia.

Tengo para mí que no hubo en el príncipe Arturo lo que los escolásticos llaman impotencia *coeundi* (que hubiera hecho nulo el matrimonio) pues a la princesa Catalina no se le veía la angustia que es de presumir en joven esposa que advierte tan grave falta en quien está llamado a hacerla madre. Por el contrario, se mostraba nuestra señora en todo muy pacífica y confiada, como el labrador que en tiempos de bonanza no duda de que la cosecha llegará en su sazón.

Sería el mes de marzo cuando nos visitó el príncipe Enrique que tenía gran afición al país de Gales, por la diversa suerte de venados que encierran sus montañas. Me distinguió consintiendo que le acompañase en sus excursiones aunque hacía burla de la poca maña que me daba en el arte de la caza. Por contra, jugando a la pelota mucho me respetaba y siempre que había ocasión decía a los otros jugadores, sus caballeros, que yo era el descubridor del *Egont punch,* golpe al aire al que había tomado gran afición. También gustaba de hablar conmigo en latín y en tal caso, hacía burla de sus caballeros, los más de los cuales no sabían ni tan siquiera leer y escribir en su propia lengua. Es más, algunos lo tenían a desdoro pues entendían que la obligación de un caballero era servir al rey con las armas, no con la pluma, oficio que había de quedar para clérigos y frailes.

La princesa Catalina, mirando por mí, me encarecía que tuviera en mucho las atenciones con las que me distinguía su egregio cuñado, pues si a la sazón era apenas un muchacho, con el tiempo alcanzaría a ser príncipe de la Iglesia y podría arrastrarme en su ascensión. Y en cuanto al capellán Geraldini, no digamos.

De aquellos días tengo muy grabado la admiración que en todo mostraba el príncipe Enrique por la mujer de su hermano; viéndola tan sumisa y amorosa con su señor no se cansaba de alabarla al extremo que un día dijo públicamente dirigiéndose a ella:

—Amada hermana si sois tan buena reina, como lo sois esposa, haréis la dicha de nuestro pueblo; y que habéis de serlo no lo pongo en duda pues vuestra hermosura no es capaz de disimular vuestro talento.

Siempre se trataban de hermano y hermana, pero siendo la princesa de más edad, cumplía la función de hermana mayor reprendiendo al príncipe Enrique cuando entendía que se lo merecía, mayormente cuando le dirigía alabanzas públicas, como la transcrita. Pero también le reprendía por faltas que aun no atañendo a su modestia, podían ser perjudiciales para la persona del príncipe. Una de aquellas tardes de Ludlow, después de una partida de pelota en la que mucho habíamos peleado, cubriéndonos de sudor, díjonos la princesa:

—Cuiden los caballeros de ponerse sus casacas que el sudor y el frío no hacen buenas migas y el viento, lo mismo que orea, mata.

Nos faltó tiempo para obedecer tan amoroso consejo, salvo su Alteza que siguió sólo con su camisola, alardeando de su fortaleza y haciendo burla de los que temíamos a los dulces vientos de las montañas de Gales. Cuanto más le insistía la princesa, más se crecía el príncipe en su negativa y con infantil gracejo soplaba con toda la fuerza de sus pulmones, al tiempo que le decía:

—¿No veis, hermana, que el viento que sale de mis pulmones es más recio que el que viene de fuera? ¿Qué es lo que tengo que temer?

—Lo que hayáis de temer es cuenta vuestra —le replicó muy seria la princesa—, pero tened por cierto, hermano, que si no os ponéis la casaca nunca más he de asistir a vuestros juegos pues no quiero tener sobre mi conciencia el que os pueda dar un mal aire.

El príncipe Enrique, aunque refunfuñando, consintió en que le pusieran la casaca pues gustaba de lucirse en el juego delante de la princesa y de su séquito de doncellas.

A mí acostumbraba a preguntarme sobre las costumbres de doña Catalina, y sobre si era de esta manera o de la otra, y como yo sólo le contaba lindezas sobre nuestra señora, me dijo un día:

—Con gusto cambiaría mi suerte por la vuestra pues no es mala bicoca ser paje de sol que tanto alumbra.

Cuento esto para que se entienda el amor que como hermanos se tenían, y cómo no es de admirar el que llegaron a tenerse cuando cambiaron las tornas.

Hay en Inglaterra una enfermedad sin igual en Europa por lo caprichosa que se muestra en aplicar su mortal aguijón. La llaman la *sweating sickness* o enfermedad del sudor, aunque también la pudieran llamar del sueño, pues a quien le pilla comienza a sudar para, a continuación, entrar en un sueño del que son muchos los que no despiertan. Digo caprichosa pues acomete simultáneamente a gran número de personas y si están dos juntos uno es salvo y otro no, sin que se alcance a saber por qué, ni se conozca remedio contra ella. Y no vale decir que primero perecen los más débiles, pues tengo visto hombres bien recios pasar en pocas horas de la vida a la muerte. Y, por contra, salir de ella ancianos provectos, mujeres y niños. Es tan traidora que se presenta en forma de bienestar y con un tembleque que, no conociéndolo, produce risa. De ella dicen los ingleses *merry at dinner and dead at supper* porque los hay que están riendo a la hora de comer y son muertos a la hora de cenar.

Esta enfermedad entró en Ludlow en la primavera del 1502 sin aviso alguno, como acostumbra, cuando los días comenzaban a ser más soleados y la vida estallaba por doquier, ya que no hay hermosura semejante a la de las campiñas inglesas cuando el invierno va de caída y toda la natura empuja para mostrar sus galas. Su maléfico tembleque prendió en ambos príncipes y cuando nuestra señora Catalina despertó del sueño que le acompaña, se encontró viuda del príncipe de Gales, quien falleció el día 2 de abril, *sic transit gloria mundi*.

Estaba para cumplir Catalina los diecisiete años y entre el dolor de tan inesperada viudez y la palidez de enfermedad que para ella también pudo ser mortal, mostraba una belleza que no parecía de este mundo. Al príncipe lo enterramos en la catedral de Worcester que es la más próxima al castillo de Ludlow, con extremos de dolor que son de comprender; la princesa encontró gran consuelo en la reina Elizabeth, de toda la familia real la más tierna y amorosa con la joven viuda.

El país entero se puso de luto y la reina Elizabeth cuidó de que le hicieran a la princesa una litera toda ella cubierta de terciopelo negro, de modo que las gentes se inclinaban a su paso y, sabiendo quién iba dentro, le mostraban el cariño que siempre tuvo el pueblo de Inglaterra a Catalina. El pueblo lloraba, pero los reyes urdían. De primera intención nuestro rey don Fernando determinó que si su hija seguía siendo doncella, como cuando vino al mundo, habían de devolvérsela y con ella las cien mil corona entregadas como parte de la dote, más la famosa vajilla, más un tercio de las rentas del país de Gales y de los condados de Cornwall y Chester, según estaba convenido en las capitulaciones matrimoniales. Cuentan que el rey Enrique, cuando supo lo que tramaba el rey de Aragón, dijo: «El cielo sabrá cómo hemos de resolver este pleito, pero antes prefiero una guerra que devolver esos dineros.»

A continuación se produjo un suceso misterioso, por el que me tocó padecer. Se comenzaba a barruntar en la corte que para evitar el pleito entre monarcas tan poderosos, el remedio no podía ser otro que sustituir un príncipe de Gales por otro, pues así como se dice a rey muerto, rey puesto, en esta ocasión podía decirse lo mismo puesto que Enrique, fallecido su hermano mayor, devino en el mismo momento príncipe de Gales, según las leyes de la realeza. Sólo alcanzo a decir que cuando le llegó el rumor a la princesa Catalina le subió un rubor muy grande al rostro y comentó:

—¿Cuándo se ha visto que mujer hecha y derecha haya de casarse con mancebo que, por su edad, más piensa en juegos que en amores?

A lo que la doña Elvira Manuela le replicó:

—¿Acaso no se puede hacer un juego del amor? ¿Y quién os dice que hayáis de jugarlo tan de seguido? Tengamos paciencia que al paso que lleva su Alteza Real pronto ha de convertirse en galán tan cumplido que os puede hacer olvidar las pasadas tristezas.

En esto no le faltaba razón, ya que pese a ser cinco años más joven que nuestra señora, dadas sus proporciones, la gravedad de su voz, y el modo de comportarse, en

73

nada desmerecía de ella. Por eso se ruborizó la princesa pues, pasado el primer dolor por la muerte de esposo tan dulce como fuera Arturo, nada podía resultarle más grato que la posibilidad de desposarse con un príncipe que tanto amor y respeto le mostraba.

Entretanto, el rey Enrique, para que no se pensara que el camino estaba tan llano y que todo era cambiar un príncipe por otro, dispuso que no habían de verse sus Altezas bajo ningún pretexto. Como primera medida hubimos de abandonar el castillo de Ludlow, que ya queda dicho pertenecía al principado de Gales, y nos trasladaron al de Durham situado en la región de su nombre, no lejos de un mar muy bravo y encrespado al que llaman del Norte. El camino lo hizo nuestra señora en la litera de terciopelo negro y es cuando recibió el homenaje de las gentes sencillas, lo que le sirvió de gran consuelo. Yo también tuve ocasión de proporcionarle otro consuelo pues a la altura de Sheffield, sería la mitad del camino, apareció un paje del nuevo príncipe de Gales, a quien conocía, que me dijo que su señor quería hablar conmigo sin que lo supiera nadie. Yo ya iba conociendo la afición que había entre los grandes del reino de valerse de recaderos secretos y por eso no me cogió de nuevas y me fui tras él, mas no sin antes advertírselo a mi señora.

La princesa se arreboló en extremo cuando supo por quién era requerido y con cierto gracejo, que no le faltaba cuando quería, me dijo:

—Si lo que desea su Alteza es jugar contigo a la pelota cuida de no demorar mucho tu vuelta pues tendrás mucho quehacer en nuestra nueva casa. Pero si lo que desea es conocer cuáles son mis disposiciones, cuídate mucho de no decirle nada.

—¿Y cómo habría de decirle algo sobre lo que no sé nada? —le repliqué con el debido respeto.

A lo que mi señora, echándose a reír, me dijo:

—¿Es que acaso eres el único sordo y mudo de todos los de mi séquito?

Esto lo decía porque entre las damas no se hablaba de otro negocio que no fuera el de si habría o no habría esponsales entre la princesa viuda y el príncipe. Yo no era sordo, muy por el contrario tenía el oído muy fino, pero había aprendido cuánto vale hacerse el mudo en asuntos tan principales.

El encuentro lo tuvimos en un bosque muy bien poblado, en parte de robles y en parte de hayas, en el que el príncipe Enrique tenía establecido un campamento de caza. Estaría como a dos jornadas de Sheffield. No habrían pasado dos meses y lo noté muy cambiado, con más decisión en cuanto hacía y decía, pues no en vano en lugar de ir para clérigo, se encontraba llamado a ser rey. Se le había puesto una majestad en toda su persona muy oportuna, pues es muy conveniente que quienes son reyes tengan el porte que se corresponde con su egregia misión.

—Aquí tenemos a *John Punch* —me dijo su Alteza, quien gustaba llamarme de esa manera, y añadió para que no cupieran dudas sobre sus intenciones— que seguro que viene a traerme buenas noticias.

Y tomándome en un aparte, sin circunloquios, me preguntó qué decía la princesa Catalina sobre su persona y qué sobre los rumores de los esponsales entre ambos.

—Sólo sé decir, mi señor —le contesté—, que nombraros en su presencia y arrebatársele el rostro es todo uno.

Le satisfizo en extremo mi respuesta y como muchacho que era, aunque por fuera no lo pareciera, no se cansaba de preguntarme sobre mi señora y cuáles eran los elogios que hacía sobre su persona y si no le hacía de menos por su poca edad. Yo le di gusto contándole lo que quería oír, y no creo que faltase a la verdad pues ambos príncipes estaban, a la sazón, muy prendados el uno del otro, como no podía ser de otra manera. La suerte de los príncipes es casarse con quienes dispongan sus Majestades, las más de las veces conociendo de su prometida, o prometido, sólo lo que quieren contarles embajadores cuyo trabajo es adornar lo que de todos modos debe hacerse. El destino de Catalina, de ser devuelta a Castilla, sería el de volver a casar con príncipe de Alemania, Francia o Portugal, quién sabe si contrahecho, y de nuevo hacerse a costumbres extrañas. ¿Cómo no había de sentirse deseosa de matrimoniar con joven tan apuesto que tanto aprecio le mostraba, aunque para ello hubiera de dejar que pasara el tiempo? Lo mismo le ocurría al príncipe Enrique con el agravante de que, fallecido su hermano, se le despertó un punto de pasión por la que fuera su cuñada, pues siendo muy carnal (como la historia se encargó de mostrarnos) era de natura que se sintiera atraído por dama que a su alcurnia unía otras prendas que la hacían muy deseable.

Prueba de cuanto digo es que así que terminé mi relación de lindezas, el príncipe Enrique me regaló un pequeño camafeo en ónice, que representaba un león rampante, y que aún conservo para no olvidar nunca que el rey Enrique VIII, de infausta memoria, fue en un tiempo un doncel enamorado que me honró con su confianza. En otras ocasiones me había premiado con monedas o monedillas de oro o plata, como se hace con los servidores, pero ésta fue la primera ocasión que me distinguió con una dádiva de más valor que el dinero, pues con ella quería mostrarme su aprecio.

Es excusado decir la impaciencia con que aguardaba mi vuelta la princesa, mi señora, y cómo se alegró de las noticias que le traía.

Y por esos mismos días se produjo el suceso misterioso al que me he referido *ut supra*. Estaba la corte de la princesa en Durham muy sosegada después de la mudanza, pensando que las cosas habían de seguir igual y que reina acabaría siendo nuestra señora cuando desposara con el nuevo príncipe de Gales y al rey Enrique le llegara su hora. Así hacemos las cuentas los hombres y así disponemos de las vidas ajenas, aunque sólo sea con la imaginación, para que los negocios se resuelvan a la medida de nuestros deseos. No habían mediado todavía desposorios, gozaba de buena salud el rey Enrique y, sin embargo, las doncellas de la princesa se disputaban los puestos de honor para cuando ella fuera reina. Lo cual no es de admirar si se considera que los apóstoles también discutían entre sí sobre quién habría de sentarse a la derecha y a la izquierda de Nuestro Señor Jesucristo.

Yo no era menos que los demás, pues desde que supe que el príncipe Enrique no había de seguir la carrera eclesiástica, ni llegar a cardenal o Papa, se me quitó toda afición a ser clérigo y sólo discurría qué trocha había de tomar para llegar cuanto menos a chambelán de su futura majestad el rey Enrique VIII. Por eso, cada vez que recibía un encargo como el relatado de los bosques de Sheffield, no cabía en mí de satisfacción, pues de la confianza que me tuvieran los príncipes dependía el que pudiera medrar a su amparo. Y alcanzaba a discurrir que no siendo hombre de armas, ni de sangre noble, habría de valerme de otras artes y éstas sólo podían ser las del saber, pues los reyes necesitan también de gentes de letras que les administren sus negocios. En este terreno me podía mover con muchas anchuras dado el poco aprecio que sienten los nobles ingleses por las letras. Me apliqué mucho al estudio de su lengua que es difícil al oído, pero simple en cuanto a su gramática que apenas la tienen. En eso se parece al euskaldun y de algo me valió el que desde muy chico hubiera yo de valerme de tres hablas distintas (la mía nativa, más el poco de castellano y el latín), pues parece que la cabeza se hace a discurrir según la parla que se use. Por eso también me aficioné al francés, ya que en el habla inglesa toman muchas palabras de esa lengua, de cuando les conquistó el rey Guillermo que era normando. Precisamente el castillo de Durham lo construyó ese rey, a quien llaman el Conquistador, y en él había muchas huellas de su presencia, y muchas inscripciones en normando o francés.

Para mi suerte la princesa Catalina también tenía que aplicarse al estudio del inglés y se admiraba de que a mí me aprovechara más. La razón era que ella siempre estaba rodeada de sus damas, todas muy poco aplicadas para lo que no fueran sus galas y parloteos, y sólo hablaba en inglés con un preceptor que le había señalado la reina Elizabeth. Por contra, yo había de moverme extramuros del castillo por mi trabajo de paje y recadero, y valerme por fuerza de la parla de los ingleses, hablándolo con gente de toda condición; no era otro el secreto de mi ciencia. En lo demás, como es de suponer atendida su alcurnia y la educación recibida, en todo me superaba la princesa Catalina, de inteligencia tan despierta que uno de aquellos días me dijo:

—¿Qué se ha hecho, Juan, de vuestra vocación de clérigo? ¿Para cuándo lo vais a dejar? ¿No creéis que al paso que lleváis se os va a pasar la edad de profesar?

Me puse colorado como a quien descubren en evidencia, pues estaba para cumplir los diecinueve años, edad más propia para cantar misa, que para comenzar de novicio y sólo se me ocurrió balbucear:

—¿No creéis, mi señora, que mi obligación es serviros en estos trances de mudanzas y de incertidumbres y luego se verá?

Digo que balbuceé pues si es virtud el poder hablar varias lenguas, en mí es defecto el no hablarlas bien y si me toman por sorpresa, como en aquella ocasión, aunque no callo, no siempre digo lo que debo. Se me quedó mirando muy fijo su Alteza Real y me dijo con un deje de reproche.

—Si tenéis en más el servirme a mí, que a Nuestro Señor Jesucristo, mal clérigo habéis de resultar.

Para enmendar lo anterior, dije con gran sumisión:

—Si vuestra Alteza es de otro parecer, decidido estoy a prepararme para recibir las órdenes sagradas.

Es de las veces que más enojada vi a la princesa para con mi persona, pues con un tono de voz que no usaba ni para reprender a sus doncellas, me dijo:

—¿A qué viene semejante necedad, Juan Egaña? ¿Es que acaso pensáis que la vocación al sagrado ministerio la dan los príncipes de este mundo?

Y me mandó retirar de su presencia. Quitarme el favor de la princesa Catalina era quitarme la vida, pues en tierra extraña en todo dependía de su benevolencia; pero, además, estaba el fervor tan sincero que sentía por ella, que sólo que me mirara era como si el sol en lo más crudo del invierno me acariciara. Dicen que es condición de los pajes sentir gran amor por sus señoras, pero quede constancia que el que yo sentía estaba tan lleno de reverencia y agradecimiento, que ni por mientes se me pasó pensamiento que pudiera afear la hermosura de mis sentimientos, los más puros que he tenido en mi vida.

Afligido, comencé a discurrir cómo podría remediar el entuerto y hasta dispuesto estaba a tomar las órdenes menores, sin advertirle de ello, pensando que así le daría satisfacción, cuando ocurrió el suceso misterioso. Llevaríamos cosa de cuatro meses en Durham, los mejores del año, pues nos tomó el verano que en aquellas tierras es muy de agradecer por sus días tan largos y tibios cuando no llueve. Los caballeros y damas de nuestra corte hacían grandes alabanzas de los verdores y frescuras de aquellos campos y de sus arboledas, que les dispensaba de los rigores de los veranos en Castilla y no se diga en Andalucía. A mí no se me hacía tan de nuevas pues no se diferenciaban mucho aquellas costas de las de Bizcaya, salvado que son más escarpadas y la mar bate con más fragor. Las penas por el fallecimiento de nuestro príncipe Arturo se iban serenando, cuando nos llegan noticias de España sobre si la princesa Catalina había quedado en estado de buena esperanza por haberse consumado su matrimonio. Más que de buena esperanza hubiera sido de óptima ya que nada mejor podría haber sucedido para el bien de la cristiandad, que el que nuestra señora Catalina se pudiera convertir en madre de rey, en lugar de en esposa de un rey que tanto la hizo padecer, y con ella padecimos todos sus súbditos y también los de la Iglesia, del Papa para abajo.

De haberse consumado aquel matrimonio (y bien pudiera haber sucedido de haberle dejado al príncipe Arturo más sosiego para atender a negocio tan principal) y de haber quedado preñada la princesa (cosa que luego demostró que podía hacer con gran soltura), las aguas hubieran vuelto a su cauce, pues según las leyes inglesas al *nasciturus* le correspondería ser rey y, por ende, el príncipe Enrique hubiera vuelto a su carrera eclesiástica y yo con él a ser clérigo a sus órdenes. Para discurrir estas necedades es para lo que nos sirve la imaginación a los infelices mortales.

Pero no siendo cierta la noticia, peor no podía ser, pues los hombres de leyes de la corte decían que para que pudiera haber nuevos desposorios entre los príncipes había de obtenerse dispensa pontificia por haber estado casada la princesa con el hermano mayor, pero que tal dispensa con gusto la daría su Santidad tratándose de matrimonio rato. De ahí cómo caería la nueva en el castillo de Durham; yo tengo visto a la doña Elvira Manuela tan subida de cólera que daba miedo estar en su presencia.

Pronto se supo que la noticia vino de una carta que escribió el doctor Puebla a nuestros Reyes Católicos y por tal motivo tuvieron un enfrentamiento muy sonado la dueña y el embajador. «¿Cómo os atrevéis a decir que el matrimonio fue consumado —clamaba doña Elvira— si yo puedo probar que nuestra señora sigue *virgo e intacta*?» El doctor Puebla, muy pálido, razonaba que como embajador del rey Fernando su obligación era tener informadas a sus Majestades de cuanto sucediera con el matrimonio de su hija y a él le constaba de buenas fuentes lo de la consumación. Al principio se negaba a decir cuáles fueran las fuentes de tal sabiduría, para acabar confesando que lo había sabido por el capellán Geraldini.

Yo cuento lo que sé de vista que la tenía muy larga, pues los criados teníamos a gala no desperdiciar ocasión de hurgar en la vida de nuestros señores. De lo que ocurriera después sólo sé que a la princesa le costó muchas lágrimas, que quien fuera su confesor propalara lo que a fuer de no ser cierto podía tocar al sagrado sigilo de la confesión sacramental. Tengo para mí que el Geraldini no dijo tal, pero que algo dijo, y que el doctor Puebla quiso lucirse con sus Majestades como quien sabe todo y así se escribe la historia. No digo esto a humo de pajas pues el capellán tuvo a bien darme consejos cuando fue despedido de Durham. Por su gusto doña Elvira también hubiera despedido al doctor Puebla para así quedarse ella como única dueña y señora de la corte de la princesa, pero no pudo ser porque el embajador era tenido en gran estima por nuestro rey don Fernando a quien prestaba buenos servicios en otros negocios que tenía en Inglaterra y Flandes, sobre todo de préstamos de banqueros.

Como el Geraldini no tenía esas asideras hubo de dejar la corte. A mí me entró una congoja muy grande pues no podía olvidar que, de su mano, me acerqué a la princesa y que si pude servir a su vera fue gracias a su valimiento; y no digamos el favor tan señalado que fue el mostrarme aquella su manera de hablar el latín, que en su labios sonaba como música de ángeles. Reciente como estaba la partida del Tomasio, aquélla también me resultó muy dolorosa. Desde que se supo la culpa que había tenido el capellán en que se propagara noticia tan inconveniente,

El año 1501 Catalina de Aragón zarpó de La Coruña rumbo a Inglaterra, donde iba a desposarse con Arturo, el príncipe heredero de aquella nación. Reinaba entonces en Castilla su madre, la excelsa reina Isabel, y en Aragón su egregio padre, don Fernando. (Ambos, de arriba abajo, en sendas estatuas orantes de Felipe de Borgoña.)

La belleza de la joven princesa Catalina, su rojizo cabello, peinado con una raya al centro y estirado a los lados, apenas se dejaba ver disimulado por la cofia. Sobre la blanca piel destacaban sus sonrosadas mejillas, las bien proporcionadas facciones y unos claros ojos de profundo mirar.

El 2 de octubre de 1501 la falúa real arriba al puerto de Plymouth. Aunque estaba convenido que el encuentro de los príncipes tuviera lugar en Richmond —casa solariega de los Tudor cabe el Támesis, a su paso por Londres (en la ilustración)—, la impaciencia de Enrique VII por conocer a su futura nuera le hizo anticiparlo en el Hampshire.

Las negociaciones para el casamiento habían durado casi diez años, mayormente por la cuestión de la dote (monedas de los Reyes Católicos, a la derecha), pues el pecado capital del monarca inglés estaba en lo tocante a la pecunia. El mayor mérito de aquel Tudor había consistido en acabar con la Guerra de las Dos Rosas al casarse con Isabel de York (ambos abajo).

Tenía Enrique VII el rostro muy escurrido y poco barbado, la mirada indecisa, finos los labios. Vestía con extrema sencillez y la única joya que ostentaba, al cuello, era la Orden de la Jarretera. Por cierto que durante la ceremonia nupcial el príncipe Arturo no dejó de toser, sin que por ello nadie supusiera que, en menos de un año, el Señor se lo habría de llevar consigo sin consumar el matrimonio con la princesa española.

El enlace entre Catalina y Arturo había tenido lugar
el 14 de noviembre de aquel 1501 con el esplendor que requería
tan señalado acontecimiento. En el tiempo que medió
entre el encuentro relatado y la boda, el prometido —como
príncipe de Gales que era— hubo de retirarse a uno de sus
castillos en aquella región (el de Harlech, en la foto),
teniendo previsto establecer su corte en el de Ludlow.

De las mezquindades de que se valía el rey Enrique para atesorar dineros no fue una de las
menores la que se trajo con la vajilla de la dichosa dote de Catalina. Y consintió en obligarla a
comer todos los días con la vajilla ordinaria traída de Castilla hasta que Fernando el Católico
—en dinero contante y sonante o en joyas— soltase el total de la dote. (De izquierda a derecha,
jarra de plata y colgante de oro y piedras preciosas de la época.)

El 23 de junio de 1503 se firmó el compromiso por
el cual el nuevo príncipe de Gales, Enrique, había de
contraer matrimonio con Catalina. (Aquí las capitulaciones de
boda entre Enrique VIII y Catalina de Aragón.) **De manera reservada,
la ceremonia tuvo lugar en el castillo de Richmond,
representando a los Reyes Católicos el duque de Estrada.**

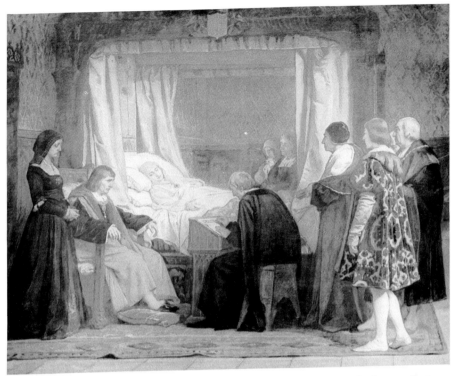

Al poco de dar sepultura a su esposa Isabel, Enrique VII pensó en pedir la mano de doña Catalina, que al saberlo se demudó y derramó abundantes lágrimas. Escribió, al respecto, carta muy sentida a su madre, pero la única respuesta que recibió fue la noticia de la muerte de doña Isabel la Católica (en el grabado).

Al solemne funeral por Isabel la Católica no consintió el rey Enrique VII que le acompañase su hijo, el nuevo príncipe de Gales. Sí lo hizo su consejero sir Tomás Moro (en la imagen), el más grande de los caballeros nacido en aquellas tierras y al que doña Catalina tuvo siempre por el más fiel de sus amigos.

De la ciudad de York (uno de los vitrales de su catedral, a la izquierda), fue obispo el cardenal Wolsey (derecha), el canciller más todopoderoso del futuro Enrique VIII, quien tuvo parte importante en la anulación de su matrimonio con doña Catalina.

Durante la visita a Inglaterra de Felipe el Hermoso y su esposa, el viudo Enrique VII —cuyos embajadores negociaban su posible matrimonio con la archiduquesa Margarita de Austria (izquierda)— no le quitó ojo a doña Juana la Loca (derecha), como si presintiera que ésta no iba a tardar en enviudar y podría, tal vez, convertirla en su esposa.

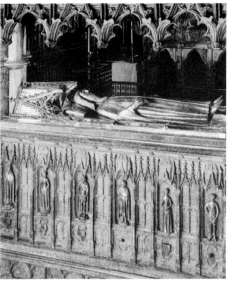

El pío del ambicioso monarca inglés por entroncar con los poderosos reyes de España se torció fatalmente, pues la **Muerte** (en la litografía, disputando al Avaro sus caudales) **se lo llevaría el 21 de abril de 1509 en medio del regocijo de sus súbditos, hartos de tantos impuestos. Sería enterrado, con gran pompa y disimulada satisfacción, junto a sus antepasados en Westminster.**

Tras los solemnes funerales por su padre —y a la espera de su proclamación como nuevo rey con el nombre de Enrique VIII—, el príncipe de Gales permaneció retirado en la Torre de Londres (en la ilustración). **Que es castillo principal para los ingleses al tiempo que «rueda de la fortuna»: pues para unos el estar en él es motivo de orgullo; y para otros de muerte y desolación.**

todos en Durham le tenían como apestado, mostrándose distantes de él y por eso agradeció mucho el que yo le rindiera visita y me prestara a servirle en lo que precisara. Se conmovió el clérigo y consintió que le acompañara una parte del camino, hasta Sunderland, en donde tomó un navío que le había de llevar a Londres y de allí a España. En ningún momento perdió su apostura ni su dignidad, ni habló mal de los que le expulsaban, como es costumbre en los servidores, sino que en todo se mantuvo recatado y sólo cuando nos despedíamos me dijo:

—No es cierto, Juan, que dijera lo que me acusan, pues antes me dejaría matar que consentir que de mis labios saliera una palabra oída en confesión de la más miserable e indigna de las criaturas; cuanto menos de tan excelsa señora. Pero algo dije que no venía a cuento y de ahí mis males.

Luego de mirarme con mucho amor me dijo en aquel latín tan hermoso:

—No olvides, Juan, que el hombre es dueño de sus silencios y esclavo de sus palabras.

Y como prenda de su afecto me dio una figurilla que representa a nuestro padre san José, muy barbado, pero no mal presentado, diciéndome que tomara ejemplo de tan santo varón que mucho padeció con sus silencios y por eso Nuestro Señor de tal modo le premió. Es de las que conservo junto al camafeo de ónice que me regaló su Majestad el rey Enrique VIII.

Digo que fue suceso misterioso pues no se acabó de saber lo que dijo el capellán ni lo que el doctor Puebla escribió a sus Majestades Católicas, ni lo que éstas entendieron, y lo único que quedó claro es que por culpa de estos dimes y diretes se desbaratan los negocios, las familias, y hasta los pueblos se ponen en guerra los unos contra los otros.

Con tales acontecimientos confiaba que la princesa hubiera olvidado el enfado que tomó conmigo a cuenta de si había de hacerme clérigo por darle gusto, pero no fue así porque nuestra señora tenía buena cabeza y a los pocos días me dijo:

—Pienso que si pocas disposiciones mostrabas para ordenarte teniendo tan cerca al padre Geraldini que os animaba a ello, menos las tendrás ahora.

Yo, recordando lo que me dijera el desventurado a próposito de la virtud del silencio, me limité a callar y nunca más se volvió a hablar de ello.

CAPÍTULO VI

PRISIONERA EN EL CASTILLO DE DURHAM

En el verano del 1503 tuvo lugar un acontecimiento que nos hizo suponer que se habían acabado las penas para todos los que dependíamos de la suerte de la princesa Catalina. El 23 de junio se firmó un compromiso por el que el nuevo príncipe de Gales habría de contraer matrimonio con nuestra señora transcurridos tres años. La ceremonia tuvo lugar en el castillo de Richmond, reservadamente, pero con la solemnidad que la ocasión requería. Por ser reservada sólo asistieron de nuestra corte, María Salinas, la más querida de la princesa, y Francisca de Cáceres, la más traviesa de todas. En esta oportunidad representó a nuestros Reyes Católicos, don Hernando, duque de Estrada, venido de Castilla para negociar el nuevo desposorio y también estuvo, aunque en lugar muy apartado, el doctor Puebla (a quien la princesa miraba con gran recelo), que fue quien puso en duda que aquellos compromisos hubieran de llegar a buen término. Esto lo supimos por la Francisca de Cáceres que tenía el oído más fino que yo la vista, con tenerla ésta muy larga. No había nada que sucediera en las cortes de la Inglaterra que no fuera ella la primera en enterarse. La princesa le reprendía su extremada curiosidad, pero no al punto de hacer oídos sordos a lo que le dijera.

En esta ocasión se pensó que el doctor Puebla hablaba por boca de su despecho de no haber sido artífice del evento, pero el tiempo le vino a dar la razón, aunque no del todo.

Los príncipes llevaban más de un año sin verse, ni cruzar palabra entre ellos, ni tan siquiera por escrito, pues en esta ocasión había determinado el rey Enrique que así había de ser hasta que se casaran. En aquel tiempo mucho se había desarrollado el príncipe y cuando los juntaron para oír lo que los embajadores se comprometían en nombre de ellos, se pudo apreciar que le sacaba una cabeza a su prometida. Ésta lucía tan digna como siempre, con aquel su recato natural que tanto la hermoseaba, la mirada baja y el rostro afable. Terminada la lectura con gran comedimiento dio las gracias en lengua inglesa, y por ser la primera vez que la hablaba en público produjo una gran admiración, no porque la conociera bien sino porque los ingleses no saben otra habla que la suya, salvando el latín que emplean los clérigos y humanistas. Del príncipe Enrique sólo diré que se mostraba sumiso y admirado de lo que estaba sucediendo, pero también muy comedido en expresar sus sentimientos, que yo bien sabía cuáles eran por lo que se verá a continuación.

Dice un proverbio castellano que «cuán poco dura la dicha en casa del pobre» y quién nos iba a decir que a raíz de lo que parecía fausto acontecimiento, la miseria habría de entrar en nuestra residencia de Durham para hacernos pasar penurias que no padecen los hidalgüelos en Castilla. Al punto de que al igual que el hijo pródigo de la parábola, llegamos a añorar la comida de la que se hartaban los criados en casa de su padre.

Todo comenzó con el asunto de la dote y de las cien mil coronas que faltaban por entregar por parte de nuestro Rey Católico, quien no podía hacerlo empeñado como estaba en guerras en Francia y en Italia, para las que precisaba hasta el último maravedí para armar tantas tropas como tenía en danza. Pero el rey Enrique, cuya avaricia era tan temida, dijo que en tanto no se completara la dote no habría boda, ni nuestra señora tendría derecho a percibir las rentas del país de Gales que le correspondían como viuda del príncipe Arturo. Y bien fuera por su natural codicia, bien por hacer fuerza cerca del padre de la infeliz princesa, lo cierto es que se acabaron los suministros para el castillo de Durham a extremos de no creer si no los hubiéramos padecido en nuestras propias carnes. No hubiéramos llegado a tanto de haber vivido la reina Elizabeth, pues tan noble señora no hubiera consentido que el hambre y la miseria se cernieran sobre quien ostentaba títulos para ser considerada como una hija, pero para nuestra desgracia la reina había fallecido de un mal parto, después de dar a luz a una niña que también falleció. Esto sucedió a comienzos de aquel año y dentro de la tristeza de tan luctuoso suceso, el rey Enrique sentía cierta ufanía de comprobar que seguía siendo capaz de engendrar hijos que, sin duda, prosperarían si los concebía en el seno de esposa más joven.

Hay varones que, según se acercan a la ancianidad, se muestran muy arrogantes en ese punto como queriendo hacer cierto el dicho de que antes pierde el viejo el diente que la simiente; y en los reyes es todavía más notable ese afán pues cuantos más hijos varones tengan más seguro ven su reino. Como al rey Enrique sólo le quedaba uno, al poco de dar cristiana sepultura a la reina Elizabeth ya andaba urdiendo con quién habría de contraer nuevo matrimonio, lo que no es de admirar si se considera que a la sazón sólo contaba cuarenta y seis años. Los embajadores, cada cual mirando a su interés, le hablaron de una princesa de Nápoles, creo que viuda y bastante mal presentada, y también de una hermana del rey de Francia, pero el de Inglaterra, sin decir ni que sí ni que no, no quitaba el ojo de quien tenía tan a mano: nuestra señora, la princesa Catalina, en la flor de la edad y de la hermosura, y con muestras de gran fecundidad a juzgar por los hijos que había tenido su madre, la reina Isabel.

El doctor Puebla tuvo algo que ver en todo ello, pues después de tantos años en la corte de Inglaterra sabía cuán conveniente era dar gusto a monarca tan terne en alcanzar sus propósitos; no veía mal alguno en que tal matrimonio se llevara a cabo y hasta entendía que con tal de desposarse con mujer joven y tan de su agrado, el rey Enrique habría de mostrarse más benévolo con el cobro de la segunda parte de la dote. Con tal motivo cartas hubo entre ambas cortes y mensajeros que traían y llevaban recados, y nosotros acabamos por enterarnos.

Cuando la princesa Catalina tuvo conocimiento de las intenciones del rey Enrique, y de cuán poco servían los compromisos escritos, se demudó y dicen que derramó amargas lágrimas. Aunque ante los criados mantenía el decoro, no era capaz de disimular la melancolía que se apoderó de ella, como no podía ser por menos, viendo cómo le trocaban prometido tan de su agrado. Tal es la condición de las princesas, siendo de admirar que Catalina de Aragón primero fue cuñada de Enrique VIII, luego estuvo a trueque de ser su madrastra, para terminar siendo su esposa, a la postre repudiada. ¿Cabe más triste condición en princesa con tantas prendas?

A fe que el rey Enrique resultó ser un extraño enamorado, pues al tiempo que negociaba su matrimonio con nuestra princesa, daba órdenes de que no se proveyera a Durham en tanto no llegara el dinero de la dote. Hay quien piensa que lo hacía para tornar el ánimo de la princesa en su favor y puede que no le faltara razón pues por ese camino consiguió que algunas de sus doncellas le hicieran ver a nuestra señora las ventajas que habría de obtener de ese matrimonio. Una de éstas fue la Francisca de Cáceres por la que llegué a sentir un gran apasionamiento ya que, además de ser la más hermosa de todas, se daba tal gracia en el decir que para mí el estar junto a ella constituía el mejor de los regalos.

Era de buena estatura y proporcionada en todas sus partes; los ojos los tenía muy claros, de color azulado, y los cabellos trigueños; los dientes muy pulidos y apretados; y los labios granas y reidores. Desde el día que me conoció no se recataba de mirarme y en todo dejaba ver que yo era de su gusto, salvada mi condición de criado. Cuando la princesa me autorizó a llevar el espadín de los pajes nobles (estábamos ya en Inglaterra, cosa de un año) me dijo con gran malicia:

—En tanto aprecio os tiene nuestra señora que de llegar a reina seguro que os ha de hacer caballero; y entonces no haríais un mal marido.

Me decía estas cosas como al descuido, pero al tiempo jugaba con sus manos para que yo se las tomase al menor pretexto para luego apartarlas y suspirar recordando quién era ella y quién era yo. Así me tenía del todo encendido y yo no hacía más que discurrir qué podría hacer para alcanzar sus favores. Cuando llegaron a Durham noticias de las intenciones del rey Enrique (y ella fue de las primeras en saberlas) bien claro dijo cuánto nos iba a todos, el que saliera bien ese negocio. ¿Por qué habría de esperar la princesa Catalina a un incierto y lejano matrimonio con un príncipe adolescente, si en cuestión de días podría casarse con quien ya era rey? Luego echaba las cuentas de los años que le quedaban por vivir al rey Enrique, y le salían quince o veinte. Y en todos esos años nuesra señora no pasaría de ser princesa consorte de Gales, y todos nosotros languideceríamos a su sombra.

—¿Os imagináis, *John Punch* (le gustaba embromarme con el apodo que me pusiera el príncipe), que mañana casa nuestra señora con su Majestad y pasado mañana es coronada reina y al poco vos alzado como caballero? Con las letras que tenéis ¿quién os dice que no os habrían de nombrar intendente de un condado o, aún mejor, recaudador de tasas?

Si de nosotros hubiera dependido todos le hubiéramos dado la razón, pues la vida en Durham se había hecho en extremo fatigosa por la penuria de andar tan cortos de todo, que día hubo que nos acostamos sin cenar.

En las fiestas señaladas, como condescendiendo, el rey Enrique mandaba algunas provisiones pero bien que se cuidaba de hacer ver a la princesa que lo hacía por caridad ya que era obligación de los reyes de España el mantener la corte de su hija, en tanto no completaran la dote. ¿Cómo pensaba conseguir el favor de la princesa quien tan ruin se mostraba con ella?

En tanto, la princesa escribía cartas a sus Majestades Católicas, en especial y muy sentidas a su madre la reina Isabel, en demanda de consejo y ayuda encareciéndoles que concluyeran el pleito de la dote, o la hicieran retornar a España, pues era gran desprestigio para la corona de Castilla y Aragón que sus servidores hubieran de pasar tales penurias. Como no recibiera respuesta entendía que había quien de propósito las hacía extraviar y ése no podía ser otro que el desventurado doctor Puebla, a quien tenían por valedor del rey Enrique; en esta ocasión su valimiento había de ser dejarla tan desamparada, que no le quedara otro remedio que casar con él.

Pero pronto se supo la aciaga verdad; serían los primeros días de diciembre del 1504 cuando nos llegó la noticia de que la Reina Católica, después de larga enfermedad, había fallecido el mes anterior en el castillo de la Mota, de Medina del Campo. De ahí que no contestara a sus cartas, aunque sí dispuso un codicilo testamentario del que se hablará.

Si toda la cristiandad lloró la muerte de tan excelsa reina, que pese a ser mujer se empeñó y logró echar a los moros de tierra de cristianos, excúsase decir cómo sería el dolor de hija que tanto la amaba y reverenciaba. Me cupo estar muy cerca de ella en aquellos días pues la princesa se servía de mí para despachar las cartas de condolencia que recibía, que fueron muchas. El dolor no le hacía olvidar sus obligaciones reales, teniendo presente el ejemplo que le diera su egregia madre en las circunstancias más adversas. Los funerales y misas de réquiem se sucedieron día tras día, sin pompa como quería la reina difunta, pero con grandes extremos de piedad, para lo cual dispuso la princesa que todos los de su corte habíamos de vestir luto. Y por ahí comenzaron problemas que no me atrevería a contar si no hubiera sido testigo muy principal.

Era tesorero de la princesa Juan de Cuero, natural de Toledo, hombre de mediana edad, pero ya muy fatigado por la vida. En mi presencia dijo a la princesa que si no habíamos dinero ni para el yantar, cuanto menos lo teníamos para comprar las telas y trajes que requería el luto que pedía nuestra señora. La princesa, con aquella majestad que le venía desde la cuna, le replicó con un punto de enojo:

—En lo que a mí toca, señor de Cuero, puedo estarme sin comer tantos días como los padres del desierto, pero ni uno solo he de pasarme sin rendir mi tributo de dolor a la más grande reina que vieron los siglos, salvada Nuestra Señora la Reina de los Cielos. Y conmigo, todos los que se dicen mis servidores.

A continuación, haciéndose traer un cofrecillo en el

que guardaba las más principales de sus joyas, le dijo que tomase de ellas las necesarias, las vendiera, y comprara lo preciso. Estaba tan hermosa en su dolor, y tan digna en su represión, que a mí me tenía del todo rendido, despertando en mi corazón sentimientos que poco tenían que ver con los que me provocaba la Francisca de Cáceres.

Pero como muy ducha en los negocios de la corte (no en balde los había aprendido cabalgando tantos años junto a su madre difunta), me tomó en un aparte y me dijo que no perdiera de vista al Juan de Cuero y cuidara se hicieran con justeza las transacciones. Excúsase decir cómo me halagaba tanta confianza y lo que yo no haría por merecerla.

Como era el tesorero en extremo medroso, nada objetó a que yo fuera en busca de un tal señor de Grimaldi, banquero italiano, creo que de la parte de Génova, de quien se decía que tenía la casa más rica y alhajada de Inglaterra. Aunque residía en Londres tenía una mansión muy hermosa en el condado de York y allí me fui a por él. Cuando supo de quién se trataba mandó preparar su carruaje, pues su negocio dependía de estar a bien con quienes hacían cabeza en las naciones. El trato lo llevó el Juan de Cuero y algo aprendí en aquella ocasión de estos asuntos; al Grimaldi se le veía deseoso de sentar fama de generoso, estando por medio la futura reina de Inglaterra, y más cuando entró en el trato la Francisca de Cáceres. Ésta fue requerida por ser fama que su afición eran las joyas siendo, por tanto, muy entendida en los precios a los que se podían comprar y vender.

Era el señor de Grimaldi varón de algo más de cuarenta años, corpulento, muy acicalado y perfumado, vestido a la italiana con camisa de mangas anchas, peto de finos bordados y túnica de terciopelo hasta los pies. Francisca de Cáceres, como doncella noble y camarera de la princesa, se mostró altiva con el comerciante, sin por eso ocultar sus gracias ante él. Eso nos valió que apenas regateara y presto se cerró el trato. Las joyas que se vendieron en aquella ocasión no recuerdo cuáles fueron; pero sí puedo decir que casi todas las del cofrecillo acabaron pasando a manos del Grimaldi pues nuestra señora, no pudiendo consentir que muriéramos de hambre, recurría a él en tiempos de necesidad que en aquellos años fueron casi todos.

Ya convenientemente enlutados se celebró un funeral muy solemne que honró con su presencia el rey Enrique, pero no consintió que le acompañara su hijo, el príncipe de Gales, pues dados sus propósitos para nada quería que se vieran los que según contrato estaban comprometidos en matrimonio; no puedo olvidar aquel funeral por lo que a continuación sucedió.

Al rey se le veía muy prendado de la princesa, y pese a la dignidad que exigía su realeza no le quitaba ojo, mirándola con gran codicia como suele acontecer a las personas de edad que no atienden a refrenarse en tan grave materia. Pero con ser grande su codicia de la carne, era mayor la que sentía por los dineros y así que se enteró (según dicen por el doctor Puebla) que la princesa había vendido joyas de su ajuar montó en cólera, pues tales joyas formaban parte de la dote y, por tanto, pertenecían a la corona de Inglaterra. No digo más que allí mismo dispuso que se escribieran cartas al Rey Católico diciéndole que en las cuentas de lo que faltaba por pagar de la dote, dejara fuera aparte las joyas vendidas. Éstas fueron las condolencias que por la muerte de su esposa transmitió a quien había sido su consuegro y ahora quería tener por suegro.

Este rey tenía por gala decir cuanto le placía, sin mirar a las personas que hubiera delante, y por tal motivo mucho le tocó padecer a nuestra señora quien lloraba por dentro, mas por fuera bien sabía mantener su dignidad de princesa, replicando a las sinrazones del rey. Éste unas veces se enfurecía, pero otras la tildaba de chiquilla y hasta la acariciaba no se sabe si como padre político o como enamorado. Esto que cuento de seguido duró no menos de tres años y tengo para mí que no fueron de los menos amargos en la vida de nuestra señora. Del príncipe Enrique apenas le llegaban noticias pues el rey tenía prohibido que se lo nombrasen.

Entretanto, se conocieron las disposiciones testamentarias de la Reina Católica, entre ellas un codicilo por el que se disponía que una princesa de Castilla debía casar para ser madre de reyes y que eso no ocurriría en el caso de que Catalina de Aragón lo hiciera con el rey Enrique de Inglaterra, pues éste ya tenía un heredero a la corona, que era el príncipe de Gales.

Por su parte el Rey Católico tuvo una salida muy ocurrente, diciendo que no era oportuno que doncella tan joven casara con rey tan entrado en años; digo ocurrente pues al año siguiente don Fernando de Aragón casaba con doña Germana de Foix, doncella de dieciocho años, contando su Majestad cincuenta y tres.

Los Reyes Católicos, uno por testamento y otro de palabra, se mostraban contrarios a las pretensiones del rey Enrique, pero a esta Majestad poco se le daba de lo que dijeran siendo él quien tenía la llave del castillo de Durham y en su interior prisionera a la princesa. ¿Y qué podía hacer nuestra señora sino padecer y rezar para que el Señor le allanase el camino tan empinado que le habían levantado entre unos y otros?

El solemne funeral por la reina doña Isabel también nos trajo algún consuelo, sobre todo de la mano del más grande de los caballeros nacido en aquellas tierras, el consejero sir Tomás Moro. Éste es aquel que a nuestra llegada a Inglaterra escribió loas a la princesa diciendo que nada le faltaba de lo que la más hermosa de las doncellas deba tener. Pero así como los hay muy floridos en el decir a la hora de los triunfos, sir Tomás Moro supo mantener sus palabras en tiempo de desgracia al extremo de que por defender a la reina Catalina hubo de ofrecer su cabeza al hacha del verdugo. Muertes hermosas como la suya pocas creo que se puedan contar en el mundo entero, salvadas las de los cristianos ofrecidos a las fieras en el circo.

Era Tomás Moro a la sazón joven como de veinticinco años, pero tan sesudo que todos le tenían en más al punto de que acababa de ser nombrado miembro del Parlamento de su Majestad, cosa desusada para su edad. La presencia la tenía buena, con la frente muy despejada como corresponde a los hombres de su saber; los ojos muy hermosos, los labios finos, y la nariz pronunciada. Aunque no quisiera hacerse notar (pues era en extremo humilde, como buen cristiano) donde él estuviera nunca pasaba desapercibido sobre todo por la gracia en el decir; era tan dado a bromas que hasta se las gastó al verdugo que le cupo el honor de degollarlo. Nuestra señora doña Catalina le tuvo siempre como el más fiel de los amigos y el mejor de los consejeros y lloró su muerte no menos que la del ser más querido, incluida su madre la reina.

En aquella ocasión marchaba camino de Amberes, comisionado por los comerciantes ingleses para negociar asunto de venta de paños, pero se desvió de su camino y atendió a subir hasta Durham para cumplimentar a la princesa en aquellos días de luto. Con ser él tanto y yo tan poco, se fijó en mí y me trató como su igual, bien es cierto que la princesa Catalina cuidaba de presentarme como paje noble so pretexto de que mi padre lo había sido. Cuando entramos en confidencias no quise ocultar a tan noble caballero el origen de mi nobleza, tan incierta como incierto era quién pudiera ser mi padre. A lo que me replicó:

—Si hay virtud que merece alabanza es la sinceridad, pero en lo que atañe al honor cuidad de no mermar el vuestro, que ya se encargarán los demás de hacerlo por vos. Si la princesa dice que sois noble tomadlo por bueno, pues de ella depende el que lo seáis o dejéis de serlo. Hay un aforismo latino que dice *in dubio pro reo*, que es tanto como decir que en caso de duda la ley ha de inclinarse por el más débil. En este caso el débil sois vos, y si hay duda sobre quién fuera vuestro padre, fiad de lo que os dijo vuestra madre y así mostraréis, al menos, ser buen hijo.

A propósito de la ley y del latín comenzóme a hablar de su oficio de abogado, del que se sentía muy ufano y más orgulloso que de la hidalguía heredada de su padre; había hecho sus estudios de leyes en Oxford y en las cancillerías de Londres, a las que llaman la *New Inn* y la *Lincoln's Inn*, las más acreditadas del país.

—Considerad —me dijo— que este oficio de abogado es en grado sumo peligroso, pues a poco que te descuides te puedes encontrar a las puertas del infierno, ya que nada hay más dañino para la sociedad que el manejo torcido de las leyes y es justo que el que se prevale de ellas para su solo provecho deba pagarlo. Por contra, el abogado que las ponga al servicio de su prójimo es como si las pusiera al del mismo Jesucristo Nuestro Señor, quien si abrió las puertas del Paraíso al buen ladrón cuánto más se las abrirá a quien así le sirve. Porque aquí, entre nos, poco va de un ladrón a un abogado.

El oírle hablar, en todo tan atinado, era un deleite, y los tres días que pasó con nosotros fueron un continuo embeleso y al final decidió la suerte de mi vida, si para bien o para mal no alcanzo a determinarlo, pero su intención más honrada no podía ser. Sería el tercero de los días, cuando me espetó:

—¿No se os hace que sois un tanto talludo para continuar de paje de la princesa?

Y a continuación me razonó sobre las ventajas que habría de obtener si me hacía, cuando menos, bachiller en leyes y el servicio tan grande que con ello podría prestar a la princesa, pues si siempre es provechoso conocer las leyes más lo es, todavía, cuando se reside en tierra extraña. El mismo razonamiento le hizo a la princesa quien asentía recordando los consejos de la Reina Católica, que mucho le encarecía que acertara a rodearse de servidores con letras, porque se iban pasando los tiempos en que los negocios se resolvían en torneos y lanzadas. Así quedó decidido que había de ir a instruirme en York, villa cercana a Durham, como a dos jornadas de viaje, en la que sir Tomás tenía un deudo gustoso en servirle; ocupaba el cargo de sheriff que algún parecido tiene con los regidores de las villas castellanas, aunque no en todo. Luego, según mi aprovechamiento y disposiciones, podría licenciarme en Londres de la mano del propio sir Tomás.

—Si os aplicáis a las leyes con el mismo provecho que lo habéis hecho al latín y a nuestra lengua, no seréis el peor de los abogados, y con que seáis sólo mediano valdréis más que muchos caballeros juntos —me dijo quien tenía en más ser abogado que caballero, siendo él ambas cosas en extremo grado de excelencia.

Consejos me dio los suficientes, y cartas recomendaticias otras tantas, en todas presentándome como joven noble de la corte de la futura reina de Inglaterra, lo que es excusado decir que algunas puertas me abrió. Si todo esto lo hacía por su Alteza, o por mi modesta persona, no hace al caso; yo nunca lo he olvidado y todos los días seis del mes dispongo misas por su alma, y cada seis de julio, octava de la fiesta de san Pedro apóstol (que fue el día que entregó su alma a Dios a mano del verdugo), honras fúnebres más solemnes.

Yo no cabía en mí de gozo para cumplir que estaba los veinte años, soñando con otros horizontes que no fueran los de una corte, más de doncellas que de caballeros, en la que el tiempo se iba en dimes y diretes. Cierto que sentía dejar a la princesa, pero me consolaba el pensar que cuando volviera a su lado sería para prestarle más altos servicios; y a punto viene el que confiese que en más, todavía, tenía el licenciarme en leyes, soñando que así podría acceder a la Francisca de Cáceres que poco se recataba en lamentarse de que si fuera otra mi condición otro podría ser nuestro trato. Y como para mostrarme cuál podía ser éste, en una despedida que tuvimos en lugar apartado, se manifestó rendida y apasionada, aunque sin olvidar quién era ella y quién era yo. Ella era de las familias más nobles de Castilla, tanto por parte de padre como de madre, aunque por ser la cuarta de las hijas no tuviera dote señalada.

En cuanto a su Alteza, con aquel su señorío en el hacer, dispuso que se vendiera otra joya del cofrecillo (dándosele poco de lo que pudiera decir el rey Enrique al respecto), a fin de que yo me presentara ante el sheriff de York con las ropas y el ajuar propios de un joven caballero de Castilla. También cuido de celebrar exequias por mi reina Catalina cada siete de enero, dentro de la octava Epifanía, en cuyo día entregó su alma a Dios con martirio más incruento, pero no por ello menos meritorio que el de sir Tomás Moro.

SEGUNDA PARTE

Catalina de Aragón, reina de Inglaterra

CAPÍTULO VII

ENCUENTRO EN EL CASTILLO DE WINDSOR

Estuve en la ciudad de York cosa de cuatro años, del 1505 al 1509, y de ellos poco cabe contar ya que mi empeño en este relato no es para que se conozca mi vida sino la de nuestra reina y señora, Catalina de Aragón, y cómo le tocó padecer y con ella a la cristiandad entera, por culpa de pasiones que urde el demonio y que los mortales debemos de sufrir el Señor sabrá por qué.

Por la misma razón no me extiendo en acontecimientos muy sonados, de los que parecían depender la suerte de las naciones, y que transcurridos apenas unos lustros sólo quedan en el recuerdo de las madres que perdieron a sus hijos por su causa. Me refiero a las guerras que se traían los príncipes cristianos por un punto de fronteras que luego resultó que no valían un adarme. Viene a cuento la aclaración porque so pretexto de esas guerras, o por el temor de ellas, buscaban los señores de este mundo sus alianzas, y una de ellas fue el matrimonio de Catalina de Aragón con los príncipes de Inglaterra, ya que ambos países decían tener como enemigo común al rey de Francia, de quien eran vecinos, uno con los Pirineos por medio, y el otro con el mar de la Mancha. Así, durante toda su vida, la suerte de Catalina dependía de la suerte de las armas imperiales, bien que las mandara su padre don Fernando de Aragón, bien su sobrino el emperador don Carlos. Cuando las armas de Castilla podían sobre las francesas, procuraban los monarcas ingleses tenerla contenta, pero si se inclinaban por Francia no les importaba hacerla de menos. Esto vale para los monarcas, pero no para el pueblo de Inglaterra que siempre fue fidelísimo para su reina, la esposa legítima de Enrique VIII.

De la importancia de la ciudad de York sólo cabe decir que de ella fue obispo el cardenal Wolsey, el canciller más poderoso que tuvo su Majestad Enrique VIII, y del que tendremos ocasión de hablar por la parte que le tocó en «el asunto del rey» (que es como llamaban a la anulación de su matrimonio con la reina Catalina). Los campos que la rodean son en extremo fértiles, con muy buenos prados para el ganado y, ya queda dicho, que si no fuera por la codicia recaudadora de sus monarcas todos sus habitantes vivirían en gran prosperidad; también son muy buenos comerciantes, sobre todo en lanas y paños.

El sheriff, sir William Read, me recibió con deferencia, tomándome como pupilo por la manutención que es práctica habitual en aquel país, cuando quien quiere aprender un oficio no tiene para pagar maestros. Me daba algún tratamiento por venir de la corte de la princesa, pero bien claro me advirtió que las expensas de los litigios le correspondían a él y que un chelín que precisara había de salir de mi ingenio; pronto supe lo que entendía por tal.

El cargo de sheriff es muy codiciado ya que de él dependen la percepción de las rentas reales, la administración de la justicia y presidir el tribunal del condado al que llaman *shiremoot*. En este último comenzó mi aprendizaje, que al principio consistió en manuscribir todas las leyes que hubieran de aplicarse y, según la calidad de los litigantes, copiar las sentencias en latín o en inglés. En Inglaterra, como en los demás pueblos de la cristiandad, se tiene en gran estima el Derecho Romano, pero no disponen de un cuerpo de leyes como *Las Partidas* que mandó hacer nuestro rey Alfonso, justamente llamado el Sabio, sino que tienen en mucho sus costumbres (que no porque sean las propias de un pueblo rústico dejan de encerrar gran sabiduría), que las mezclan con las normas romanas formándose el derecho consuetudinario, que es el que aplican en los tribunales.

Nuestro sheriff, con buen acuerdo, entendía que si los litigantes eran plebeyos se les debía dar la sentencia en lengua común, pero si eran nobles o gente de iglesia (estos últimos muy dados a litigios) entonces la sentencia había de ser en latín.

A propósito de la gente de iglesia fue cuando alcancé a comprender lo que sir William Read entendía por ingenio. Un clérigo muy renombrado, cuya sobrina tenía un pleito de tierras que no se resolvía, se presentó un día en la sala del tribunal y tomando en un aparte a sir William, le explicó el mucho cariño que sentía por su sobrina y cuán agradecido le quedaría si le hacía el favor de fallar presto a su favor. El sir William, con gran sosiego, y como cosa que debiera ser sabida, le replicó:

—Considere vuestra paternidad que yo no haría un favor de semejante naturaleza, ni a mi señor padre, por menos de cinco coronas.

Era nuestro sheriff muy malicioso en el decir pues la primera parte de la frase la dijo como si se ofendiera, para acabar pidiendo en tono festivo su ganancia. El clérigo al pronto se encrespó, pero acabaron por arreglarse. Yo, que tan recientes tenía los consejos de sir Tomás Moro, quedé espantado y temí que el sir William fuera de los abogados que rondan a las puertas del infierno, y aunque no digo que no, tampoco digo que sí. Cierto que cuantos pasaban por el tribunal se dejaban algunas plumas de más, pero cierto también que cuidaba de no tomar dinero a engaño; sólo lo tomaba de quien con arreglo a derecho había de obtener una resolución favorable. También lo tomaba por acelerar los procesos, o por arreglar a las partes con buenos consejos. O de quien la sentencia podía haber sido peor y él la mejoraba. Ítem más; era muy considerado en el tomar siendo muy exigente con los de alta posición y más benévolo con los pobres. De éstos recibía bien ovejas, o gallinas, conejos, frutos, y hasta vestidos usados. Otra virtud grande es que hacía ojos ciegos a que nosotros, los oficiales, también tomáramos de los litigantes por los pequeños oficios que les pudiéramos prestar. Así logré yo hacer algunos ahorros, no de manera muy torcida, pues consistía en que cuando se dictaba una resolución, que sabía que iba a ser del agrado de las partes, me apresuraba a comunicársela, a veces haciendo varias leguas de camino.

Éste fue el maestro que tuve y gracias a él alcancé el título de bachiller en leyes pasados los años. Las leyes las aprendí de los libros de una biblioteca muy hermosa que tenía y las mañas (que el *master* llamaba ingenio) me las enseñó en persona. Era en todo muy exigente y a su lado no recuerdo haber vacado ni un solo día, ya que ni las fiestas mayores respetaba. En una ocasión, un oficial mayor y muy sesudo que tenía, le dijo que iba contra su conciencia trabajar en el día del Señor, a lo que *master* Read le replicó:

—¿Cómo así? ¿Se ha hecho el hombre para el sábado o el sábado para el hombre? Si se nos explica en los Sagrados Evangelios que el día del Señor se puede sacar al asno o al mulo del pozo al que ha caído ¿cuánto más no se habrá de poder sacar a nuestro hermano que cae en el pozo de la justicia, que cuando se demora se convierte en pozo de injusticia?

Ésa era su manera de razonar y hasta las sinrazones las decía con tal seriedad que ponía en aprietos a quien se atreviera a discutirlas, por lo que yo bien me cuidaba de hacerlo. Pupilos tenía varios y si yo resulté de los más aprovechados fue por la locura que me había entrado de volver a la corte de su Alteza con títulos para aspirar a la Francisca de Cáceres; todo se me hacía poco con tal de conseguirla y no me importaba dejarme los ojos, por las noches, estudiando a la luz de un candil.

Habría transcurrido cosa de un año cuando *master* Read, compadecido de mí, consintió en que pasara algunas jornadas en el castillo de Durham que para mí era como volver al paraíso. Noticias del castillo tenía y ninguna buena, pues seguían las penurias ya que no se había resuelto el dichoso asunto de la dote. Pero nunca pensé que tantas. Los criados andaban harapientos y hasta su Alteza llevaba un traje muy usado, el mismo de los desposorios con el príncipe Enrique, y de esto hacía más de dos años. Decir que estaba prisionera es decir la verdad, aunque no se sabe de quién, pues bastara que el rey don Fernando pagara la segunda parte de la dote (como terminó por hacer al cabo de dos años) y hubiera puesto fin a aquel calvario. Bien me consta que la princesa escribía letras a su augusto padre suplicándole por su suerte, siempre sin respuesta; mas como de su Alteza nunca salió una queja contra su padre, ni crítica de clase alguna, menos derecho tenemos los demás a hacerlo, pues no nos corresponde a los súbditos juzgar de quienes están llamados por Dios a gobernar a los pueblos. De esto buenas muestras nos dio *master* Tomás Moro, quien muriendo injustamente por decisión del rey, lo hizo bendiciendo su nombre y deseando todo género de venturas a su reinado. También san Pablo nos adoctrina en sus epístolas sobre el respeto que debemos a quienes nos gobiernan, aun cuando sean de cruel condición.

Las culpas del silencio de Castilla se las echaba su Alteza al doctor Puebla, pero este caballero murió al poco y las cosas siguieron igual.

Otra novedad, y de las grandes, fue la ausencia de doña Elvira Manuela que hubo de ser despedida por intrigas de palacio muy sonadas. Tenía esta dama un hermano, caballero muy principal, llamado don Juan Manuel, embajador en Bruselas, quien tomó partido por su Alteza el príncipe Felipe de Habsburgo, también llamado el Hermoso, casado con la princesa doña Juana, por desgracia nombrada la Loca, a quien correspondía ser reina de Castilla, muerta su madre doña Isabel la Católica. Pero como tuviera la cabeza frágil dispuso su egregia madre en el testamento que, ausente su hija, o no pudiendo gobernar a causa del desequilibrio, sería el rey don Fernando de Aragón quien había de desempeñar la regencia de Castilla. No se avino a esto el príncipe Felipe, archiduque de Austria, quien comenzó a urdir para que le nombraran rey y así poder gobernar junto a su esposa, o en nombre de ésta si la cabeza le fallaba. En esta contienda entre suegro y yerno doña Elvira, instigada por su nombrado hermano, se puso en contra del Rey Católico y eso le valió el ser despedida de la corte de Durham; no que a la princesa Catalina se le diera poco ni mucho, sobre quién había de reinar en Castilla, sino que como hija fidelísima no podía consentir intrigas en su propia corte contra su amado padre.

Con la doña Elvira Manuela se fue un capellán de la princesa, cuyo nombre no alcanzo a recordar, y varias de las doncellas de su séquito cuyos nombres sí recuerdo, pero no hace al caso porque las más de ellas se fueron por no soportar un encierro que tan pocas esperanzas les daba de matrimoniar. Algunas se retornaron a España y otras siguieron a doña Elvira a Amberes; luego, cuando supieron que doña Catalina llegó a ser reina, bien que se lamentaron.

Corte seguía siendo el castillo de Durham, pues en él seguía su Alteza y eso bastaba; pero en lo demás poco merecía tal nombre. La miseria rondaba por doquier y dar de comer a los pocos que quedaban no siempre se alcanzaba. Junto a la princesa estaba, fidelísima, María Salinas que más parecía ángel que criatura humana; y a su lado la Francisca de Cáceres, más hermosa que nunca. No es para descrito lo que sentí al verla de nuevo, admirado de que no se hubiera retornado con las demás a España, a lo que ella me replicó con su dulce malicia:

—¿Cómo había de irme sin saber cómo termina la aventura de veros convertido en caballero de leyes, quién sabe si magistrado de algún alto tribunal? Por las trazas bien parece que lleváis camino de serlo.

Esto lo decía porque me había cuidado yo de tirar de mis ahorros para comprarme ropa nueva, de manera que en la corte de Durham era el único que la lucía y bien ufano me sentía de ello. Se mostró conmigo muy amorosa, aunque más recatada en dejarse tomar las manos y con un punto de tristeza cuando me miraba, luego supe por qué. El Juan Cuero, aquel tesorero medroso, era de los que había dejado la corte y la Francisca de Cáceres se ocupaba, en su lugar, de seguir trajinando con las joyas del cofrecillo, único remedio para combatir la miseria.

A cuenta de mis ahorros me cupo una de las satisfacciones más grandes que pueda tener un vasallo. Su Alteza me recibió con aquella deferencia que yo no merecía y hasta me hizo partícipe de sus cuitas, aunque cuidando de no hablar mal de las Majestades que le tenían en tan triste situación. Digo tanto las de España, como las de Inglaterra. Ocurriría esto en el otoño del 1505 y la princesa había sabido que estaba por llegar su hermana, doña

Juana, camino de España desde Alemania. La infeliz princesa pensaba que llegar su hermana, reina de Castilla, y acabarse sus penas todo sería uno, pues ella habría de poner remedio, cuando menos, al asunto de la dote.

La princesa me rogó cuidara de estar advertido de la llegada de su egregia hermana, pues quería tenerme a su lado cuando esto sucediera; pretextó el problema de entenderse con los del séquito de los Habsburgo, y el de entenderse éstos con los de la corte de Inglaterra, por la maldición de las lenguas diversas, aunque a mí me daba ventaja, y alguna que otra ganga, el poder explicarme en latín, castellano, inglés y un tanto en francés, amén del euskaldún que también me servía para hablar con marineros de mi tierra que remontaban el Támesis. Luego añadió:

—Si se produce la feliz llegada de su Majestad, la reina doña Juana, ha de salir a su encuentro toda la corte de Inglaterra, sin que pueda faltar su Alteza el príncipe de Gales, que si os sigue mostrando la misma afición que os tenía, alguna nueva os dirá de lo que ocurre entre nosotros.

Esto último lo dijo con un punto de arrebol, como siempre que hablaba del príncipe Enrique, el cual llevaba camino de convertirse en un sueño inalcanzable, encerrada como estaba entre los muros de un lejano castillo. Aunque es de señalar que nunca perdió la esperanza y decía que los desposorios que se habían firmado entre ellos habían de cumplirse y que sólo retornaría a España, muerta, o casada con quien Dios le había asignado como real esposo. Yo, que ya me iba versando en leyes, era de otro parecer, pues si de poco sirven los conciertos entre los súbditos cuando no hay voluntad de cumplirlos, cuánto menos servirán entre los reyes que son los encargados de hacer y deshacer las leyes y, por ende, los contratos. Pero me cuidaba de no decir nada a su Alteza, ya que bien había aprendido lo que me dijera el Geraldini de que el hombre es dueño de sus silencios y esclavo de sus palabras.

En aquella ocasión, con gran melancolía, me hizo partícipe de una cuita que mucho acongoja a las mujeres, aun a las de más alta condición:

—Aunque vergüenza me da presentarme ante mi real hermana, y tantas gentes de alcurnia como se reunirán en el evento, con estas trazas (se refería a su vestido) impropias de una princesa de Castilla.

Esto muestra los extremos de indigencia a que se había llegado en la corte de Durham, pues pasaban los meses y los años (llegaron a ser seis lo que duró en encierro), y el rey Enrique se negaba a abrir la bolsa dándosele poco de lo que le sucediera a quien estaba llamada a ser madre de futuros reyes de Inglaterra. En cuanto a sus intenciones de casar con la princesa Catalina, poco se sabía, pues al tiempo que la tenía así retenida, sus embajadores negociaban su posible matrimonio con la archiduquesa Margarita de Austria, hija del emperador Maximiliano. Tengo para mí que por su gusto (o más bien por sus apetitos) hubiera tentado de desposar a nuestra señora, pero al mismo tiempo echaba cuenta de sus conveniencias y de lo que pudiera interesar a su bolsa, en la que tenía puesto el corazón. Y con estas cuentas se le pasó el tiempo y murió viudo igual que le dejara la reina Elizabeth, como se comentará en su lugar.

Volviendo a lo de las trazas, sin casi atreverme a levantar los ojos del suelo, me salió del alma el decirle a mi reina y señora:

—No ha de ser así, mientras éste, el más humilde de vuestros vasallos, tenga un chelín en su alcancía, pues no pueden tener mejor destino mis ahorros que el de adornar a quien todo se lo debo y todo se lo merece.

Su Alteza al pronto se lo tomó a broma, y hasta me reprendió mi desvarío de pensar que los ahorros de un paje dieran para costear las galas que requiere un traje de ceremonia. Pero no eran los ahorros de un paje, sino los del oficial de un sheriff que bien le había adoctrinado en las mañas para sacar provecho de la justicia, sin que llegara a ser injusticia. Creo que ascendían a cinco libras, que en aquellos años era una suma de dinero.

La princesa las tomó a título de préstamo, mas yo nunca consentí que me las devolviera, pero su Alteza ya cuidó de que las recibiera decuplicadas. El vestido que le confeccionaron llevaba un corpiño de tafetán negro y una hermosa falda de brocado, adornada con tres volantes de encajes, puestos sobre un guardainfante; al cuello mostraba un alto encaje aplicado sobre el vestido alrededor de los hombros. Con él lució en la recepción que tuvo lugar en el castillo de Windsor y, luego, siendo ya reina, cada vez que se lo ponía me decía, como confidencia: «¿Sabéis, Juan Egaña, que este vestido me lo regaló el más gentil de los pajes?» Con esto me hubiera sentido yo pagado pero su Alteza, ya digo, bien que cuidó de que percibiera el rédito de mis ahorros.

La reina doña Juana y su esposo don Felipe arribaron, por fin, a las costas de Inglaterra en enero del 1506, y a punto estuvieron de no hacerlo por culpa de una tormenta que les tomó a la altura de Calais y a poco da con ellos a pique. En Londres andaban muy alborotados con aquella llegada por ser la primera vez que una reina de España pisaba tierra inglesa.

Por nada del mundo hubiera querido yo faltar a semejante acontecimiento, mayormente habiendo sido requerido por la princesa; pero *master* William Read objetó a que dejara el *shiremoot*, pues siendo muy celoso de sus atribuciones le parecía que le hacía de menos el que una princesa extranjera le quitara un oficial a sus órdenes. Al cabo accedió cuando le dije que había de verme con el príncipe de Gales, con quien había jugado a la pelota, y esto último fue lo que le decidió. Ya se había corrido entre los caballeros ingleses la voz sobre la afición del futuro rey y muchos de ellos se aplicaban a aprender ese juego por parecerse en algo a sus Majestades. Consintió, mas advirtiéndome que a mi regreso habría de trabajar hasta a la luz de los candiles, ya que mi obligación (de la que él sacaba buen provecho) era tan sagrada como atender a los príncipes. Cierto que conseguí el título de bachiller en leyes, pero no fue chico lo que me hizo padecer *master* Read.

De las muchas excelencias que se pueden contar de Windsor no es la menor la hermosura de sus jardines, como no los hay igual en toda España. Aun siendo los ingleses gente ruda, gustan de tener los prados muy bien segados, y en medio de ellos grandes macizos de flores rodeados de arbustos de lilas, tan olorosos en primavera y de colores tan tiernos, que deleitan los sentidos. En estos jardines topé con su Alteza el príncipe Enrique, a quien su padre el rey tuvo apartado de los tratos que se trajo con don Felipe el Hermoso. No alcancé a saber la razón de este viaje, mas si nuestra princesa Catalina soñó que el motivo era el que se vieran las hermanas, presto se desengañó pues apenas les dieron ocasión de abrazarse y contarse sus penas, que ambas las tenían. Las de doña Catalina ya son conocidas, y las de doña Juana eran de amores, pues con ser tan hermosa su marido la hacía de menos en lo que más puede doler a una mujer, que es en el lecho conyugal. Tanto no debiera decir ya que llegaron a tener cinco hijos, pero aun así, tan enamorada estaba doña Juana de su esposo, que en vida no consentía que mirase a ninguna mujer aunque fuese de ruin condición, y cuando se le murió se acabó de trastornar.

Era este don Felipe caballero de buena estatura, las espaldas muy anchas y bien plantadas, y las piernas musculosas; el cabello rubio, largo y muy brillante, los labios gruesos y la mirada muy alegre. Decían de él que era descuidado para los negocios de Estado, pero durante su estancia en Londres bien que se las ingenió para concertar ventajosas condiciones para los mercaderes de Flandes que negociaban con Inglaterra. Ésta fue de las ocasiones en que se trató, también, del matrimonio del rey inglés con la archiduquesa Margarita, hermana de don Felipe. Pero es de admirar que mientras esto negociaban, al rey don Enrique se le iban los ojos tras la reina doña Juana, en todo parecida a nuestra señora doña Catalina, pero un punto más hermosa.

El caso es que los dos monarcas cuidaron de tener apartadas a ambas hermanas, el de Alemania porque dicen que temía las sinrazones de su egregia esposa, y el de Inglaterra por no dar oportunidad a que doña Catalina dejara de ser su prisionera. Esto lo digo de mi cuenta, pero lo cierto es que sólo se vieron una mañana y parte de una tarde, y casi nunca solas. Crueldad grande fue darles semejante trato, sin pararse a considerar que podía ser la última oportunidad de verse en vida, como así fue.

En aquella ocasión apenas pude atender a la princesa,

muy cercada como estaba por damas de la corte del rey, pero yo llevaba mi encargo —que era ver al príncipe de Gales— y a ello me apliqué. Lo busqué y encontré en los jardines pues sabía cómo su Alteza gustaba de ellos, al punto de que en lo más crudo del invierno no le importaba tañer el laúd a cielo abierto. Y no se diga tratándose de juegos de fuerza y destreza. Pedí licencia a uno de sus pajes para rendirle pleitesía y en acto se me concedió.

—He aquí a *John Punch* —me saludó afable su Alteza—, quien podría llegar a ser un buen jugador de pelota, si se aplicase a ello tanto como lo hace a las leyes.

Excúsase decir la emoción que me entró al ver que el príncipe de Gales, no sólo se acordaba de mí, sino que sabía de mi vida y ocupaciones.

Habían transcurrido tres años desde la última vez que lo viera y en este tiempo se había convertido en un hermoso joven, que en todo representaba más de los quince años que contaba a la sazón. Estaba tan instruido su Alteza, con tantas luces, que cuando comenzó a interesarse por mis estudios, bien me mostró que no era lego en materia de leyes. Y en cuanto a su memoria decir que era portentosa es poco; baste considerar que cuando supo que trabajaba para sir William Read, me recordó que su esposa había sido camarera de su madre, la reina Elizabeth, de feliz memoria, y que le diera saludos de su parte. Esto último mucho me valió pues desde entonces sir William me tuvo en más, aunque no por eso aflojaba en lo que al trabajo se refiere.

Es costumbre con las realezas no hablar sino de lo que sus majestades quieren hablar y en aquella ocasión a su Alteza le dio por hacerlo de leyes, juegos y latines, y ya desesperaba de salirme con la mía, cuando me dijo con un descuido que pronto entendí que era afectado:

—¿Y qué es de nuestra señora doña Catalina? Si vos la desatendéis ¿quién cuida de ella?

Como no podía desaprovechar la oportunidad de hablar de lo que allí me llevaba, me atreví a responderle:

—De su Alteza Real cuida el mismo que cuida de todos nosotros: Dios Padre Todopoderoso. En lo demás no puede estar más abandonada de los hombres, sin haberlo merecido.

107

Al pronto se le demudó el rostro para, a continuación, apartarme con un gesto de su séquito y decirme:

—¿Cómo así? ¿No está previsto que la despose su Majestad, el rey, tan pronto se resuelva el asunto de la dote?

—Con quién haya de desposarse su Majestad, el rey, no me corresponde a mí ni nombrarlo, pero que la princesa Catalina entiende que está desposada, por promesa, con vuestra Alteza Real, tenedlo por cierto. Y que el día que esa promesa se lleve a término será la más feliz de las mujeres, lo digo yo por mi cuenta, mas seguro de no equivocarme.

Lo que hablamos después no viene al caso, ni soy capaz de recordarlo, pero sí quedó manifiesto —colmándome de asombro— que el príncipe Enrique nada sabía de los enredos de su egregio padre, y que entendía que doña Catalina estaba muy conforme en casar con su Majestad y así ser reina de seguido. De donde se sigue, a su vez, que no hace falta hablar lenguas distintas para que los mortales no se entiendan, que el no entenderse es condición natural del hombre. Aunque bien considerado ¿cómo habían de entenderse tantos dislates como se sucedían en tan solemne ocasión? El rey don Felipe el Hermoso, en busca de alianzas contra su suegro el Rey Católico, trataba de casar a su hermana doña Margarita con el rey de Inglaterra, y mientras su Majestad decía que sí, no quitaba ojo a su regia esposa, que pronto sería viuda pues de allí a pocos meses el rey don Felipe, en todo el esplendor de su hermosura, entregaba su alma a Dios después de jugar un partido de pelota. Cuentan que por beber un jarro de agua fría, pero no pudo ser así pues de nadie conozco que la beba caliente después del juego y no por eso mueren. Pero viuda quedó doña Juana y al rey Enrique le entró el pío de casarse con ella, dándosele poco de que estuviera trastornada.

Volviendo al encuentro con el príncipe de Gales, paseamos por los jardines del castillo, apartados de su séquito, llegando a tomarme por los hombros, cosa que un príncipe sólo hace cuando quiere mostrar singular afecto a quien así toma. No cabía en mí de gozo, no tanto por mi persona, sino por entender que aquellas muestras iban destinadas a mi señora doña Catalina. Al despedirnos pidió recado de escribir y redactó un billete de su puño y letra, a lo que era muy aficionado, y después de lacrarlo me lo entregó, diciendo:

—Decid a su Alteza, que ahora soy yo quien espera respuesta.

Pude hacer el camino de vuelta en el séquito de la princesa, quien se mostraba apesadumbrada por el poco provecho que había sacado del encuentro con su regia hermana, hasta que se me presentó la ocasión de entregarle la carta de su Alteza y se le pasaron las penas. No se cansaba de preguntarme lo que dijo, o dejó de decir, el príncipe Enrique, y mucho se interesaba por saber si estaba más alto que yo y si la barba la tenía recia o suave. Recuerdo aquel viaje como uno de los más alegres de mi vida, sin que se nos diera poco ni mucho de las nieves que nos cayeron, tan copiosas, que una noche hubimos de pasarla en una posada de arrieros y gentes del camino, y todo eran risas por encontrarnos en semejante trance. El posadero, turbado por nuestra presencia, cuidó de dejarnos el único aposento digno que tenía, cuya principal virtud era una chimenea en la que ardían grandes troncos sobre los que puso a calentar cerveza, como acostumbran, dicen que para combatir el frío y los reúmas.

Con la princesa marchaban María Salinas, Francisca de Cáceres y una tercera que sólo recuerdo que se llamaba Lucrecia; pajes nobles ya sólo contaba con dos, y los demás tenían que hacer de postillones y palafreneros. Pasamos la noche en risas y juegos, pues el decoro no permitía que tan egregias damas durmieran en tan promiscuo lugar; en las risas tenía su parte la cerveza que, al calentarse, le salen vapores que alegran el ánimo. Me sentía tan feliz en compañía de Francisca de Cáceres, que hubiera deseado que siguiera nevando por muchos días.

Aunque ya había olvidado mis penurias de perseguido de la justicia, no podía hacerme a que poco antes no pasaba de criado y ahora me trataba con los de noble linaje como si fuera uno de ellos. Esta llaneza en el trato resultaba más notoria en aquel apartado lugar, perdido en medio de la noche, en una mísera posada de camino, aunque conviene advertir que las de Inglaterra nunca lo son tanto como las de Castilla. Por ser el clima más áspero, y en todo más desapacible, están construidas en buena piedra, bien tejadas de pizarra, con las ventanas de madera muy recia, y los cristales emplomados. Los posaderos también son más cumplidos que los de Castilla, y menos dados al robo, pues sus leyes son muy severas y al que falta a ellas presto le toman por el cuello y le ahorcan, en ocasiones de una viga de su misma posada, para que sirva de escarmiento, eso cuando no les descuartizan. La costumbre con los malhechores es la siguiente: colgarlos por el cuello y antes de que pierdan el resuello del todo, cortar la soga, para descabezarlos, descuartizarlos y vaciarles las entrañas a cuchillo. Y esto no sólo con los más malvados sino con todos, y sirva de ejemplo que tal fue la condena que mereció sir Tomás Moro, si bien su Majestad, en atención a los servicios que le prestó cuando fue canciller, se conformó con que le degollaran, como se contará en su lugar.

Lo que dijera el billete de su Alteza la princesa no había por qué saberse, pero bien que se colegía por el modo de comportarse de nuestra señora, que la noche de la posada me dijo muy tierna:

—Con éste, Juan Egaña, son dos los servicios señalados que me habéis prestado.

El otro era el de los dineros para el traje de ceremonia que tanto le satisfizo. Por su parte la Francisca de Cáceres me susurró:

—De ésta, *John Punch*, no dudéis que de aquí a poco seréis nombrado caballero y quién sabe si gentilhombre de cámara.

Por el modo de decírmelo, y por algunas caricias que consintió, no dudé de que mis negocios iban por buen camino y que la ilustre doncella estaba dispuesta a esperar a que yo también lo fuera, para poder pretender su mano.

Para terminar con tan señalado viaje diré que cuando llegamos a York me tocó despedirme, no sin que la princesa me hiciera entrega de otro billete dirigido al príncipe de Gales, para que se lo hiciera llegar a buen recaudo, que era como decirme que no tuviera noticia de él su Majestad, el rey. No fue el único que se cruzaron sus Altezas en el tiempo que medió para su matrimonio, cosa de dos años. En ocasiones se valían de mí, y yo de postas reales que hay entre los condados.

CAPÍTULO VIII

CAMINO DEL TRONO

Volví a mi trabajo en el *shiremoot* con redoblado afán, pues en obtener mis títulos en leyes me parecía que me iba la vida, que no la entendía más que compartiéndola con la dama que tan rendido me tenía. *Master* William Read bien que cuidaba de encender mi ánimo diciéndome que era costumbre de sus Majestades proveer los cargos del Consejo Real con letrados de humilde condición, pero versados en leyes. Él lo decía porque de nuestro afán sacaba buen provecho, codicioso como era de despachar presto los procesos, para así cobrar más y mejor sus expensas. Pero no por eso faltaba a la verdad pues cierto fue que el rey Enrique VII había organizado con tales gentes sus Consejos Reales.

De esta Majestad poco bueno puedo decir por lo mucho que hizo padecer, con sus miserias y avaricias, a nuestra Alteza. Tengo para mí que al final de sus días no andaba muy cuerdo y tan pronto decía que había de casarse con la princesa, como con su hermana la reina doña Juana, o quién sabe si con la reina de Nápoles, o con la archiduquesa de Austria, siempre la codicia por delante. Porque el pío por la reina doña Juana, aparte del gusto que le daba su presencia, le entró de pensar que así sería, también, rey de Castilla, y de esta suerte discurría cuando —como se verá— tenía ya un pie en la tumba. Cartas se cruzaron con tal ocasión con el Rey Católico, quien no hizo mala cara pensando que por ese camino su hija doña Juana sería reina de Inglaterra. Tanto dislate sólo sirvió para que el rey Enrique apartara de sus apetitos a doña Catalina y por esa razón pudo vivir esos últimos años algo más tranquila, aunque no sin las mismas penurias.

Pero en su juventud, cuando alcanzó la corona a costa de degollar a los que se la discutían, tenía mejor discurrir y dispuso que el Parlamento de los nobles había de servir para que se entretuvieran, mas no para gobernar, pues los lores sólo miraban a su provecho. De ahí que fortaleciera el Consejo Real, y creara un tribunal que fue llamado la Cámara Estrellada, por las nervaduras de la sala donde se reunía, y todos los que ocupaban los cargos era gente letrada, que es tanto como decir plebeya, pues ya queda explicado que los nobles se jactaban de no saber leer ni escribir. Todo eso fue un gran bien para Inglaterra pues es de razón que los que saben, gobiernen mejor que los que no saben.

El *master* Read, viendo el favor que me dispensaba quien estaba llamado a ser rey, no dudaba de que habría de disponer para mí un sitio en alguno de los Consejos o Cámaras, y hasta acostumbraba a decirme que cuando me viera así encumbrado, no olvidara lo mucho que había hecho por mí.

Como rayo que troncha al más vigoroso de los robles, cuando poco antes apenas ha sido el resplandor de una centella, así dio con todas mis ilusiones la noticia de que Francisca de Cáceres había abandonado la corte de la princesa. La noticia llegó por criados, como suele acontecer, y de primeras pensé que se había vuelto a Castilla, como otras habían hecho antes que ella. Pero pronto supe la amarga verdad: había huido para casarse con ese tal Grimaldi, aquel banquero genovés que se ocupaba de comprar las joyas del cofrecillo de la princesa. Digo huido porque para casar doncella noble precisa la conformidad de su señora, y la princesa no se la podía conceder atendida la condición del banquero, de quien incluso se decía que era judío.

Yo, recordando las muestras que me había dado la noche de la posada, y lo que consintió, no alcanzaba a comprenderlo. También recordaba la altivez con que trató la doncella al Grimaldi el día que le conocimos, con ocasión de la primera transacción de joyas. Cierto que cuando desapareció el tesorero Juan Cuero, le cupo a ella seguir los tratos y de ahí le vino la afición, bien al banquero, o a las joyas en las que era muy rico.

En cuanto pude, y consintió sir William, me fui a Durham y allí encontré a todos muy desolados por lo muy querida que era la Francisca de Cáceres, la más alegre de las damas. Al principio la princesa se mostró muy hosca al hablar de ella, por el gran agravio que suponía para su realeza la hazaña cometida, pero al cabo se le enterneció el corazón recordando sus gracias, y no se recató de decir —y creo que fue la primera ocasión en que la oí tal— que la culpa de que hubiera cometido semejante fechoría era de quienes las tenían apartadas del mundo, como si fueran monjas, no siéndolo. Luego, para hacer más grande mi dolor, me dijo mirándome con mucha intención:

—Otros planes tenía yo para Francisca de Cáceres, que la hubieran hecho más dichosa que las joyas que han tirado de ella, al tiempo que hubieran satisfecho a quien bien se lo merece.

¿Cabe pensar que haya soberana tan cuidadosa y amorosa de la suerte de sus súbditos? Bien se entiende a quién se refería, pues de todos era sabido por dónde iban mis amores, y bien claro me lo dijo para mostrarme cuál hubiera sido su voluntad, de no mediar lo que medió.

Francisca de Cáceres y el Grimaldi casaron en tierras de Escocia, como apartadas del reino de Inglaterra que estaban a la sazón, y al poco de casarse, sabedora la recién desposada de las miserias que padecían en Durham cuidó de mandar presentes que la princesa aceptaba, tanto por necesidad, como por ser de natura que los soberanos reciban dádivas de sus vasallos, sin que por ello tengan que perdonarles sus fechorías. Ya era bastante honor para la que fuera su camarera que su Alteza accediera a recibirlos.

Decir que quedé privado de sentido, es poco decir, y eso que salió ganando el sir William pues, en mi desolación, sólo encontraba alivio en el trabajo y en él me encerré.

Mucho me hizo padecer lo sucedido y mucho dañó a mi alma, pues con suma injusticia decidí que todas las mujeres —salvada su Alteza la princesa Catalina— eran de pareja condición y pasado el tiempo no siempre me porté bien con ellas.

En éstas llegó de España don Gutiérrez Gómez de Fuensalida, caballero muy cumplido aunque un tanto altanero; venía muy ufano como embajador de su Majestad el Rey Católico, trayendo consigo la segunda parte de la dote, sesenta y cinco mil coronas en monedas de oro. La ufanía le venía de que el rey don Fernando estaba muy asentado en España, no sólo como rey de Aragón, sino también como regente de Castilla y de los reinos que gobernaba en Italia, amén de los descubrimientos al otro lado del océano, llamados de las Indias; ser su embajador era serlo del más poderoso monarca de la cristiandad.

Por eso llegó con gran fasto, y con no poca alegría de la princesa Catalina, que con su venida entendía habrían de terminarse todas sus penas. Pidió el embajador ser recibido por el Consejo Real y en el acto se le concedió; lo que sucedió lo sé por un consejero llamado sir Robert Gardiner que, con el tiempo, sería buen amigo mío y no olvidó lo ocurrido en aquella ocasión.

Tenía por costumbre el rey Enrique el no presidir las sesiones del Consejo, sin por eso desentenderse de ellas, pues cuidaba de merodear por los aposentos más próximos a la cámara, y cuando le petaba se presentaba para deshacer lo que no fuera de su agrado. Bien es cierto que esto sólo lo hacía en asuntos muy capitales, pues los de ordinaria administración los dejaba en manos de sus consejeros. Pero mediando coronas de oro no podía haber para su Majestad negocio más capital, y en el acto se presentó con gran contento de don Gutiérrez Gómez de Fuensalida, que lo tomó como deferencia para con su persona y representación. De ahí su asombro cuando su Majestad determinó que lo primero de todo era contar los dineros y así hubo que hacerlo en presencia del rey, quien de cada saquito tomaba algunas monedas y las acariciaba con mal disimulado afán. Por eso dicen los teólogos que la avaricia es de peor condición que la gula y la lujuria, pues éstas llega un momento en que se sacian, y hasta producen hastío, mas el avariento nunca se sacia y aunque pasaran por sus manos todas las monedas que haya en el mundo aún le parecerían pocas.

Terminada la cuenta dijo su Majestad:

—¿Cómo así que hay aquí sesenta y cinco mil coronas, cuando lo convenido son cien mil?

A lo que replicó el Gómez de Fuensalida que el resto iba en joyas.

—Bien venidas sean —dijo el rey fingiendo complacencia—. Veamos cómo son esas joyas.

—¿Es que acaso su Majestad no ha tenido ocasión en tantos años de ver las joyas que trajo a estas tierras su Alteza, la princesa Catalina, en el año de gracia de 1501?

Su Majestad, sin parar cuenta en la altanería del embajador, hizo grandes protestas de que pudiera entenderse que el ajuar doméstico de la princesa formara parte de la dote, puesto que tal ajuar había pasado a ser propiedad del príncipe Arturo y, a su muerte, de su único heredero el rey Enrique.

¿Para qué seguir hablando de tanta miseria? Si lo hago es para que quede constancia de la sinrazón de nuestras razones porque el rey porfió en aquel negocio de cuberterías y preseas como si en él le fuera la vida, sin pararse a discurrir que la vida se le iba, sí, pero por otra trocha. Eso sucedía mediados el 1508, cuando ya su Majestad tenía tomado el pecho por una tisis que al año se lo llevó a la tumba. Y hasta que no murió no se terminó el pleito de las joyas, ni dejó de padecer nuestra señora doña Catalina las codicias de unos y de otros.

Falleció su Majestad el rey Enrique el 21 de abril del 1509, en medio del regocijo del pueblo que entendía que con morirse tan rapaz monarca había de terminarse el flagelo de los impuestos. Las honras fueron muy solemnes y compungidas, como correspondía a su realeza, pero la alegría iba por dentro; le trasladaron con gran pompa desde el castillo de Richmond hasta la catedral de Westminster donde recibió cristiana sepultura y digo bien pues los últimos meses de su vida no fueron los peores.

Cuando los físicos le advirtieron el mal que tenía en el pecho, determinó hacer una peregrinación al santuario de Nuestra Señora de Walsingham, de la que los ingleses son muy devotos. Bien es cierto que la hizo para curar, pero no lo es menos que públicamente prometió que si salía con vida otro sería su comportamiento y otro el trato que daría a su pueblo. Nuestra Señora no le concedió esa merced, quizá porque no había de cumplir lo prometido y en tal caso se condenaría sin remisión; pero de algo le valdría su buena, aunque tardía intención. También dispuso que mientras durase el mundo habían de celebrarse misas por el eterno descanso de su alma vana ilusión, pues en Inglaterra, desde que tienen su religión separada de la de Roma, ya no se celebran misas como dispuso Nuestro Señor Jesucristo que se celebrasen, y por tanto mal se pueden atender sus deseos.

También quiso que la carroza que lo llevara a enterrar fuera toda ella recubierta de un manto bordado en oro y por darle gusto en esto se retrasó el sepelio tres semanas. Este manto fue muy famoso, pues trabajaron en él bordadores venidos de Flandes, día y noche, con tal primor, que con ser mucho el valor del oro se tenía en más la labor de los que lo hicieron. Quería que lo enterraran con él como si por tenerlo cabe sí pudiera llevárselo al otro mundo, pero en eso no le dieron gusto y la que acabó llevándoselo, pasados los años, fue doña Ana Bolena quien se hizo con él un vestido de ceremonia cuando el rey Enrique VIII la complacía en todos sus deseos.

Mediando Nuestra Señora de Walsingham, en todo tan milagrosa, es de fiar que por su intercesión se librara de las negruras del infierno, pero no de las del Purgatorio hasta el fin del mundo. La más mortificada de sus víctimas, doña Catalina de Aragón, fue la más cumplida para con su alma pues desde el mismo día en que se conoció el óbito dispuso se celebraran sufragios y los mantuvo hasta el fin de sus días. Así le pagó sus desdenes. Por contra, quienes se fingían fieles vasallos suyos, tomaron venganza en las personas de los que fueron sus tesoreros, sir Richard Empson y sir Edmund Dudley, encargados de recaudar las penas pecuniarias que se imponían a los nobles; si bien es cierto que en el cobro llevaban su parte, no lo es menos que quien disponía la sanción era el monarca enterrado con tanta pompa, mientras que a estos dos lores, apenas terminados los funerales, los arrestaron, los juzgaron, los ahorcaron, y no consintieron que fueran enterrados en sagrado hasta que de sus cuerpos sólo quedaban los huesos.

Sir Richard murió muy disconforme, pero sir Edmund, un punto más altivo, dijo a los nobles que asistían a su ejecución: «Me mandáis ahorcar porque soy más rico que vosotros y pensáis que con mi muerte os vais a hacer con mis riquezas; a poco vais a tocar en cuanto a dinero, pero a mucho en cuanto a que ocurra lo mismo con vuestras cabezas.»

En todo acertó; el nuevo rey, su Majestad Enrique VIII, consintió en la ejecución para que se supiera cuán contrario era a la codiciosa costumbre de su difunto padre de sancionar con multas a los caballeros. Aconsejado por Wolsey (que entonces era tan sólo su limosnero) repartió la fortuna de los ajusticiados entre los caballeros de su corte, muchos de los cuales acabaron sus días a manos del verdugo.

¿Cabe pensar que monarca alguno en el orbe conocido fuera recibido con el entusiasmo y esperanza que mereció Enrique VIII? Sólo diré que por aquellos mismos días, sir Tomás Moro, el más cumplido de los lores ingleses, escribió una oda de su puño y letra que comenzaba así:

Ya no silba el miedo
ocultos susurros al oído.

Y en una carta que escribía a nuestra señora la princesa, decía: «Este día es el final de la esclavitud, la fuente de nuestra libertad, el final de la tristeza, el principio de la alegría.»

Motivos tenía *master* Moro para hablar así puesto que su padre, sir John, había sido encerrado en la Torre de Londres por orden del rey difunto, y mantenido en ella hasta que pagó una de aquellas multas a las que tan dado era, en esta ocasión de cien libras. ¿Cómo había de imagi-

118

nar el insigne humanista en aquella luminosa primavera del 1509 que, pocos años después, daría con sus huesos en la misma Torre de Londres para satisfacer otra multa que había de pagar con su propia vida? Dios, en su infinita misericordia, nos dispensa de conocer el futuro para no tornar nuestra vida en insoportable angustia. Gran virtud es el saber disfrutar de las alegrías que nos depara cada jornada, y mayor dicha no podía haber que la ascensión al trono de un monarca de quien todos se hacían lenguas. El embajador de Venecia, Giustiniani, muy aficionado a escribir, dejó dicho de su Majestad «que era en extremo hermoso y que la naturaleza no pudo hacer más por él, pues a su energía unía un talento poco común tanto para las letras, como para las artes, en especial la música». Y éste era el parecer de todos.

Si tal era el común parecer excúsase decir cuál no sería el de la mujer que estaba destinada, por Dios, a ser su esposa. Tan pronto se supo la muerte del rey me faltó tiempo para trasladarme a lomo de caballo al castillo de Durham; en esta ocasión, lejos de pedir licencia a sir William, fue su señoría quien me animó a partir deseoso de que estuviera cerca de los reyes cuando fueran coronados tales, no cansándose de decirme que no olvidara cuanto había hecho por mí. Lo que había hecho por mí era graduarme en leyes por el Tribunal de York, que no es poca cosa, aunque tampoco fueran menudencias las que yo hice por él, al punto de que quería casarme con una sobrina suya más dotada de dineros, que de gracias físicas. En cuanto a las espirituales apenas puedo decir si las tenía, pues verme la doncella y enmudecer de rubor, era todo uno.

Andaba yo muy suelto a la sazón, cumplido que había los 25 años, siempre bien trajeado y no corto de caudales por ser virtud de sir William consentir que se lucraran los que trabajaban a su amparo. Y en mi caso se extremaba pues estaba yo con el pío de marchar a Londres para doctorarme junto a sir Tomás Moro por quien sentía especial devoción, ya que no en vano fue quien me puso en camino tan provechoso. Era en todo tan cortés y cumplido sir Tomás que cuando yo le ponía letras para felicitarle por los éxitos que obtenía (por aquellas fechas le habían nombrado *under-sheriff* de Londres) me contestaba en su hermoso latín siempre dándome buenos consejos y reiterándome su amistad. Me admiraba tanta atención en quien era recibido como gran dignidad en las universidades de París y de Lovaina, y mantenía correspondencia con los más sabios de la cristiandad, tales Erasmo de Rotterdam y Juan Luis Vives.

Me recibió la princesa con mal disimulada alegría, pues si bien vestía de negro riguroso, con una toca del mismo color, muy ceñida, otro era el cantar de sus ojos. Cuando me presentaba ante su Alteza después de una ausencia acostumbraba yo a postrarme a sus pies, muy rendido, sin permitir que me levantara para que supiera en cuánto la tenía. Ella accedía y a veces hasta me ponía la mano sobre el hombro, diciéndome que en caballeros como yo estaba su sustento. En esto último no le faltaba razón ya que cuidaba, cada mes, de hacerle llegar al intendente del castillo, que se llamaba Requejo y era natural de Talavera, una parte de lo que lucraba con sir William; y si me olvidaba presto cuidaba el Requejo de recordármelo. No era el único en proveer a su Alteza, pues ya queda explicado que también lo hacía la Francisca de Cáceres, amén de algunas de las damas que se retornaron a Castilla, al punto de que podría decirse que nuestra señora vivía de limosnas, si no fuera porque limosna es lo que se da por caridad, y lo que reciben los reyes de sus vasallos les es debido por justicia. Por contra nunca recibió nada del rey don Fernando, su padre, por razones que sólo los reyes saben.

En aquella ocasión me tendió la princesa sus dos manos, que besé con especial unción, consintiendo que las retuviera entre las mías, para recibir a su través los efluvios de dicha que nos embargaba a ambos. Había cumplido la princesa los 23 años, pero en todo lucía muy juvenil, quizá un tanto delgada pues en Durham hasta les faltó de comer; pero en lo demás le sobraban gracias. La mirada muy serena y amorosa, y los labios prestos a la risa; los dientes muy menudos, blancos y apretados, y el talle muy gentil. Estaba cierta de lo que había de suceder, lo cual es de admirar pues hacía varios años, no menos de tres, que apenas veía al príncipe Enrique, aunque ya digo que mantenían correspondencia secreta. La confianza le venía de Dios pues ante Él se habían desposado al poco de morir el príncipe Arturo, y entendía que no podían los hombres deshacer las sagradas promesas. Quizá los hombres no, mas los reyes sí, según nos muestra la historia, pero la princesa se mostró muy terne en confiar y se salió con la suya.

Acostumbraba a preguntarme por las noticias del mundo exterior, encerrada como estaba entre los muros del castillo, y en aquella oportunidad, como novedad grata para sus oídos, le dije que se sabía que el rey Enrique, en su lecho de muerte, había pedido al príncipe de Gales que desposara, como convenido, a la infanta de Castilla. La princesa, en contra de lo que yo esperaba, se echó a reír y me dijo:

—No quisiera yo que el príncipe Enrique me desposara por seguir el consejo de quien tanto hizo por lo contrario.

A lo que yo repliqué con presteza y de corazón:

—Casará el príncipe con Vuestra Alteza porque no hay dama en el mundo que más lo merezca, tanto por la hermosura de su alma, como por las prendas que a la vista están.

— ¿Qué prendas están a la vista que no queden ocultas por estos velos negros más propios de monjas que de prometidas? —me dijo la princesa con un punto de coquetería que tanto la agraciaba.

Mucho me consentía la princesa por el mucho amor que sabía que le tenía, aunque tan limpio, que no me atrevía a pasar mi mirada del óvalo de su rostro, para que no entendiera que eran otros mis deseos. Aun así, cuando continué con mis elogios, me cortó graciosa:

—Tate, tate, Juan Egaña, no sigáis por ese camino, que luego me envanezco y debo rendir cuentas a mi confesor de ello.

Su confesor, por entonces, era fray Diego Fernández, teólogo de Salamanca, como todos ellos muy ilustrado pero con fama de severo y en extremo aficionado a encontrar pecado donde sólo había amor. Yo nunca me arreglé bien con él y como a su Majestad Enrique VIII le ocurriera otro tanto poco duró en la corte.

Volviendo a lo de las prendas ocultas, a la princesa se le puso un mohín compungido, para decirme:

—Lo que bien a la vista está es cuánto me cuesta expresarme en inglés y vergüenza me da que el príncipe Enrique piense que tengo a desdoro conocer su lengua. Además, valerse del latín bueno es para lo que atañe al saber, mas no para lo que conviene que se hablen los enamorados.

Al decir esto último enrojeció, lo que la hacía más graciosa, pero no le faltaba razón en su preocupación; vergüenza era, mas no por su culpa sino por el encierro en que la habían tenido; rodeada sólo de servidores castellanos, y con tanta miseria que hasta les faltaron los dineros para pagar al preceptor. Desde aquel día me hizo prometer que sólo me dirigiría a ella en inglés y yo, por mi cuenta, contraté los servicios de un clérigo de la villa de Darlington, próxima al castillo, que tenía fama de buen gramático, para que la instruyera como correspondía a su alcurnia. El fray Diego Fernández puso el grito en el cielo, no consintiendo que otro fraile que no fuera él, tratara con la princesa. Miserias humanas. Pero de nada le valió pues su alteza le razonó que poco tenían que ver los negocios del alma, con los del saber humano.

Habla en favor del fray Diego, que no considerando prudente que el clérigo (que era joven y bien parecido) despachara a solas con la princesa, estaba siempre presente en las lecciones y mucho se aprovechó de ellas llegando a ser muy ilustrado en el habla inglesa. No podía ser por menos siendo teólogo de Salamanca, con muchas luces para el estudio. Ya digo que sólo le extraviaba el celo por su egregia penitente; en todo lo demás era de muy buena doctrina.

Este clérigo se llamaba Ricardo Heart y fue de los que siguió a la princesa a la corte de Londres.

Aquel mismo día, como quien se lo tiene bien pensado, me pidió un servicio de los señalados: que le entregara una carta, en persona, a quien ya era rey de Inglaterra. Debí de poner cara de susto pues no alcanzaba a comprender que pudiera ser recibido por tan excelsa Majestad en semejantes circunstancias, y la princesa, como para tranquilizarme, me dijo:

—No tenéis por qué temer ninguna intriga, Juan Egaña, sólo quiero darle mis condolencias por el fallecimiento de su regio padre.

La princesa era muy dada a gastar bromas, hablando muy seria para que se entendiera lo contrario. ¿Cómo habían de condolerse de la muerte de quien a tales extremos les había tenido tiranizados? Eso no quita para que su Alteza dispusiera exequias por el difunto, pensando que bien las había de necesitar en el otro mundo.

Me planté a uña de caballo en Londres, que estaba muy alborotado con la muerte del monarca. Serían los primeros días del mes de mayo, muy hermosos como son en ese país cuando no llueve, y andaban levantando las tribunas en las calles por donde había de pasar el cortejo fúnebre. La principal de todas ellas estaba en el puente de Londres, en la orilla de Southwark, y correspondía al lord mayor de la ciudad; pero no desmerecían las de otros lores, también notables, que las alzaban muy hermosas para que no se dudara de su fidelidad a la corona. Acostumbraban a dormir en ellas (para lo cual las cubrían con tapices) los que tenían sus castillos en el campo, de modo que al ajetreo de artesanos y carpinteros se unía el de los criados que trasladaban los lechos, ropas de duelo, amén de los estandartes y pendones de cada casa nobiliaria.

No queriendo ser menos los mercaderes ricos, también levantaban tribunas delante de sus establecimientos, aunque los había que luego las alquilaban a los hidalgüelos que venían de los condados. Y es de admirar que el mismo empeño, con especial algarabía, pusieran las rameras que se ganaban la vida en las tabernas de la orilla derecha del Támesis; siendo menos de admirar, atendida la condición humana, que muchos de los caballeros que disponían de hermosas tribunas en sus parques privados, acabaran sus noches en las de la mencionada orilla, en brazos del demonio.

Estas mismas tribunas habían de servir para la proclamación del rey Enrique VIII, que es virtud de la monarquía que nunca falta quien hace cabeza, pues tan pronto muere un rey, otro se coloca en su lugar.

Estaba el nuevo monarca retirado en la Torre de Londres, que es castillo capital para los ingleses al tiempo que «rueda de la fortuna», pues para unos el estar en él es motivo de orgullo y alegría, y para otros de muerte y desolación, ya que lo mismo sirve para albergar a sus realezas, que para ejecutar a los traidores; al punto que, de la parte del río, tiene una entrada que llaman de *Traitor's Gate*, y es de imaginar la suerte que les aguarda a quienes entran por ella. Dicen que la hizo construir el emperador de los romanos, Julio César, aunque la llamada Torre Blanca, la más fortificada, la mandó levantar Guillermo el Conquistador.

Me tenía yo en menos de lo que merecía, no por mi persona que bien poca cosa era, y sigue siendo, sino porque no me hacía a que la carta que llevaba me convertía en embajador de la futura reina de tan hermoso reino; pensando que seguía siendo el pajecillo de una infortunada princesa olvidada de sus padres, en lugar de dirigirme a la torre, donde entendía que no me habían de dejar pasar, encaminé mis pasos a *Lincoln's Inn* confiando en encontrar a sir Tomás Moro y aconsejarme de él. Era esta *inn*, que en inglés es posada, una cámara de la Chancillería, que al tiempo servía de residencia a los que estudiaban leyes; y aun sin ser *universitas*, como las de Oxford y Cambridge, era de tan reconocido saber que los que en ella estudiaban podían alcanzar el título de doctores, y con más méritos que en las citadas, pues no sólo estudiaban las leyes en los manuscritos, sino también adentrándose en los procesos, los más importantes que se dirimían en Inglaterra. En *Lincoln's Inn* estudió sir Tomás y a la sazón impartía lecciones a las que acudían, por recrearse en su verbo, hasta hombres de leyes venidos de Francia e Italia; tal era su fama.

Atravesé el dintel del solemne edificio como quien pisa lugar sagrado, y cuando pregunté por el ilustre humanista, no me extrañó que me dijeran que sería muy difícil que pudiera verle. Esto me lo dijo un alguacil señalándome un aposento en el que otras personas también esperaban ser recibidos por sir Tomás. Luego supe que por aquellos días había mediado en un importante litigio entre pañeros ingleses y comerciantes flamencos, con tanto éxito, que todos los mercaderes de la City, con negocios en Europa, querían tenerle por abogado. Ya por entonces estaba casado y con cuatro hijos, a los que mantenía con gran holgura pues ganaba no menos de quinientas libras al año, más que cuando le cupo servir a su Majestad como canciller del reino.

Pero no en vano llevaba yo tantos años de pelea en los tribunales, para no saber qué clase de lenguaje convenía emplear en tales casos, y así que le puse una monedita de plata al alguacil, presto le pasó recado de mi presencia al lord. Y sir Tomás, con la deferencia con la que siempre me distinguió, me hizo pasar a su presencia, no consintiendo que le esperara en el zaguán de la Chancillería. Se hizo lenguas de mi persona delante de los que atendía, presentándome a ellos como *fellow*, o colega suyo, de la Chancillería del condado de York, lo que me satisfizo más que si me hubiera brindado una bolsa de oro.

Cuando terminó su despacho y le di cuenta del motivo de mi visita, exclamó con asombro no fingido:

—¿Pero qué clase de consejo puede necesitar para ver a su Majestad, el rey, quien lleva el mejor de los salvoconductos? ¿O es que acaso pensáis que pueda recibir su Majestad mejores noticias que las que le podáis traer vos con esa carta? Cierto que os acompañaré a su presencia, pero es para ser recibido por nuestro señor con el agrado de ir en vuestra compañía.

¿Exagero al decir que era sir Tomás Moro el más cumplido de los caballeros? Aunque es de advertir que lo que decía, lo sentía, y si no, callaba. Prueba de ello es que por callar, y no querer decir lo que no sentía, le fue la vida.

Almorzamos juntos y mucho se interesó por mí, alabando mi aprovechamiento en los estudios, de los que tenía noticia, encareciéndome que había de terminarlos en *Lincoln's Inn*, pues no consentía que se conformara con ser licenciado quien podía ser doctor. También me dijo:

—Ni sois castellano, ni sois inglés, pero parecéis reunir en vos las virtudes de unos y otros. De ello no debéis envaneceros, pues no tenéis nada que no hayáis recibido.

Ahora contadme cuáles son vuestros defectos, que ésos sí que son vuestros. ¿Habéis aprendido muchas mañas con sir William? ¿Sí? Pues desde ahora procurad aprovecharlas para servir mejor a las almas, y no en vuestro provecho. Y a propósito ¿qué le habéis dado al bergante del alguacil para que tan pronto me anunciara vuestra presencia? Bien es cierto que el hombre tiene mujer e hijos a los que alimentar.

Ése era el modo de hablar de sir Tomás, muy conocedor de las debilidades humanas, sin consentir en ellas, pero muy compadecido con los que las sufrían.

Camino de la torre hablamos de la princesa, de la que se mostró muy devoto hasta el fin de sus días. La tenía en tanto porque, a diferencia de otras reinas y princesas, era muy instruida en humanidades, muy curiosa del saber, y respetuosa con los que sabían más que ella, como demostró protegiendo a Erasmo de Rotterdam y a Juan Luis Vives quienes, siendo reina, se encontraron en la corte de Inglaterra como en el regazo de una madre. No dudaba sir Tomás de que con tales prendas habría de hacer una buena reina, como así fue y se verá; es más, sin empacho puede decirse que su Majestad Enrique VIII fue también buen rey mientras tuvo a nuestra señora por reina, y cuando la repudió todo fueron calamidades. En la torre nos recibió el lord guardián con gran deferencia por ser amigo de sir Tomás, aunque éste hacía ver que tanta atención era para con mi persona y con el recado que llevaba. El caso es que pronto estuvimos en la presencia de su Majestad, que se había hecho adornar un aposento con ricos tapices y pintar de blanco todos los pasillos y piezas adyacentes, para disimular la tristura de aquella lóbrega mansión que tantas miserias encerraba entre sus muros. Creo que fue la última ocasión que la ocupó un rey; luego sólo sirvió para prisión en la que, los que entraban, era para salir camino del cadalso.

Había cumplido su Majestad los 18 años siendo extremadamente alto al punto de que con serlo yo mucho, me sacaba al menos una pulgada. El cabello lo tenía muy rubio, los ojos azules, y las piernas enfundadas en seda blanca, muy robustas. Si algo se podía decir en su contra es que, por ser tanto su vigor, parecía que había de hacer

126

varias cosas a la vez y ni aun así se sosegaba. El rostro lo tenía barbado, aunque bien afeitado; luego se dejó crecer una barba para disimular una papada que le hacía menos agraciado. A *master* Moro le llamaba Tomás, dándole en todo trato de amistad, y a mí me honró con el sobrenombre de *John Punch* aunque en esta ocasión lo primero que me dijo fue:

—He aquí el correo de la princesa que viniendo de donde viene sólo puede traerme buenas noticias.

Así dijo delante de testigos de modo que bien claro quedó cuáles eran sus intenciones respecto de nuestra señora. Por el camino me había razonado sir Tomás que en ningún caso dejaría de cumplir su Majestad el compromiso de esponsales contraído años antes, ya que era en extremo piadoso y no podía faltar a la promesa prestada ante el Altísimo. En lo de ser piadoso decía verdad, pues no dejaba de asistir ningún día a la santa misa, y en determinadas solemnidades hasta dos de ellas, pero digo yo por mi cuenta, que aquella alegría en recibir noticias de quien le estaba prometida poco tenía que ver con promesas sagradas. A continuación, tomando la misiva de mis manos, rasgó su envoltura con aquella precipitación que en él era habitual y la leyó sin cuidarse de quienes estábamos en su presencia, que aparte de sir Tomás y un servidor, eran varios caballeros de su corte. Rió con fuerza en algunos pasajes de su lectura, lo cual sería de admirar si fuera una carta de condolencia como me explicara mi señora.

A los comunes mortales nos parece que los amores de nuestros reyes y señores han de ser de distinta condición que los nuestros, y que hasta cuando han de procrear lo hacen con gran solemnidad y especial protocolo; pero natura es la misma en ricos que en pobres, en señores que en vasallos, y uno el mismo corazón con el que se aman o se odian. ¿Y cómo dudar que se amaban príncipes que daban tales muestras de ello? Lo que comenzara siendo trato de amistad cuando la princesa llegó a Inglaterra, se convirtió en amor cuando Dios dispuso para sí al príncipe Arturo, dejando expedito el camino de los sentimientos, que sólo podían terminar en pasión santificada por el legítimo connubio.

En tantos años de trato entre ambos príncipes (aunque los últimos sólo por carta) se traían entre ellos los guiños propios de los enamorados y se decían cosas que los demás no teníamos por qué entender. En este punto era más recatada nuestra señora, mas no así el rey que en más de una ocasión la hizo enrojecer delante de toda la corte; sobre todo cuando bebía vino rojo, al que era muy aficionado, al principio con moderación y al final de sus días con exceso.

Se retiró el rey Enrique de nuestra presencia para escribir otra larga misiva a la princesa y, al tiempo que me la entregaba, me dijo:

—Fijaos, *John Punch*, que os la entrego sin lacrar pues desde ahora quedáis nombrado correo de la reina y, siendo tal, en todo contáis con mi confianza.

Así se ganaba amigos el joven rey que, cuando murió, dejó más enemigos que otra cosa.

Cuando años más tarde, sería en el 1520, me concedieron el título de *Knight*, que significa caballero y que en Inglaterra es tanto como ser conde en Castilla, se citaban entre los servicios prestados a la corona el de haber sido correo de la reina.

Capítulo IX

CATALINA DE ARAGÓN, REINA DE INGLATERRA

El 11 de junio del 1509 Catalina de Aragón se convirtió en reina de Inglaterra por su matrimonio con su Majestad el rey Enrique VIII. El anhelado enlace tuvo lugar en la iglesia de los frailes Observadores, pequeño monasterio al otro lado de los muros de Greenwich Palace; anhelado, no sólo por los regios contrayentes, sino por todo el pueblo de Inglaterra que en tanta estima tenían a nuestra señora. Sin embargo, por estar dentro del año de luto debido al monarca fallecido, la ceremonia se celebró sin especial pompa, oficiándola el obispo Warham, confesor del rey. La reina desposó vestida de blanco, como correspondía a su doncellez, y por igual razón llevaba el cabello suelto. La coronación se celebró en las vísperas de la festividad del apóstol san Juan, 24 de junio, en la abadía de Westminster con el fasto que merecía el acontecimiento. Su Majestad vestía un manto de terciopelo carmesí recamado en oro, y se cubría con una gorra de armiño blanco y en su centro una crucecita de esmeraldas. Montaba un caballo blanco, muy hermoso, al que hacía cabriolar en medio del júbilo de sus vasallos, que se deleitaban con la apostura de su joven monarca. Ancianos había que lloraban a su paso, dando gracias al Altísimo por haberles permitido llegar a contemplar la luz de tan glorioso día.

Para realzar debidamente a su regia esposa, dispuso el rey que marchara cabe sí, en una soberbia litera revestida de raso rojo con incrustaciones de plata que representaban una granada, por la ciudad que con tanta gloria habían conquistado para la cristiandad sus egregios padres, y las rosas blanca y roja símbolo de la casa Tudor. Traía las cortinillas quitadas para que el pueblo pudiera ver y aclamar a su reina, y lo hicieron tan cumplidamente, que no pudimos por menos de llorar los que tanto amábamos a nuestra señora.

La María Salinas, que de allí a poco se casaría con lord Willoughby, no pudiendo soportar tanta emoción, cayó desvanecida entre mis brazos (pues me cupo el honor de darle escolta como paje de la reina) y al volver en sí, decía:

—Quisiera no haber vuelto en mí para quedarme con el recuerdo de tan hermoso día.

Es de comprender pues María Salinas, siendo de nobilísima cuna, había padecido en extremo en Durham, en ocasiones haciendo labores serviles indignas de su linaje, y ahora no se hacía a la dicha de ver coronada a su señora como reina de Inglaterra.

En tan hermoso día llovía como sólo sabe hacerlo en ese país, pero poco se nos daba embargados como estábamos por la dicha. La ceremonia, con llevarse casi toda la jornada, pues los ingleses son más cumplidos que los castellanos para estas solemnidades, se nos hizo corta. En esta celebración se gastaron mil quinientas libras, tres veces más de lo que se gastó en la ceremonia del 1501 entre Catalina de Aragón y el príncipe Arturo, y el pueblo lo festejó como muestra de que se habían terminado las miserias a que les sometía el rey difunto. Por las calles de Londres se repartió vino y pan, y en algunos condados sus señores dispusieron lo mismo.

Gustaba de comentar la reina Catalina una obrita que salió por aquellos años, en Castilla, de un tal Fernando de Rojas, que si bien en algunos puntos era un tanto desvergonzada, en otros encerraba gran sabiduría. Y en uno de estos pasajes venía a decir que somos como cangilones de noria, unos arriba y otros abajo, unos llenos y otros vacíos; es ley de la fortuna que nada puede seguir igual durante mucho tiempo. Aquel día, en aquella «rueda de la fortuna», como la llamaba la reina, nuestros cangilones estaban en lo más alto del todo, bien repletos de agua, y parecía que siempre habían de seguir igual, vana ilusión como se verá.

¿Qué cabe contar de aquellos primeros años del matrimonio real que no sean venturas para sus regios contrayentes y para el mismo reino de Inglaterra que disfrutaba del benéfico gobierno de tan católicos monarcas? Nuestra señora, con el sosiego que da el amor cumplido, lucía más hermosa que nunca aunque, a ejemplo de su madre la Reina Católica, cuidaba de no malgastar en ostentaciones para su persona; en más de una ocasión la oí decir que si se había pasado nueve años con sólo dos trajes, no había de hacerse, por ser reina, nueve trajes cada dos días. También gustaba de ponerse los trajes antiguos, principalmente aquel de tafetán negro y falda brocada que le costeé con mis ahorros, y bien que se cuidaba de recordarme el servicio que le hice.

Si en algo discutía con su regio esposo era por esta cuestión, pues su Majestad el rey, como para compensar las penurias que la hicieron padecer en Durham, mucho le insistía para que se engalanase, y hasta en una ocasión la reprendió diciéndole que no quería que fuese tacaña como el rey difunto; y dispuso que el tesorero le entregara cinco libras para un nuevo traje de corte. A lo que la reina, en apariencia sumisa, replicó de la siguiente manera.

Un día que asistieron a la santa misa en el monasterio de Greenwich, del que su Majestad era muy devoto pues en él había sido bautizado y en él contrajo matrimonio, le dijo su regia esposa a la salida:

—¿Os place el vestido que me he hecho con las cinco libras que graciosamente me donasteis?

El rey miraba sin entender pues nuestra señora llevaba un vestido en extremo severo, como no podía ser de otra manera tratándose de asistir a la misa, y acabó por decir:

—Si por ese vestido os han cobrado cinco libras, habrá que poner en el cepo al sastre que os lo ha hecho.

—Por éste y por veinte más —le replicó con gran dulzura su egregia esposa, al tiempo que le mostraba un grupo de mendigos que, como de costumbre, esperaban a la puerta de la iglesia; mas en esta ocasión vestían trajes no demasiado desparejos del de su reina y señora.

El rey, al pronto, hizo un gesto de contrariedad, pero ganado por la dulzura de su esposa, la tomó de las manos y besándolas le dijo:

—Que Dios os conserve la piedad en el corazón para con los más necesitados, y en cuanto a los trajes que os pongáis o dejéis de poner, haced lo que os plazca, pues aunque vistierais de saco seguiríais siendo la más hermosa del reino.

Otros de la corte podrán también testimoniar sobre lo que digo ya que su Majestad no se recataba de alabar públicamente a la reina.

Otra cuestión que nos dio mucho de reír fue lo de las camisas del rey. Cuentan que doña Isabel la Católica cosía de su propia mano las del rey don Fernando y que decía a sus hijas que habían de hacer lo mismo cuando casaran. Cierto debía de ser el dicho a juzgar por el afán que ponía la reina Catalina en hacérselas a su Majestad, muy bien bordadas con la letra H (Enrique, en inglés, es Henry). Tanta gracia hacía al joven monarca la solicitud de su esposa en este extremo, que mientras ella cosía en compañía de sus damas, él tañía el laúd para distraerlas, y hasta hizo una composición muy graciosa alabando las blancas manos que, como palomas volanderas, revoloteaban zurciendo el justillo del amado. El rey Enrique tenía muy buena voz, grave y bien entonada, y en ocasiones decía que de no haber sido rey hubiera querido ser juglar.

Las camisas se las bordaba la reina en blanco y negro, que eran los colores de Castilla, y su Majestad acostumbraba a bromear tomándose el cuello por la parte por donde se ceñía la camisa, y diciendo:

—¡Ay cómo me aprieta el pescuezo Castilla! Cualquier día me va a acogotar.

Lo decía su Majestad porque no siempre eran buenas las relaciones con su suegro, el rey don Fernando, por culpa de los pleitos que se traían con el rey de Francia, del que ambos eran enemigos y, por tanto, aliados entre sí, mas sólo para lo que les interesaba. También lo decía porque a veces la reina le tomaba las medidas demasiado prietas, pero no por eso su Majestad dejaba de usar tales camisas, aunque bromeando con especial gracejo.

Por seguir a la reina, todas las damas de la corte se pusieron a bordar camisas, a tal punto que cuando una doncella decía que con gusto bordaría una camisa para lord Fulano o lord Zutano, era tanto como decir que estaba prendada de él. Y, si por contra, un caballero le pedía a una dama que le bordase su camisa, era decirle que estaba enamorado de ella. Mucho se extendió esta costumbre si se considera que el séquito de nuestra señora llegó a componerse de ciento sesenta personas, de los cuales sólo nueve éramos españoles, y varones no más de quince, por lo que los demás eran damas zurcidoras. Fiestas, justas y torneos, ningún día faltaban. De todos ellos era su Majestad el principal adalid, siempre luciendo enlazadas las letras H y K, de Henry y Katherine, que es Catalina en inglés. De torneos de armas nunca quise saber nada, y su Majestad, aunque se burlaba de mí por ello, se resignó a no tenerme a su lado en tales trances, conformándose con los partidos de pelota, de los que tanto gustaba.

Era tal el vigor de su Majestad que en un mismo día era capaz de alancear, cazar y jugar a la pelota, y en esto último no podía excusarme de hacerlo con él. Sobre todo cuando jugábamos contra caballeros franceses a los que habíamos tomado prisioneros, como ya he contado en otro lugar de este relato. Pero tales aficiones no impedían que su Majestad cumpliera con sus obligaciones más principales, en primer lugar las debidas a Nuestro Señor Jesucristo, por lo que cada día, con el alba, asistía al santo sacrificio de la misa, siempre acompañado de su regia esposa, y no puedo por menos de recordarlos arrodillados en sus reclinatorios tan unidos ante el Señor, que nada parecía que los pudiera separar en este mundo. A tanto llegaba la piedad de su Majestad que, en ocasiones, no se hacía de menos por ayudar como acólito al ministro oficiante, que con frecuencia era el obispo Warham.

Y en cuanto a la otra obligación capital, la debida al lecho conyugal, es excusado decir con qué diligencia y satisfacción la cumplía y muestra de ello es que al poco de celebrarse el matrimonio quedó encinta nuestra señora la reina, con lo que quedó manifiesta su fertilidad. No podía ser por menos habida cuenta que su madre, la Reina Católica, alcanzó a tener cinco hijos, su hermana, la reina doña Juana, seis, y la otra hermana, la reina doña María de Portugal, hasta nueve. Fértil fue nuestra señora, pero malaventurada en lo que a la prosperidad de su descendencia se refiere, aunque no del todo, pues una de sus hijas, doña María de Tudor, que naciera en el 1516, llegó a ser reina de Inglaterra, bien es cierto que después de mucho padecer.

Este primer embarazo terminó en un mal parto sietemesino, de suerte que nació una niña que no se sabía si estaba muerta, o a punto de morir, por lo que le dieron las aguas del bautismo. En esta ocasión su Majestad se comportó con tal magnanimidad que todo era consolar a la reina y decirle que jóvenes eran y otros hijos más cumplidos habían de tener, llegándole a decir, con mucho amor:

—¿Para qué se conciben los hijos? ¿Para que sean reyes o para que alcancen un reino superior en todo, como es el Reino del Cielo? Pues esta hija, por el sacramento del Bautismo ya lo ha alcanzado, y con ese pensamiento debemos de consolarnos.

Como premio a tan hermoso modo de pensar la reina quedó de nuevo encinta, en esta ocasión de un varón que nació el día primero de enero del 1510, en todo tan robusto que nada hacía suponer que un mes y medio después entregara su alma a Dios. Si es de imaginar el júbilo con que fue recibido en la corte el nacimiento de quien estaba llamado a ser rey, no lo es menos el luto que nos afligió con su impensado fallecimiento. También en esta ocasión fue su Majestad quien más recio se mostró consolando en todo a su egregia esposa, sin regatearle muestras de su afecto.

Baste decir que en los diez primeros años de su matrimonio ninguno de ellos se pasó la reina Catalina sin mediar embarazos y nacimientos, prueba de que ambos cónyuges cumplían sobradamente con el débito conyugal. Si de todos ellos sólo prosperó el de la infanta doña María, voluntad de Dios es y de nada vale ser reyes para tornarla. Pero en este tiempo nunca entendió su Majestad que los malos partos fueran maldición de Dios por haber casado con la mujer de su hermano en contra de lo que dispone el Levítico; habían de pasar muchos años y cambiar

134

muchas cosas, para que a tan sabio monarca le entrara ese tole.

Nuestra reina doña Catalina padeció con esas malaventuras, pero siempre muy sumisa a la voluntad de Dios y muy consolada desde que le nació la infanta María a cuya educación se entregó con el esmero que se verá.

Ya digo que la corte de Inglaterra era, por aquellos años, una fiesta continua, y el rey don Enrique muy generoso con cuantos le rodeábamos y podía serlo extremadamente pues no en vano era el más rico propietario de Inglaterra, salvada la Iglesia que tenía más tierras aunque menos provechosas. Entre sus riquezas se contaban gran número de campos y bosques, ríos y molinos, puertos y pesquerías, villas y mansiones, de todo lo cual sacaba muy buenas rentas. A su regia esposa le consentía las caridades a las que era tan aficionada y hasta se complacía en ellas.

Los súbditos se recreaban en aquel mover las riquezas, en aquellos triunfos de su rey en justas y torneos, por entender que así participaban de su grandeza. De esa generosidad fui yo en gran medida beneficiado; así que supo su Majestad que sir Tomás porfiaba porque yo me doctorase en *Lincoln's Inn*, dispuso que lo hiciera corriendo él con los gastos, de suerte que entré en aquel santuario del saber como nunca pude imaginar. Bien es cierto que me dijo su Majestad:

—No creáis que habéis de salir tan bien librado de este negocio, pues si doctor en leyes lleváis camino de ser, comenzad por que se las apliquen a los «pobres de la reina», sin olvidar los intereses de la corona.

Llamaban «pobres de la reina» (*Queen's beggars*) a aquellos menesterosos a los que nuestra señora atendía, no sólo con limosnas, sino también con ayudas que les sirvieran para salir de su pobreza. Y en aquellos casos en que ésta era debida a abusos de sus señores, a mí me correspondía intervenir demandando justicia ante los tribunales. Al igual que en lo de bordar, también se puso de moda tan piadosa costumbre entre las damas de la corte y con ello todos salimos ganando. Todos, menos los que fal-

135

taban a las leyes del reino. En esto siempre recibí gran ayuda de sir Tomás Moro, lo cual era de mucho valimiento ante los tribunales por el gran prestigio que tenía.

También me competía cobrar las rentas que debía percibir su Majestad por arriendos de campos, pero esto poco quehacer me daba, pues bien que cuidaban los obligados de cumplir con su señor, el rey. Para este trabajo me valía de criados.

Creo que fueron los años más dichosos de mi existencia. En *Lincoln's Inn* teníamos mucho trato con las universidades de Oxford y Cambridge, que sin ser tan doctas como la nuestra de Salamanca en lo que a teología se refiere, en lo demás le toman ventaja por el rigor que ponen en que los que por ellas pasan sean, en todo, muy caballeros, que es tanto como decir buenos cristianos. Para esto último no tienen a menos valerse de castigos corporales. De belleza natural no se diga, con hermosos ríos por doquier, todos ellos de suave cauce, en los que los alumnos acostumbran a hacer regatas a remo, que poco tienen que ver con las nuestras de la mar cantábrica, aunque, ya digo, que en aficiones a los juegos de destreza en algo nos semejamos los euskaldunos a los ingleses. Y también en el feo vicio de mediar dinero en los envites, al extremo de que el obispo de Rochester, hubo de condenarlo desde el púlpito. Pero de poco sirvió habida cuenta que el rey Enrique no entendía jugar a la pelota sin puestas de dinero, y hasta de tierras y ganados.

Por lo demás, virtud grande de estas universidades es traer a ellas a los que saben más, sin tenerlo a desdoro, sino por el contrario, honrar mucho a los que reciben, tal fue el caso de Erasmo de Rotterdam, flamenco, y de Juan Luis Vives, de Valencia. De este último puedo decir que siendo profesor en Oxford, fue invitado a *Lincoln* a dar lecciones de humanidades, que las impartía en latín, a las que asistieron sus Majestades el rey y la reina. Era a la sazón Juan Luis Vives Maestro de las Artes de Humanidad, en el Colegio Corpus Christi de Oxford, erigido poco antes por el obispo Fox. Su misión, según el acta de su nombramiento, era desarraigar la barbarie y la maleza del jardín latino, para que tan hermosa lengua lozanease y germinase en perenne primavera. Con tanto acierto lo hacía que hasta sus Majestades se deleitaban escuchándolo.

El rey Enrique era buen latino, aunque no podía serlo tanto como los que en aprenderlo y enseñarlo teníamos nuestro oficio. De su Majestad conviene decir que así como en los palenques de juegos y torneos se mostraba un punto soberbio, en las aulas del saber era en extremo humilde y muy reverente con los que sabían más que él. Recuerdo cómo su Majestad requería la presencia de sir Tomás Moro para disertar sobre el curso de las estrellas, cuestión a la que ambos eran muy aficionados; solía tener lugar en el palacio de Hampton Court, al que solíamos trasladarnos en tiempo de verano para disfrutar del grato frescor de sus jardines, los más hermosos y olorosos de Inglaterra. Cuando la noche estaba estrellada, mayormente en el mes de agosto que es cuando los cometas lucen su estela luminosa, el rey hacía venir a sir Tomás para discurrir con él sobre tan excelsos misterios. La reina nunca faltaba aunque siempre con el bastidor para bordar, que alumbraba un criado con el farol, hasta que el rey mandaba apagarlo diciendo que no quería que lucieran otros fulgores que los que había puesto el Divino Creador en el cielo.

Allí discurríamos sobre el curso de los astros, sus variedades y mociones, y era de ver el ingenio de sir Tomás sobre lo que podía ocurrir en aquellos mundos, y si en ellos habría almas como las nuestras a las que no hubiera llegado la redención de Nuestro Señor Jesucristo. Sobre todo ello escribió en su obra *Utopía*, muy famosa en Europa. En otras ocasiones discutíamos acerca de las herejías de Martín Lutero, en especial cuando teníamos con nosotros a John Colet, el más eminente de todos, a quienes los demás respetaban por haber sido el fundador de *Saint Paul's School*, de Oxford, en cuyo espejo de humanidades todos nos mirábamos. Este Colet fue luego deán de la catedral de San Pablo, muy protegida de su Majestad.

En lo que a mi persona hace, aunque tenía habitación en la posada de *Lincoln* y hasta criado que me sirviera (un joven que dejó el convento por hacerse bachiller en leyes), las más de las noches dormía en palacio ya que la reina decía que no podía pasarse sin mi consejo, en lo que a sus pobres atañía. Pero otro era el verdadero motivo, pues aunque la reina ya se expresaba con gran soltura en el habla inglesa, si le faltaba una palabra, sólo que me mirase ya sabía yo cuál era. Por lo demás, en poco había de servirle mi juicio, teniéndolo ella tan claro, que el mismo Enrique VIII se deleitaba oyéndola. Estaba su Majestad muy orgulloso de que la reina fuera la única soberana de toda Europa que podía departir con tan sabios humanistas, sin desdoro de su persona.

En tanto tenía Enrique VIII a su regia esposa, que en todo se aconsejaba de ella, no recatándose en decirlo cuando le presentaban algún asunto; «la reina debe oír esto» o «esto agradará a la reina», eran palabras que siempre estaban en sus labios durante los primeros años de su matrimonio. Lo cual es de comprender ya que si por ser su Majestad tan hermoso de cuerpo, no se notaba la diferencia de la edad, sí se advertía a la hora de discurrir; baste considerar que cuando el rey contaba veinte años, seis más tenía la reina, muy trabajados por el sufrimiento que es quien hace madurar el entendimiento. Ítem más; el rey Enrique había sido enseñado en su infancia para ser cardenal de la Iglesia, y luego, cuando cambió su suerte, su difunto padre poco se ocupó de adiestrarle para ser rey; más bien le tuvo apartado de sí, quizá temeroso de que le hiciera sombra, y hasta de que pudiera quitarle la corona, que no sería la primera vez que ocurriera en la historia de aquellas islas. Por lo pronto, como queda relatado, el difunto rey Enrique quiso quitarle a la que estaba llamada a ser su esposa, y por ese camino mal maestro podía ser.

Por contra, la reina Catalina había tenido a la mejor de las madres al tiempo que reina sapientísima, que desde su más tierna infancia la había instruido para el destino a que estaba llamada. Guerreaba la Reina Católica contra los moros, siempre al frente de sus ejércitos, y la llevaba a la grupa de su caballo, es un decir, pero entiéndase que nunca la tenía lejos de sí, de suerte que aprendía las diversas artes que debe de saber un gobernante, en la escuela de la vida misma. De ahí que el rey Enrique, en aquellos primeros años, tanto se apoyara en el saber de su egregia esposa, y mejor hubiera sido si nunca hubiera dejado de hacerlo.

Sería el 1512 cuando a su Majestad le dio por recordar que era un agravio que las hermosas tierras de Francia, que corren desde los Pirineos hasta la Gironda, cuajadas de ricos viñedos, que por título pertenecían a la corona de Inglaterra, estuviesen en poder de los monarcas de la casa de Valois, disolutos y enemigos de Papa de Roma; por lo que entendía que su obligación era reconquistarlas. Son las tierras que llaman de la Gascuña y también de Normandía. El cardenal Wolsey, que de allí a poco sería nombrado canciller de Inglaterra, era del mismo parecer y animaba al joven monarca a coronarse con los laureles de la victoria, los únicos que faltaban en su cetro real.

Por ser este Wolsey personaje principal en el drama de la reina Catalina, conviene decir algo acerca de él. Pese a ser el hijo de un carnicero, resultó de tales luces que alcanzó a estudiar en el colegio de la Magdalena, de Oxford, con tal aprovechamiento que presto pudo ordenarse sacerdote y prosperar en su carrera eclesiástica, llegando ser deán de Lincoln, que fue donde yo le traté, pero por poco tiempo, ya que su Majestad pronto le nombró limosnero real. También había sido su capellán por ser hombre de buena doctrina. Fidelísimo a los señores a los que servía y laborioso en extremo, bastábanle muy pocas horas de sueño y el resto estaba en vigilia permanente para atender los asuntos que le confiaban. Como limosnero del rey no pudo serlo mejor ya que era muy desprendido; esa condición no la perdió nunca, mas desde que fuera nombrado canciller le entró una arrogancia sin medida y, so pretexto de que la dignidad del cargo lo exigía, todos los dineros le parecían pocos para mantener el lustre. Él fue quien se mandó construir el palacio de Hampton Court, aunque una vez terminado, asustado de su magnificencia, se lo regaló a su Majestad para que no entendiera que quería hacerle sombra.

De él se cuenta lo siguiente: deseaba hacer llegar el rey Enrique un mensaje al emperador Maximiliano muy secreto, como son todos los que se cruzan entre monarcas;

no queriendo valerse de los caballeros de la corte, pidió consejo al obispo Fox quien le dijo que nadie mejor que Thomas Wolsey, lo que admiró a su Majestad pues le tenía de capellán y apenas paraba mientes en él salvada la hora de la misa de cada mañana. Aceptó el consejo y envió al clérigo encareciéndole diligencia. Éste salió del palacio de Richmond a mediodía y a las cuatro de la tarde tomaba una nave en Gravesend, de manera que a la mañana siguiente estaba en Calais; de allí partió a uña de caballo y aquella misma noche departía con el emperador, de quien obtuvo pronto respuesta al negocio que llevaba. Retornó a Calais, viajando toda la noche, y al otro día estaba de nuevo celebrando la misa de su Majestad, quien, terminada, le reprochó: «¿Así entendéis que han de llevarse los mensajes reales, que todavía estáis aquí?» Cuando Wolsey le dijo, humildemente, que ya estaba de vuelta, el rey no podía creérselo hasta ver la carta que le traía del emperador Maximiliano. Desde ese día le tomó a su servicio, primero como embajador, luego como limosnero y, por fin, como canciller. Su Majestad en todo se servía de él, tanto para concertar paces, como para hacer guerras, bodas o divorcios, y en Inglaterra no se movía un papel que no pasara por sus manos.

En lo que hace a la guerra contra Francia no fue Wolsey el único en tentarle, pues el mismo Rey Católico puso mucho empeño en ella al punto de que encabezó una Liga Santa, de la que formaban parte el emperador de Austria y el Papa de Roma.

Si fuéramos a hablar de guerras en este libro, me faltarían resmas de papel para contar todas las que se sucedieron en aquellos años, tan parecidas las unas a las otras, que mi memoria, a veces caduca, apenas alcanza a distinguirlas. En ocasiones su Majestad Enrique VIII se alió con el rey de España, contra el de Francia, pero en otras se alió con este último contra el primero, y todo por unos lindes de frontera que pasados los años siguen en el mismo sitio; y Francia sigue siendo Francia, y otro tanto puede decirse de Inglaterra, de España o del reino de Sicilia. Lo único que se echa en falta son los miles de cristianos que perdieron la vida en tan fatigosos empeños, los niños que quedaron huérfanos, las madres que perdieron a sus hijos, y las que quedaron viudas, amén de violadas y saqueadas y, por ende, el gozo del demonio viendo a tantas almas perderse, por culpa de las guerras.

¿Por qué me duelo con tanto amargor de capítulo tan principal como son las guerras entre los pueblos? Porque yo también rondé las cuevas del Averno, pues fui de los que consentí por no disgustar a su Majestad. Sin que mi opinión pesara mucho más me hubiera valido callar, por lo que se verá.

Cuando a su Majestad le entró el pío de hacer la guerra a los franceses, no se hablaba de otro negocio en la corte, y a todos los nobles parecía que les iba la vida en recuperar los viñedos de Burdeos, al punto de que Erasmo, que andaba por aquellos días con nosotros, punzó con ironía:

—Excelente es el vino de esa región ¿pero creen vuestras señorías que al punto de merecer una guerra?

Estas reuniones las solíamos tener bien en Hampton Court, bien en el palacio de Richmond, según las épocas del año, y como en ellas se discutía de lo divino y de lo humano, sólo asistían los más preclaros en el discurrir, entre los que no se contaban los caballeros de armas que en las guerras buscaban su provecho. Las discusiones eran muy vivas y su Majestad disfrutaba mucho con ellas consintiendo que los que contendían hablaran libremente, sin más tope que el decoro debido a las Sagradas Escrituras y el respeto al trono.

A esta salida del ilustre humanista replicó su Majestad, haciéndole ver los títulos que ostentaba Inglaterra respecto de aquellos territorios. En esto se mostraba muy prolijo remontándose al rey normando, Guillermo el Conquistador, de quien traían su causa tales títulos. Mas el de Rotterdam no cedía haciéndole ver al rey que era sagrada obligación de los príncipes cristianos buscar la paz para sus súbditos, y no la guerra. Como la reina se manifestara del mismo parecer, su Majestad se picó un punto y replicó:

—¿Ah sí, mi señora? ¿Acaso no deseaba vuestra madre, la Reina Católica, la paz para su pueblo por encima de todo, y no por ello dejó de guerrear hasta recuperar los territorios que le eran debidos? ¿Y no fue cuando expulsó a los moros de Granada cuando consiguió esa paz?

—Bien decís, mi rey y señor, mas considerad que moros fueron contra los que tuvo que pelear mi madre, muy enemigos de nuestra fe, pero siempre se mostró contraria a las guerras entre príncipes cristianos.

Doña Catalina acostumbraba a dirigirse a su regio esposo con gran mesura, pero muy firme en el decir y, ya digo, que su Majestad le escuchaba con gusto en aquellos felices años, menos en este punto de la guerra. Y aquí se me ocurrió a mí intervenir. En estas discusiones me mostraba yo prudente no atreviéndome a hablar en contra de lo que dijeran los Moro, Colet, Erasmo, y no digamos Juan Luis Vives, en cuyo espejo de sabiduría todos nos mirábamos; mas en esta ocasión se me pasó por mientes una idea, que entendí habría de ser del agrado de su Majestad y así la expresé:

—Cierto, mi reina y señora, que toda la cristiandad es deudora de nuestra amadísima Reina Católica, y ojalá contáramos con otros monarcas que pudieran hacer otro tanto con los turcos que nos asolan por el este (esto lo dije por el gran temor que teníamos de que los sarracenos pudieran hacerse con Hungría), ¿mas, acaso, no se ha convertido igualmente el rey de Francia en enemigo acérrimo de nuestra fe?

Me atreví a tanto porque Luis XII acababa de ser excomulgado por el Papa Julio II, ya que el monarca francés se había atrevido a apoyar el concilio cismático de Pisa. Acerté en lo que a su Majestad se refiere, pues oír mis palabras e iluminársele el rostro fue todo uno; con gran satisfacción me golpeó la espalda (que era para mí honor extremo) y clamó:

—He aquí uno de los famosos golpes de *John Egont Punch*, que nos acaba de mostrar que no es menos diestro con la lengua que con la raqueta. ¡Cuánta razón tiene! El infiel es contrario a nuestra fe, pero sírvale de disculpa que quien desde niño ha sido educado en el error tiene menos culpa y, por eso, puede encontrar misericordia a los ojos de Nuestro Señor. ¿Pero qué decir de quien nacido cristiano, en nación catolicísima como es Francia, por sus apetencias terrenales se opone al vicario de Cristo en la tierra, al extremo de tener que ser expulsado del seno de la Iglesia? ¿Qué misericordia puede merecer quien tal hace? ¿No merece que se le haga la guerra con más justicia, aún, que la que hacemos al sarraceno?

Es de admirar que quien así hablaba, que parecía que le iba la vida en defender al vicario de Cristo, apenas pasados unos años habría de caer en la temida excomunión, por deseos carnales que ya nunca más alcanzó a saciar. Y, por contra, aquel rey francés a quien yo osé condenar a los infiernos, al cabo de poco, vuelto al seno de la Iglesia Católica, casó con la infanta María, hermana de Enrique VIII, de quien se hizo aliado contra España. Así hacen y deshacen los príncipes de este mundo. Poco tuve en cuenta en aquella ocasión la advertencia que me hiciera el Geraldini de cómo el hombre es dueño de sus silencios y esclavo de sus palabras. Pero en aquellos años, por merecer yo el favor de rey tan gentil, hubiera vendido mi alma al diablo, y a pique estuve de conseguirlo.

Estaba presente en la sesión, como de costumbre, sir Tomás Moro, pero apartado y silencioso, pues acababa de enviudar de Jane Colt, dama de grandes prendas de la que estuvo muy enamorado. Pronto casó, de nuevo, con la señora Alicia Middleton, también viuda y con hijos, por convenir al gobierno de su casa. En aquella ocasión, cuando vio el entusiasmo con que recibía su Majestad mis palabras, me tomó en un aparte para reprocharme:

—Cuidad con lo que decís a príncipe tan noble y generoso. Si queréis seguir mi modesto consejo, tendréis que decirle siempre lo que debe hacer; pero jamás lo que es capaz de hacer. Porque de conocer un león su propia fuerza, difícil sería detenerle.

¡Cuántas veces no tendría ocasión de recordar, pasados los años, tan sabias y prudentes palabras!

Guerra tuvimos de la que se alegraron los que ganaban con ello y lloraron los que sólo tenían que perder, que eran los más. Guerra tuvimos pese a que los hombres más respetados por su saber, bien que se opusieron a ella. John Colet, deán de la catedral de San Pablo, en los duelos del Viernes Santo del 1513, en solemne ceremonia pre-

143

sidida por sus Majestades se atrevió a predicar que sólo es lícita aquella guerra que conduce a la victoria de Cristo. «¿Cómo podrá —se preguntaba el ilustre humanista— quien dice que ama a su hermano bañar su espada con sangre fraterna? ¿No son los malvados los que hacen la guerra movidos por el odio y la ambición? El cristiano sólo viene obligado a luchar bajo la bandera del Rey Celestial, que es bandera de amor, y no bajo las banderas de los Césares y de los Alejandros que sólo buscan su propia gloria.»

Pareció escuchar su Majestad la plática con gran compunción como correspondía a la solemnidad del día en el que Cristo nos redimió por la cruz, pero así que acabó la ceremonia nos trasladamos al monasterio de Greenwich, en el que vivía el deán Colet, y en el mismo jardín le abordó su Majestad para pedirle cuentas del sermón. Digo nos trasladamos, pues salvadas mis obligaciones en *Lincoln's Inn*, no tenía otra más principal que estar en el séquito de sus Majestades, ora para atender a las caridades de la reina, ora para participar en los juegos del rey y en todo darle gusto.

Comenzó el rey su reprimenda con mucha humildad, mostrándose en todo conforme con lo que había predicado el ilustre prelado, y de ahí sus escrúpulos de conciencia sobre lo que debía hacer. ¿Convenía, para bien de su alma, el no emprender la guerra contra Francia? (Cuando esto decía su Majestad, lo principal de su armada estaba ya fondeada en el Támesis, no lejos de donde nos hallábamos, los navíos bien aparejados para el combate, y los sueldos de la tropa pagados, que es tanto como decir que la guerra hecha.) Pero no por eso los escrúpulos de su Majestad eran menos ciertos, pues siempre los tuvo, y nada gustaba de hacer en contra de su conciencia, al punto de que no quedaba tranquilo hasta tornar la conciencia de los más doctos a su parecer. Ahí estaba su malicia, como se verá más claro cuando tratemos del asunto de su matrimonio con doña Catalina.

Era una tarde muy hermosa, con los cerezos del jardín del monasterio en flor, porque todo apuntaba al comienzo de la primavera, en la que la sangre bulle con gran fuerza, tanto para el amor como para la guerra, pues los que gobiernan las naciones entienden que éstas han de comenzarse teniendo el verano por delante. Así piensan, confiando que presto ha de conseguir la victoria, pero esto sucede raras veces y por contra llegan los inviernos, con sus hielos, y se suceden los meses y los años, y con ellos los duelos y miserias propias de las guerras.

Volviendo a lo de los escrúpulos de su Majestad, al cabo de un rato resultó que más le pesaría su conciencia si consentía que el rey de Francia detentara lo que por derecho divino pertenecía a la corona de Inglaterra. En este punto se hartó de citar a san Agustín, a santo Tomás, y a todos los Padres de la Iglesia que hablaban de guerra justa, y aquí me dio entrada:

—Decid, John Egont, qué pensáis de una guerra contra un monarca excomulgado por la Iglesia.

Al monasterio habían llegado sus Majestades, con sus respectivos séquitos de damas y caballeros, que en tales solemnidades no bajaban de doscientos, y a todos los había mandado estarse a sus puertas, yendo al encuentro del deán tan sólo en mi compañía, lo que me distinguía y ufanaba de sobremanera. La reina veía con muy buenos ojos que en tanto me tuviera su Majestad, pues entendía que no por eso era yo menos devoto de ella. El caso es que por lucirme ante quienes tanto amaba y reverenciaba, recurrí a todas mis artes de abogado, oficio en el que ya andaba muy ducho, para demostrar el derecho de los príncipes cristianos de hacer la guerra en determinadas circunstancias y aquélla era una de ellas. Escuchóme el prelado y dijo:

—No lo hubiera hecho mejor un escolástico de Florencia.

Lo que en sus labios era gran elogio por ser muy devoto de aquella ciudad, en la que había pasado parte de su juventud. Mas no por eso me dio la razón, aunque consintió en aclarar algunos extremos de su sermón del Viernes Santo. Éste era un juego que nos traíamos los humanistas de ceder en la forma, sin consentir en el fondo, pero de él se sirvió su Majestad para tomar entre sus brazos al deán con grandes muestras de agradecimiento por haber salvado los escrúpulos de su conciencia.

—En lo que a vuestra conciencia hace, señor —le aclaró el prelado—, es a vuestro confesor a quien compete discurrir.

—Pues ahora mismo os tomo por confesor —concluyó su Majestad con aquel arrebato que tan atractivo le hacía.

En qué terminó el asunto de la confesión no hace al caso, ni tampoco lo que aclarara o dejara de aclarar John Colet en el sermón del Domingo de Pascua, pero bien cuidó el obispo Wolsey de propagar a los cuatro vientos que el deán de la catedral de San Pablo, en todo se había desdicho de lo que dijera el Viernes Santo.

Capítulo X

LA REINA CATALINA, SONRISA DE DIOS

Lo que nunca pudimos imaginar es que la guerra con Francia (que algunos entienden que no pasó de algarada) hubiera de allegar por el camino de otra guerra más cruel, gran gloria para nuestra reina doña Catalina. Esta guerra era la que desde tiempo atrás se traían los ingleses con los escoceses.

Tienen fama estos últimos de muy levantiscos y en extremo celosos de su independencia; esta fama les viene de muy lejos pues ni los romanos pudieron hacerse con ellos. Los ingleses lo han tentado en diversas ocasiones, ya que siendo la misma el habla y la religión, entienden que han de estar bajo una misma corona y, a veces, lo han conseguido teniéndolos sometidos a vasallaje. Pero así que pueden se rebelan los escoceses y siempre encuentran caudillos dispuestos a sacudir el yugo de Inglaterra. El más famoso de todos ellos es William Wallace que a pique estuvo de poder con los ingleses; pero a la postre le vencieron, y cuando le tomaron prisionero, le juzgaron y decapitaron, por lo que en Escocia le tienen por mártir, y se admiran de que no esté en los altares. En otras ocasiones buscan los ingleses hacerse con aquella región, mediante alianzas matrimoniales a las que tan dados son los monarcas.

Viene todo esto a cuento de que así como al pueblo llano se le da poco de lo que ocurra en Francia, que les coge al otro lado del mar, no sucede lo mismo con Escocia que la tienen encima, y los que lindan con ella mucho temen sus incursiones, mayormente desde que los herejes luteranos han hecho presa en algunos de ellos.

Cuando ya la armada inglesa estaba preparada para partir, se tuvo noticia de que un ejército escocés se movía por las fronteras del norte, entre los montes Cheviot, muy ásperos y convenientes para el modo de guerrear de los escoceses. Poca duda podía caber de cuáles fueran las intenciones de aquel ejército y cómo convenía que su Majestad cambiara la dirección de la armada que se aprestaba a navegar rumbo a Calais. Así se lo hicieron ver en el Consejo Real, con poco fruto, pues no estaba dispuesto el rey Enrique a cambiar la gloria de combatir en los campos de Europa, codo a codo con los más grandes monarcas de la cristiandad, por ir a pelear contra los escoceses, a quienes tenía por bárbaros e indoctos, que sólo merecían trato de vasallaje.

La reina le hizo ver que su principal obligación era guardar las fronteras de su reino, antes que cambiar las de reinos ajenos; pero Wolsey arguyó cuán comprometido estaba su Majestad con el pontífice de Roma, con el rey de España y con el emperador de Alemania, y poco le costó convencerle.

En esta ocasión demostró el cardenal Wolsey su excepcional talento para organizar enredos, que si todos hubieran estado bien encaminados, sería Inglaterra la más grande de entre las naciones. Para aprovisionar a la armada consiguió que todo el país trabajara como no lo hiciera nunca; siendo la munición de boca tan importante como la otra, dispuso que todos los molinos laboraran día y noche para fabricar pan seco, y en aquellos lugares en los que por falta de viento no se movían las aspas, mandó construir molinos de agua. En otros puntos de la manutención no se mostró menos diligente; como muestra baste decir que de su puño y letra firmó conciertos para la compra de veinticinco mil bueyes cebados, y en cuanto al acopio de bacalao, tocino y queso, mandó hacer lonjas en los puertos de Londres y Southampton, que todavía se mantienen muy airosas y útiles para otros negocios. Otro tanto puede decirse de las fundiciones que se hicieron para los cañones, y de las tenerías para los cueros.

Con tal ocasión muchos comerciantes y proveedores se

hicieron ricos y el mismo Wolsey allegó una gran fortuna, pues en todo llevaba su parte, aunque también lo hubiera hecho sólo por servir a su señor, que para él era lo más principal de este mundo. Muchos amigos se granjeó por ello y otros tantos enemigos, pero éstos no podían discutirle su talento y laboriosidad, pues por atender los negocios se privaba de comer y en cuanto a dormir, noche hubo que se la pasó sin dar una cabezada.

No por eso descuidó lo que atañía al *decoro de la Corona;* dispuso que el Consejo Real otorgara a su Majestad el título de almirante supremo de la Marina Real y le mandó hacer un traje de marino, con chaleco de brocado en oro, calzón de paño brocado en el mismo metal y medias color carmesí. Como símbolo de su autoridad le entregó un silbato de oro, del tamaño de una trompeta, esmaltado de gemas, que su Majestad manejaba con mucha gracia, dado su arte musical. En cuanto a los cañones de su nave, para que quedara clara constancia de que eran los de la nao capitana de una Liga Santa, los mandó fundir con las imágenes de los doce apóstoles.

¿Cómo pensar que un joven monarca pudiera desistir de empeño que tanta gloria prometía? Mas como la reina le insistiera en el peligro de dejar a sus espaldas a los levantiscos escoceses, rondando sus fronteras con aviesas intenciones, su Majestad, con aquella magnanimidad que tenía para con su regia esposa, dijo:

—¿Qué puedo temer si dejo al frente de mi reino a quien en prudencia, valor y sabiduría, me supera? La hija de quien tanto pudo ¿no ha de poder mantener la paz dentro de mis fronteras durante mi ausencia?

Esto lo dijo delante de los principales de la corte y a continuación determinó que nuestra señora, la reina doña Catalina, quedaría como regente del reino hasta su regreso, con todos los atributos de la corona. Mayor muestra de amor y confianza no cabía, sin que en la historia de Inglaterra hubiera precedente de que un monarca hiciera tal. Es excusado decir el agrado con que recibió nuestra señora la regia encomienda, aunque bien claro dejó entender que hubiera preferido seguir cosiendo las camisas de su Majestad, con tal de no verle expuesto a los peligros de una guerra en país extraño. Todo esto con lágrimas y suspiros de ambos monarcas cuando llegó la despedida. En cuanto a mi persona debo de confesar que por mi gusto hubiera seguido a su Majestad, no tanto por afán de guerrear, sino por participar de la gloria que no dudábamos había de alcanzar tan bizarra armada, mas no lo consintió la reina.

Como era de prever, partir la armada y comenzar las algaras de los escoceses fue todo uno. Algaras es tanto como decir correrías a caballo y pronto aquello fue algo más. Conviene advertir que la armada real la componían veinte mil soldados, pero Wolsey hizo correr la voz de que los que llegaban a Francia eran más de cincuenta mil, con la intención de amedrentar al rey francés cuyos soldados andaban muy aspeados después de tantos años de batallar en Italia. Mas lo que servía para asustar a los franceses, sirvió para envalentonar a los escoceses que echaron cuentas y pensaron que no quedaban hombres en Inglaterra para oponerse a sus pretensiones. De ahí que a poco las algaras se convirtieran en cumplido ejército, no menos de diez mil soldados con sus señores a la cabeza, por lo que el rey Jaime IV, entendiendo que no encontraría mejor ocasión de vengar afrentas anteriores, se puso a su frente proclamando que no habría de parar hasta llegar a orillas del Támesis. De este rey poco sé, pues su reinado encontró allí su fin; sólo que era joven, impetuoso, y que no quiso atender las advertencias de su Consejo Real que le decían que habían pasado los tiempos en que los monarcas debían poner el pecho delante de sus soldados.

Las razones que pudieran tener los escoceses para discutir fronteras no me compete a mí enjuiciarlas, ni cuanto menos atañía a la reina Catalina, cuya obligación, como regente del reino, era salvaguardarlo de tan peligrosa intromisión. Digo que no se planteó cuestión sobre la justicia de aquella guerra, ni nada tuvimos que oponer los humanistas, pues los escoceses entraron muy bravos quemando y arrasando cuanto encontraban a su paso, como es costumbre en estas luchas fronterizas.

La reina, como primera providencia, mandó reunir a todas las damas de la corte para que por sus propias y nobles manos, bordaran los pendones, banderas y gallardetes que habían de adornar a las tropas inglesas. No quiso dejar este quehacer a cargo de sastres y costureras, para que los caballeros que los portaban estuvieran dispuestos a dejar sus vidas, antes que perder pendones bordados por manos reales. Por eso ninguno de ellos dejaba de tener alguna puntada suya. La reina Catalina, a ejemplo de su madre, tenía en mucho la apariencia de los ejércitos, y el que lucieran con profusión gallardetes y banderolas, pues su flamear al viento enardece el ánimo de los que combaten. Por la misma razón cuidó de que llevaran músicos con trompetas, pífanos y tambores, para que a sus sones se hiciera más alegre el camino y pensaran los enemigos que marchaban muy contentos al combate. Antes de Catalina no había esta costumbre en Inglaterra, salvados los escoceses que solían acompañarse de música de gaita. Todo esto lo sabía nuestra reina de los años que anduvo a la vera de su madre, combatiendo a los moros.

En todo se portó como cabeza del reino y capitana de los ejércitos, siendo lo más señalado la arenga que dirigió a las tropas que habían de partir desde Londres rumbo al norte. Reunidos en una gran explanada que hay en el camino de Harlington, la reina, a caballo de un alazán muy hermoso que tenía, les dijo con mucho calor y sentimiento que el Señor sonreía a aquellos que defendían sus hogares contra invasiones injustas, y que la victoria, por fuerza, había de caer de su parte. También les dijo otras cosas, no menos sentidas, moviendo su caballo de un extremo a otro de las formaciones, tan hermosa y gallarda, que no parecía criatura de este mundo. De los capitanes recuerdo a Howard y Buckingham, los más principales, que no podían contener las lágrimas, y este último dijo que la reina sí que era la verdadera «sonrisa de Dios» *(the Lord's smile);* esta expresión hizo fortuna y muchos nobles se dirigían a ella, llamándola «nuestra reina, la sonrisa de Dios». Catalina no siempre lo consentía, aunque no podía por menos de sentirse halagada. Otros caballeros dijeron que aquella arenga hizo más por la victoria, que las balas de sus arcabuces.

Eso sucedía en el mes de agosto y al poco la reina, con su séquito, se puso en marcha hacia el norte para estar en el mismo campo de batalla. Pero por el camino nos llegó la noticia de la colosal derrota sufrida por el ejército escocés en Flodden, el 9 de septiembre, al punto de que en ella perdió la vida el mismo rey Jaime IV, y con él muchos de sus principales caballeros. De la fiereza con que este rey se defendió da muestra que su cuerpo resultó tan acuchillado, que apenas se podía reconocer, al extremo de que algunos escoceses rebeldes dijeron que se había refugiado en las montañas. Para demostrar que no era así, y tranquilizar a su regio esposo sobre lo cierto de la victoria, mandó la reina Catalina que se recogiera el justillo del monarca derrotado, todo él bien atravesado y ensangrentado, y lo envió por mensajeros a Francia, con una carta en la que daba gracias a Dios por tan gran triunfo, que ponía a los pies de su Majestad, para que viera cómo había cumplido su regia encomienda.

Catalina fue aclamada por las tropas como César en las Galias, aunque ella cuidó de decir que recibía el homenaje en nombre de su Majestad, el rey Enrique VIII, de quien todos éramos deudores. Cuando los capitanes regresaron a Londres se celebró un *Te Deum* de los más solemnes, oficiado por John Fisher, obispo de Rochester, prelado de los más preclaros, también humanista muy enemigo de la guerra, mas en esta ocasión dio gracias a Dios por la victoria conseguida, con loores para la reina que la propició. Este obispo, muy amigo de sir Tomás Moro, fue de los que también perdió la vida por defender la legitimidad del matrimonio de Enrique y Catalina, por lo que estará en lugar muy alto en el reino de los Cielos.

En cuanto a las hazañas de la armada inglesa en tierras de Francia, sólo alcanzo a recordar que ganaron la batalla de Spurs y, que después de largo sitio, se hicieron con las ciudades de Terouanne y Tournay, pero poco queda de todo ello. De esta última, a los pocos años se concertaron los monarcas de ambos países para devolvérsela a los franceses por la suma de seiscientas mil coronas, buen negocio si se considera que sólo en dineros costó cinco veces más el conquistarla, amén de los que perdieron la vida en el empeño. Pero no todos perdieron en esta guerra ya que el cardenal Wolsey salió de ella nombrado canciller del reino, y con las rentas del episcopado de Tournay para su bolsillo. Esto lo vio con malos ojos la reina Catalina, y como no se recatara de decirlo, comenzó la enemiga entre ambos con el daño que se verá.

Más provechosa fue la batalla de Flodden pues después de tan gran derrota nunca más tentaron los escoceses de salirse de sus fronteras y todo lleva camino de que ambos reinos acaben siendo uno solo.

Nunca reina fue tan querida por su pueblo, como nuestra señora doña Catalina en los años que siguieron a lo relatado. Si era el consuelo de los pobres, por su caridad, de la que bien puedo testimoniar como su limosnero, no era menor la admiración que por ella sentían los hombres del saber. Hay quien dice que convirtió una corte de campesinos y guerreros, en centro de excelencias para el espíritu, no tanto porque ella fuera muy ilustrada (con serlo mucho si se la compara con las otras realezas), sino por el gran respeto que tenía a la sabiduría y cómo ensalzaba a los que la poseían. Los de Oxford acostumbraban, con el debido respeto, a llamarla «nuestra eminentísima doctora», pues gracias a ella pasaron por sus aulas personas sapientísimas que mucho lustre le dieron, sobre todo cuando se trajo a Juan Luis Vives, a quien asignó una pensión que pagaba de su bolsillo.

El Vives, acostumbrado a peregrinar por las cortes europeas y a tratar con lo más alto de ellas, se admiraba de la discreción de nuestra reina, con la que mantenía conversaciones de filosofía. De su puño y letra dejó escrito al gran jurisconsulto Cranevelt lo que sigue: «Confieso no haber visto nada tan puro ni tan cristiano como el alma de la reina Catalina. En una ocasión en la que íbamos en barca a un monasterio de sagradas vírgenes para los divinos oficios, recayó la conversación sobre la prosperidad y la adversidad de la presente vida. Ella me dijo: "Si fuera posible, yo desearía una vida mezclada y moderada de las dos cosas. No querría sólo adversidades, pero tampoco sólo prosperidad. Y si fuera preciso desear una de las dos cosas, preferiría que todo me sucediera áspero y desabrido, que no todo muy feliz; pues me parece que los hombres desgraciados necesitan consuelo y lo encuentran en Dios, mas los que rebosan felicidad con su cabeza se conforman." ¿Quién no respetará y se rendirá lleno de admiración ante pecho tan noble?»

Acostumbraba decir Vives que no tenía consuelo mayor en Inglaterra que charlar con nuestra señora, la reina; en todo lo demás se mostraba quejoso pues siendo de Valencia, orilla del Mediterráneo, ciudad tan luminosa y hermosa, no se hacía al clima pesado por las lluvias, hosco por las tempestades, y triste por la falta de sol, que —según sus palabras— es la alegría de la vida. Achacaba a ese clima el que no pudiera hacer las digestiones y que anduviera siempre con dolores en el bajo vientre, que se resolvían con retortijones muy ventosos y desagradables. Hasta la reina intervino en esto último y le hizo venir de Oxford al palacio de Windsor, para que estuviera bien cuidado; que yo recuerde pasamos unas Navidades y Epifanía del Señor, que dijo el Juan Luis Vives que habían sido las más felices de su vida, y de mí puedo decir otro tanto. Discurríamos sobre las virtudes morales, sobre la vida, y sobre lo que en ella se hace bien o mal, pero con tal ingenio, que siendo cosas de suyo muy profundas, no faltaba el regocijo.

Otros humanistas muy devotos de la reina fueron el obispo Fisher, Linacre, Tunstall, Latimer, Claymond, Mountjoy y Pate, aparte de los tantas veces nombrados Erasmo de Rotterdam y sir Tomás Moro. Su Majestad, el rey, se sentía muy ufano de que la corte de Inglaterra tomara fama en toda Europa por tal motivo, y sabedor de que era la reina la artífice del logro, no se cansaba de agasajarla y alabarla en público. ¿Quién podía pensar, viendo tal armonía, que de allí a poco se tornaría la rueda de la fortuna y los cangilones tan repletos del más dulce de los líquidos se llenarían del más amargo de los acíbares?

Muestra del ascendiente que tenía nuestra señora sobre su Majestad el rey fue su mediación en los terribles sucesos del 1.º de mayo del 1517. En aquel año, acabadas las guerras con Francia (el año anterior de nuevo había partido el rey Enrique al continente, en esta ocasión aliado con el emperador Maximiliano y con el Papa León X), se disfrutaba de la prosperidad que trae la paz, corriendo los dineros que se habían trajinado los beneficiados por las contiendas. Fue el año en el que el cardenal Wolsey comenzó a construirse el palacio de Hampton Court.

Mas aquella prosperidad no fue igual para todos; al amparo de las tropas que iban y venían a través del Canal, se vinieron muchos artesanos extranjeros, que resultaron más duchos que los ingleses por proceder de países más refinados, tales como los tallistas italianos. También los tejedores flamencos fueron muy bien recibidos por la gracia que se daban en fabricar tapices y alfombras, antes desconocidas en Inglaterra, pero que ya no podían faltar en ninguna de las mansiones de la gente principal; éstos llegaron a ser cinco mil, muy unidos entre ellos, de manera que para los tejedores ingleses sólo quedaban los trabajos más bastos. En cuanto a los negocios de banca no se diga, todos en manos de los italianos, y los del hierro en la de alemanes que tenían un *Steelyard* a través del cual se traían del continente hasta los clavos. Eran estos últimos los más odiados por el trato que daban a los criados ingleses que tenían a sus órdenes y, sin embargo, fue un italiano quien hizo saltar la chispa de lo que quedó como el Mal Día de Mayo, del que bien puedo testimoniar por lo cerca que estuve de sir Tomás Moro, a la sazón *under-sheriff* de Londres. A este italiano le pillaron seduciendo a la mujer de un inglés y tan pronto se corrió la voz del atropello, un tal Lincoln, sujeto en extremo apasionado, clamó: «¿No les basta con quitarnos los mejores trabajos y con ello el pan de nuestros hijos, sino que también quieren quedarse con nuestras mujeres?»

Poco le costó al alborotador levantar a todos los trabajadores y comerciantes de Londres que, de tiempo atrás, andaban muy quejosos por la presencia de tantos extranjeros en su ciudad, y en la noche del 1.º de mayo se amotinaron no menos de cinco mil, que se hicieron dueños de las calles, incendiando los establecimientos de los odiados forasteros y jurando que habían de degollarlos a todos ellos. A tanto llegó la cosa que su Majestad consideró prudente retirarse al palacio de Windsor ordenando al duque de Surrey que, al frente de un ejército, dominase a los amotinados. Esto último lo hizo por consejo del cardenal Wolsey, que también se mantuvo apartado del tumulto.

Por mi gusto hubiera hecho otro tanto, pero pudo más en mí lo mucho que debía a sir Tomás Moro y me quedé a su lado en aquella trágica noche. No sé si su cargo de *under-sheriff* le obligaba a tanto, pero su conciencia le exigía tratar de mediar con los amotinados para que no terminara todo en un baño de sangre, lo cual sólo consiguió en parte. Nunca vi tan hermoso y noble al hombre que me honraba con su amistad, salvado el día que le tocó subir al patíbulo. Sería la media noche cuando salió a la plaza de la cancillería, revestido con las solemnes vestiduras de su cargo y empuñando la maza que le acreditaba como alguacil mayor de la ciudad. Yo portaba una de las antorchas porque no eran muchos los criados que se atrevían a hacerlo, cuando ya había corrido la sangre y seguía corriendo el vino, que no es infrecuente que lo uno y lo otro vayan juntos, a la hora de los desafueros.

Se mantuvo sir Tomás Moro subido en lo alto de la escalinata de la cancillería, muy digno, esperando que se reuniesen los amotinados, y al verme portando la antorcha, me preguntó con aquel sosiego que tenía en el hablar:

—¿De cuándo a acá, Juan Egaña, habéis tomado afición a alumbrar en noches oscuras y peligrosas sin tener oficio ni beneficio en este negocio?

—Mi señor —le contesté—, estoy aquí para alumbrar al mejor de los amigos, no tanto por fuera con este hachón, como por dentro para que acierte en lo que deba decir, y a tal fin me estoy encomendando a todos los ángeles custodios, en primer lugar al de su señoría, mas también a los custodios de esos desgraciados para que los ayuden a salvar el pellejo.

—Esto último es muy sabio —admitió el caballero—, pero lo mismo podéis hacerlo poniendo a resguardo vuestra persona. ¿Acaso olvidáis que os pueden tomar por extranjero, y son tales el blanco de sus iras?

—¿Cómo así, sir Tomás, que me consideráis extranjero? —le dije fingiéndome ofendido—. ¿Es que acaso tenéis por extranjera a nuestra señora, la reina Catalina?

—¡Por los sagrados clavos de Cristo! —me replicó—.

¿Cómo había de considerar extranjera a la mejor reina que pueden tener los ingleses?

—Pues haceos cuenta que soy tan suyo, que si ella es inglesa, no lo soy yo menos, y por ende me va en este negocio tanto como a cualquier inglés.

—Pues entonces confiad que no os vaya la cabeza como les puede ocurrir a muchos de ellos. Y en cuanto a mí, ya que os mostráis tan rezador, pedid para que en tan triste noche no olvide en ningún momento mi condición de humanista y de cristiano.

Nos decíamos humanistas, orgullosos de serlo y conviene aclarar este extremo. Humanista se llamaba Cicerón porque se dedicaba *studia humanitatis* y de ahí tomamos el nombre los que andábamos por esa trocha de estudiar humanidades. Pero al socaire de ese afán los había tan necios que, queriendo restaurar el saber de los griegos y de los latinos, se olvidaban que por medio estuvo el misterio de la cruz, resultando tan paganos como aquéllos, pero con más malicia pues olvidaban lo de la sangre redentora, o de tal modo la aguaban que concluían en herejía. Por eso gustaba de decir Tomás Moro que humanistas, sí, pero a la luz de la resurrección de Cristo cuya claridad alumbraba, sobre todo, a la caridad.

Caridad, por tanto, merecían los amotinados en aquella trágica noche, pero sin consentirles que continuaran con sus desafueros. Caridad, mas no todos, pues los había que pedían justicia y se la tomaban por su mano saqueando los establecimientos de los comerciantes, sin mirar a que fueran de ingleses o de extranjeros.

Con eso hubo de enfrentarse sir Tomás Moro y lo hizo con la elocuencia en él habitual, haciéndoles ver que quien lleva razón, por el modo de pedirla, acaba perdiéndola, y que él les prometía como *under-sheriff*, que presentaría sus quejas ante su Majestad, y que los que no hubieran tomado parte en los desmanes no serían castigados. Tengo para mí que mucho hicieron estas palabras, pronunciadas por quien gozaba de bien ganada fama de justiciero, para sofocar el motín; pero no hizo menos el saber que el duque de Surrey tenía sitiada la ciudad con un ejército muy poderoso, de cuatro mil hombres. Soy testigo de que sir Tomás no prometió el perdón para los que se dedicaron al pillaje, aunque tampoco les hubiera servido de mucho pues el de Surrey, así que entró en Londres, tomó a los más revoltosos y aquella misma noche fueron ahorcados y descuartizados, de la manera cruel que es costumbre en aquel país, no menos de cuarenta, para escarmiento de los demás. ¿Es que acaso se durmieron aquella noche los ángeles custodios, señaladamente el de sir Tomás Moro, del que era tan devoto? No por cierto, que si no fuera por él hubieran continuado los ahorcamientos, hasta alcanzar los cuatrocientos que eran los que había hecho prisioneros el duque de Surrey y tenía confinados en los prados de Twickenham; no digo que a todos los fueran a ahorcar, pero sí a cortar las manos, como es de justicia hacer con los ladrones.

En Twickenham se presentó sir Tomás Moro, revestido con todas las insignias de su autoridad, y requirió al duque, en nombre del rey, para que no se castigara a ninguno de los prisioneros sin pasar por las cámaras de justicia. A lo que el de Surrey le contestó que, en nombre del mismo rey, a él le competía decidir tales juicios pues siendo amotinados contra la corona, habían de aplicarse las leyes de guerra, y no las de las cámaras.

Este Surrey era noble de los que tenía a menos saber letras; el rey le tenía en mucho, pues fue de los que le ayudó en las guerras con Francia, siendo muy valeroso en los combates.

Si en aquella ocasión se hubiera encampanado sir Tomás, ninguno de aquellos infelices hubiera salido bien librado, pues el duque, mientras hablaba altanero con el *under-sheriff*, urgía a los soldados para que siguieran preparando las horcas y los tajos del verdugo. Sabedor el ilustre humanista que de poco sirve discutir la autoridad del general que se cree victorioso, se le ocurrió la argucia de decirle, como quien reflexiona:

—Nada más lejos de mi ánimo que dudar de la justicia de las leyes de la guerra, sobre todo cuando quien ha de aplicarlas es persona de corazón tan noble como el de su señoría. Pero considerad, por un momento, los intereses de la corona. ¿No hay entre los amotinados muchos comerciantes que pueden pagar un buen rescate por su vida? ¿Y no habrá entre los trabajadores buenos mozos que puedan prestar servicio en las galeras de su Majestad? ¿De qué nos servirán unos y otros, sin cabezas o sin manos?

Así le razonó, con otras muchas consideraciones, siempre haciéndole ver los dineros que se perdían (en los que el duque de Surrey llevaría su parte) de seguir con los ajusticiamientos. Así terminó aquella noche triste para la ciudad, pero no por ello se puso fin a tan peliaguda cuestión, pues siendo muchos los agravios cometidos por los amotinados, en ocasiones contra personas de tanto relieve como los banqueros italianos, pedían los ofendidos sonado escarmiento, que sólo podía venir de manos del verdugo. No digo que no les faltara razón, pero sí fundamento en su aplicación, pues los más principales se habían dado a la fuga y, por contra, los encordados en los prados de Twickenham, como ocurre en estos motines, eran los más infelices, muchos de ellos pobres hombres, hasta ancianos, no faltando mujeres y niños.

Su Majestad, por seguir a bien con los banqueros (de cuyos empréstitos se servía para las guerras), y con los nobles que decían que no se podían consentir motines de la plebe, determinó que se aplicara la justicia prevista, bien con la horca, con el tajo del verdugo, o con los remos de las galeras.

Cuando su Majestad debía tomar una decisión tan cruel, se mostraba muy furibundo para convencerse de su oportunidad y justicia, y de poco servía pedirle clemencia, pues decía que era tanto como llamarle inclemente y lo tomaba a mal. Pese a todo, sir Tomás Moro lo tentó cerca de su Majestad, quien pese al mucho respeto que sentía por el *under-sheriff*, le replicó que no sólo se había de hacer justicia, sino que él mismo la refrendaría con su presencia para que el pueblo de Londres supiera en cuánto tenía que se guardase el orden en el reino.

Sir Tomás Moro, con un punto de dolorosa admiración, me decía:

— ¿Cómo es posible que habiendo salvado lo más grave, la noche trágica del día primero, cuando la sangre enturbia el entendimiento y todo desmán tiene su acomodo, hayan de pagar esos infelices a manos de monarca tan justiciero, como misericordioso? A la reina hemos de recurrir.

A ella nos fuimos ambos y la encontramos resignada con lo que iba a suceder, al punto de que encareció a sir Tomás que cuidara, como *under-sheriff* y como caballero cristiano, de que se recibieran en confesión los que habían de ser ajusticiados.

Tan dolido quedó sir Tomás con esta salida, que replicó a nuestra señora con un punto de amargura:

—Lástima que hayamos de conformarnos con la justicia divina, cuando no somos capaces de aplicar la que está a nuestro alcance.

La reina, como si no entendiera el amargo reproche de tan fiel vasallo, se limitó a decir que seguiría encomendando la suerte de aquellos infelices a una advocación de la Virgen de la ciudad de Granada, de la que era muy devota (creo que la de Nuestra Señora de las Angustias), pero para nada dijo que habría de seguir intercediendo ante su Majestad, con lo que ambos salimos muy contristados de palacio.

Llegó el día de hacer pública justicia, que sería como el 10 de mayo, y fueron conducidos los prisioneros a Westminster Hall, que es donde los ingleses acostumbran a celebrar sus juicios, sobre todo en procesos en los que media la corona. Se presentó el rey Enrique, con toda su corte, con vestiduras regias hasta el suelo, muy solemne, y a su derecha la reina Catalina, acompañada de las dos hermanas de su Majestad, las reinas María y Margarita, la primera viuda del rey Luis de Francia y la segunda casada con Jacobo IV de Escocia, ambas, a la sazón, en Londres. Nunca se juntara tanta realeza para juzgar a tantos miserables. Éstos movían el alma a compasión, según los iban entrando los guardias en la plaza, con un ronzal al cuello como el que se pone a las caballerías, algunos a rastras, medio desvanecidos, no faltando mujeres que pedían clemencia entre lágrimas y lamentos. A los que no podían andar los arrastraban los soldados tirándoles del ronzal.

Correspondía a Wolsey, como canciller del reino, pronunciar la sentencia que había de recaer en cada uno de los amotinados, de conformidad con una larga lista que le

El 11 de junio de 1509 Catalina de Aragón se convirtió en reina de Inglaterra por su matrimonio con Enrique VIII. (Su comitiva aquí en un acto celebrado el año siguiente, con motivo del nacimiento del príncipe heredero, que moriría a los dos meses.) El anhelado enlace tuvo lugar en la iglesia de los frailes observadores, pequeño monasterio al otro lado de Greenwich Palace.

Según escribiera el embajador veneciano Giustiniani, el joven monarca «era en extremo hermoso, pues a su energía unía un talento poco común tanto para las letras como para las artes, en especial la música». Y éste era el parecer de todos.

Al nuevo soberano le hacía mucha gracia la solicitud con que su esposa le cosía y le bordaba las camisas, como dicen hacía su católica madre con las de don Fernando. A tanto llegaba, por otro lado, la piedad de ambos cónyuges que en el diario sacrificio de la misa, don Enrique solía ayudar como acólito al oficiante, que casi siempre era el obispo Warham (a la derecha).

En sus diez primeros años de matrimonio, ninguno se pasó sin que mediaran embarazos y nacimientos reales, prueba de que Catalina y Enrique cumplían sobradamente con el débito conyugal.
Fértil como casi toda su familia, fue sin embargo Catalina malaventurada en lo que a prosperidad de su descendencia se refiere.
(Excepción hecha de su hija María Tudor, en el grabado, que llegaría a ser reina de Inglaterra tras mucho padecer.)

Generoso con cuantos le rodeaban, el rey le consentía a su esposa las caridades a que tan aficionada era. Contaba, para ello, con la inestimable ayuda de sir Tomás Moro. (En esta obra suya titulada *Utopía*, el santo canonizado en 1935 aspiraba a una organización ideal de la sociedad, la propiedad denunciada como fuente de todos los males.)

En las universidades de Oxford y Cambridge enseñaban los hombres más sabios de aquel tiempo (tal el valenciano Juan Luis Vives y el flamenco Erasmo de Rotterdam, de izquierda a derecha).

Hacia el 1512 al rey Enrique le dio por recordar que era un agravio que las hermosas tierras francesas que van de los Pirineos a la Gironda —que por título pertenecían a la corona de Inglaterra— estuviesen en poder de monarcas tan disolutos (arriba) como los galos enemigos del Papa. Por su provecho, Wolsey le animaba en sus deseos de reconquista.

Las guerras con Escocia y Francia alegraron a los que ganaban con ello y entristecieron a los que sólo tenían que perder, que eran los más. Contra las campañas al otro lado del Canal, y para enojo del monarca, se atrevió a predicar en 1513 el respetado deán de San Pablo, John Colet. (Quien aparece, en el grabado, fundando la escuela del citado templo londinense.)

Al tiempo de la coronación, en 1515, de Francisco I como rey de Francia (aquí con Carlos I de España, con quien disputaría en 1519 por el título imperial alemán, el inglés de por medio) **dejó Enrique VIII embarazada a Catalina y a su amante Bessie Blount.**

En el campo de la lujuria, y en muchos otros, la admiración de Enrique por el licencioso Francisco (ambos aquí en la fiesta del Campo del Paño de Oro, celebrada en 1520) **llegó hasta el punto de la más estulta emulación, no dudando el monarca inglés en «heredar», incluso, algunas de las muchas amantes de que hizo uso el rijoso gabacho.**

ANNA BOLENA

Aunque Su Majestad se había cuidado hasta entonces de no ofender públicamente con sus amoríos a Catalina, la cosa varió en el momento en que cayó en la hábil trampa que le tendiera Ana Bolena (a la izquierda) jugando con su deseo. Pues si su hermana María Bolena se había contentado con ser solamente la «yegua de Francisco I», Ana no pararía hasta casarse con don Enrique. (Su oposición a tal enlace le costaría la vida al confesor de doña Catalina, el obispo Fisher del grabado, y al mismo Tomás Moro.)

Para permanecer en el favor real, y seguir haciendo y deshaciendo a su antojo en las cosas del reino, el cardenal Wolsey hizo la vista gorda ante el *affaire* e incluso llegó a regalarle a Su Majestad la magnífica residencia de Hampton Court (en la foto), cobijo de los vergonzosos amores de Enrique y Ana. Con todo, la dicha de ésta y de Wolsey sería efímera: caído en desgracia, el cardenal moriría en el 1530 y la Bolena perecería a manos del verdugo en 1536, a los pocos días de la muerte de Catalina.

Encaprichada Su Majestad con Ana Bolena, fue por entonces cuando comenzó a decir que su conciencia no le permitía seguir viviendo bajo el mismo techo que la que había sido esposa legítima de su hermano (la ya físicamente ajada doña Catalina). De reír hubiera sido que, a estas alturas, le entraran tales escrúpulos a quien tantos años había convivido felizmente con la más cumplida de las reinas. Pero nadie se atrevía ya a reír con los asuntos de don Enrique (a la derecha).

Y eso que el monarca trató, inútilmente, de atraerse a su bando e intenciones a hombres tan moralmente rectos como sir Tomás Moro, quien sólo ponía en Roma la facultad de concederle la dispensa para el divorcio. Postura que enfureció a Su Majestad, quien, apoyado por el arzobispo Crammer, no dudaría en romper con el Vaticano. (Ejecución de «papistas» amigos de Moro, en 1535, a la izquierda; a la derecha, la efigie del «consentidor» Crammer.)

Como un huracán que arrasa cuanto encuentra a su paso, así se desató la furia de Su Majestad cuando el papa Clemente VII (a la izquierda) confirmó la validez del matrimonio entre Enrique y Catalina y, por ende, la nulidad del contraído por el monarca con Ana Bolena. (De cuyos amores nacería la futura Isabel I de Inglaterra, a la derecha, el cisma anglicano perpetuado por los siglos de los siglos.)

Los últimos años de su vida los pasaría Catalina de Aragón confinada en el castillo de Kimbolton, sin renunciar a su título pese a las presiones de los embajadores de turno (izquierda). Enferma de hidropesía, en Kimbolton fallecería el 7 de enero de 1536. Recibió discreta sepultura en el monasterio de Petersborough (sus abanicadas bóvedas, a la derecha) sin recibir honores, por lo que es de suponer los encontraría al llegar al cielo.

habían preparado y que sostenía entre sus manos temblo-rosas pues, como se vei á, aunque por codicia hizo muchos males, la dureza del corazón no era uno de ellos.

En ese momento, en medio de aquella corte marcial de ceñudos varones, se levantaron como tres ángeles las tres reinas citadas, a la cabeza nuestra señora doña Catalina, y postrándose a las plantas de su Majestad pidieron cle-mencia para los que iban a ser condenados a horribles penas. No alcanzo a encontrar palabras para describir tanta hermosura. Las reinas María y Margarita se mos-traban gentiles como correspondía a su alcurnia, pero la reina Catalina era todo excelsitud. A su gracia natural, a su majestuosa belleza, se unía en esta ocasión tal humil-dad en el pedir que, ya digo, un ángel del cielo no lo hu-biera hecho mejor.

El pueblo de Londres no salía de su pasmo; se habían reunido en la plaza hasta abarrotarla, muy satisfechos de ver a su rey impartir justicia desde el atrio del Parlamen-to, mas cuando vieron a su reina en aquella disposición se tornaron sus ánimos. Bien es cierto que entre ellos había parientes de los condenados, y fueron éstos los que co-menzaron a clamar: «¡Favor a la reina!» «¡Favor para la reina de nuestros corazones!», pero pronto se sumaron los demás a estos gritos de misericordia.

En cuanto a los condenados, conforme se enteraban que la reina intercedía por ellos, se ponían de rodillas ele-vando plegarias ora al Cielo, ora al monarca, quien para mejor disimular su asombro fruncía de más en más el ceño como si todo aquello le contrariara en extremo. (Pa-sado algún tiempo su Majestad me hizo la confidencia de que nunca como aquel día se sintió tan rey y señor de su pueblo; para nada pudo imaginar, ni nada le hizo sospe-char, que su regia esposa se concertara con sus dos her-manas, tan queridas de su corazón, para moverle a com-pasión, y se admiraba de la gracia de doña Catalina que acertó a pedirle tan especial merced de la única manera que había de concedérsela: uniendo a sí al pueblo de Lon-dres. ¿Cómo negarse a lo que tantas gentes le pedían de rodillas? ¿No dice, acaso, el proverbio, *vox populi vox Dei?*)

La plaza de Westminster, que sin ser de las grandes de

161

la ciudad está muy bien proporcionada y adornada por edificios muy principales, nunca me pareció tan notable como en aquella mañana de mayo, con el día claro y el corazón de tantas gentes clamando misericordia. Era tan hermoso de ver, que el cardenal Wolsey, con lágrimas en los ojos, unió sus ruegos a los de la reina y ésta fue de las cosas buenas que hizo en su vida.

Su Majestad se levantó de la silla de la coronación, que le habían colocado en el atrio y, con amorosa solicitud, levantó del suelo a su regia esposa, tomándola entre sus brazos y mostrándosela al pueblo para que supieran de quién les venía la gracia. Luego tomó a sus dos hermanas, a las que besó en las mejillas y, por último, se dirigió a sir Tomás Moro para que dispusiera la libertad de los prisioneros. Éste no cabía en sí de gozo, mas siendo hombre muy ajustado a las leyes dijo a su Majestad que no todos merecían en igual medida la libertad, pues los había culpables de algún desafuero. A lo que el monarca replicó:

—Los desafueros que hayan cometido han quedado sanados por la misericordia de la reina, que ya ha pronunciado sentencia conforme a los dictados de su corazón.

Era de ver cómo quienes estaban a la puerta de la muerte o de ser mutilados de algún miembro principal, lanzaban sus ronzales al aire según se los quitaban los soldados, y no se cansaban de alabar el nombre de su reina, con la veneración que merecen los santos.

Tan satisfecho quedó su Majestad de haber ejercitado su prerrogativa real en medio del fervor popular, y tan contento del proceder de su regia esposa, que la distinguió aún más y de allí a poco de nuevo la dejó embarazada.

Sir Tomás Moro también tuvo su premio y, con anuencia del cardenal Wolsey, fue nombrado miembro del Consejo Real.

CAPÍTULO XI

BESSIE BLOUNT A LA SOMBRA DE GREENWICH

Dejó su Majestad embarazada a nuestra señora, pero casi al tiempo hizo lo propio con Bessie Blount y por ahí comenzaron nuestras penas. Hasta aquí he venido contando penas y alegrías, mas a partir de este punto mandan las primeras pues, aun habiendo también de las segundas, ya se cierne sobre Inglaterra el estrépito del desgarrón que había de separarla de Roma.

¿Es que, acaso, por la lujuria vino tan grave daño para la cristiandad entera? Hay en España un teólogo muy principal (su nombre es Francisco de Osuna) que tiene escrito un librito de gran aprovechamiento para el alma, al que titula *Tercer Abecedario Espiritual*, y en él cuenta cómo el demonio ordena sus huestes contra nosotros en tres acometidas: «La primera es la lujuria, que va bien armada y abastecida de todo lo necesario para vencer, la cual, como dice san Bernardo, acomete a todos los estados y géneros de personas y a todas las edades, a los feos y a los guapos, a los grandes y a los pequeños, a los sabios y a los enfermos, en fin, a toda carne.» Sabias palabras aunque yo añadiría que no a todos acomete por igual, pues poco trabajo tiene el demonio en ordenar sus huestes cuando de reyes se trata. Así como los feos y pobres han de conformarse con pecar en materia tan grave más de pensamiento que de obra, los poderosos de la tierra, con los reyes a la cabeza, pasan del pensamiento a la obra sin apenas sentirlo, pues todas las mujeres parece que se conciertan en tenerlos por suyos. Y es de admirar que padres y esposos, que parece que les va la vida en la honra de sus hijas o esposas, cuando es el rey quien las trastoca lo tienen a gala, muy honrados de que la pierdan por el provecho que sacan.

Esta Bessie Blount pertenecía al clan de los Blount de Gales, de estirpe noble, pero montaraz, pues no se les conocía otra afición que no fuera la caza o la guerra, en la que se mostraban muy crueles, siempre dispuestos a arrasar cuanto se oponía a su paso. Por una mujer eran capaces de hacer una guerra, para luego venderla cuando se cansaban de ella. Digo clan (que es palabra que usan los escoceses), pero en Gales su organización es en forma de familias, o tribus, sometidos al patriarca que es quien dispone de sus vidas y haciendas. La crueldad con que educan a sus hijos es tanta, que los clérigos lo condenan desde los púlpitos, aunque poco caso hacen de ellos.

Mas uno de estos Blount, advertido del cambio de los tiempos y de que más batallas se ganaban en palacio, que en las dehesas, fuese a estudiar a París, donde conoció a Erasmo de Rotterdam, de quien se hizo devotísimo, siendo el primero en traerlo a Inglaterra, sería el verano del 1499, a su casa de Greenwich. Este mérito, y grande, no se le puede quitar a sir William Blount, cuyo título fue el de lord Mountjoy, porque Erasmo, de suyo, quería irse a Italia y fue sir William quien le convenció para venirse a una corte muy poco estimada en Europa. Fue buen humanista lord Mountjoy, amigo de sir Tomás Moro, y muy valido de su Majestad el rey. Velando por los intereses de la familia se trajo a sus padres y hermanos a la corte, colocando a su hermana pequeña, Elizabeth Blount, de camarera de nuestra señora la reina. Tendría entonces unos doce años, el aire aniñado, la tez muy clara con algunas pecas rojizas, y el cabello muy rubio. No la distinguía la reina pues era muy corta para las cosas del espíritu, mostrando sólo aplicación en tejer y bordar; también resultó buena amazona y puede que por ahí le entrara la afición a su Majestad.

Contaba Enrique VIII, a la sazón, veintisiete años, y nuestra señora treinta y tres. El rey era el caballero más apuesto de Inglaterra y se iba poseyendo de ello, pues difícil es no envanecerse con los dones de natura, cuando son muchos los que te los recuerdan, para halagarte el oído, como les sucede a los monarcas. A tanto llegaba la preocupación por su prestancia, y de tal modo quería que fuera indiscutida y sin parangón, que desde que coronaran a Francisco como rey de Francia (lo que ocurrió tres años antes, en el 1515), no sin cierto candor preguntaba a sus embajadores en aquel país, cómo era de alto el monarca francés, cómo sus facciones, cuál el color de sus cabellos y qué gracia se daba en el vestir. Es excusado decir que todos le contestaban de manera muy favorable para su regia persona. Es de admirar que siendo su Majestad hombre de buen sentido, le fallara en este punto hasta el extremo de perder la discreción.

En cierta ocasión, a poco de la coronación del rey Francisco, recibimos a una comisión de nobles venecianos, que buscaban la ayuda de Inglaterra frente a las pretensiones francesas en Italia. Su Majestad, para impresionarlos, los recibió bajo dosel recubierto de paño de oro de Florencia, todo él vestido con un manto de púrpura, más una cola de raso blanco y rojo, cubriéndose la cabeza con un gorro de terciopelo rojo y sujetándose el manto con una cadena de oro, con remates del mismo metal. Al cuello llevaba otro collar del que pendía un diamante del tamaño de una nuez. Apenas terminaron de tratar lo principal del negocio que traía a los venecianos, la concordia con Francia, su Majestad comenzó con las preguntas de costumbre sobre las gracias físicas del monarca francés, y a lo último les preguntó:

—¿Y cómo tiene las piernas su Majestad, el rey de Francia?

Los nobles venecianos, al pronto, se desconcertaron, hasta que el más anciano y meloso de ellos respondió con gran decisión:

—Las tiene flacas, señor.

—Pues mirad las mías —dijo su Majestad, muy ufano.

Y sin atender a la solemnidad del momento, ni a la concurrencia de tantas miradas sobre su persona, se despojó del manto, desabrochándose parte de la ropilla para poder mostrar sus pantorrillas que, ciertamente, eran en extremo vigorosas, quedando muy complacido con las muestras de admiración de los venecianos. Triste cosa es que un monarca con tantas gracias, pareciera sentirse más orgulloso del vigor de sus extremidades, que de su talento; y más triste es, todavía, que todos los cortesanos le riéramos estos alardes y no nos cansáramos de alabárselos. En este punto tampoco la reina estaba libre de culpa por lo mucho que se complacía en la galanura de su regio esposo sin ocultarle la admiración por su persona; admiración que si con medida es virtud, con exceso es defecto que inclina a la soberbia a quien recibe el homenaje, por merecido que éste sea.

En cuanto a nuestra señora, trabajada estaba por los partos que creo que fueron seis, aunque uno sólo llegó a feliz término, el de María Tudor que con los años llegó a ser reina de Inglaterra; pero no es de justicia que se diga que cosa de suyo natural en la mujer, como es el concebir, empece a su belleza pues lo que pierde en frescura lo gana en sosiego que, al tiempo que adorna el alma, hermosea el rostro; baste considerar que mujeres que en su juventud se mostraron poco agraciadas, con el correr de la vida al margen de desenfrenos, cóleras, orgullos, soberbias y otros excesos, resultan más estimadas, pues la templanza es bella y embellece a quien la practica. Digo con esto que la reina Catalina estaba en el cenit de su belleza, siempre muy cuidadosa de su persona, aunque sin los extremos de su regio esposo en lo que al vestir se refiere. Es más, cuando llegó a Inglaterra se traía unos granillos en el rostro, que procuraba disimular con polvos de arroz, pero desde que fue madre se le quitaron del todo mostrando una tersura en la piel muy grata para la vista. ¿Cómo no había de estar bella mujer que de suyo lo era, si había recibido todos los cuidados que merece una reina?

Algo conviene decir de mi persona, para que se entienda la parte que me tocó en los infaustos sucesos que vamos a relatar. Tiempo hacía que me había doctorado en *Lincoln's Inn* y mi deleite estaba en el estudio de las leyes y humanidades, mas si bien el espíritu tiraba por ahí, la vanidad y la carne se encargaron de torcer mi natural inclinación. De trabajos estaba con mucho excedido, pues no consentía nuestra señora que dejara de ser su limosnero, ni el rey el encargo de cobrarle las rentas de sus tierras, más la ocupación de jugar a la pelota, que aunque era honor, mucho me distraía. Esto último me daba gran valimiento cerca de su Majestad, al extremo de que muchos cortesanos que pretendían algún favor del rey, me rogaban se los pidiera durante nuestras partidas, que es cuando más benévolo se mostraba el monarca por lo mucho que gustaba de este juego. Buenos dineros me supuso esta tercería ya que los favorecidos por mis buenos oficios cuidaban de tenerme contento. Con estos y con otros lucros, me hice construir una casa de campo en Greenwich, aunque las más de las noches tenía que seguir durmiendo en palacio.

No eran ésos mis únicos quehaceres pues sir Tomás Moro, que me tenía en más de lo que me merecía, demandaba mis servicios como abogado y, en más de una ocasión, hube de acompañarle a Francia y a Flandes a negociar con comerciantes españoles, franceses y alemanes. Una de las veces, sería el 1517, requirió mi presencia en Calais en donde se encontraba resolviendo asuntos muy enojosos y muy poco de su gusto. El tiempo estaba muy lluvioso, pues era otoño, y se alegró mucho de mi presencia ya que andaba con unas fiebres que le tenían muy postrado. Hice cuanto pude para concluir lo que le retenía en aquella villa marinera contra su voluntad y, agradecido, me dijo una noche que en su mano estaba el que pudiera irme a Oxford como maestro en Leyes. Era tanto lo que me ofrecía (pues en Oxford estaba todo el saber de Inglaterra), que no pude por menos de besarle las manos como muestra de mi gratitud y, sin embargo, por dentro sentía que de ningún modo estaba dispuesto a apartarme del sol que nos calentaba a todos, su Majestad el rey, y así se lo hice saber.

—Me admira, Juan Egaña, que tengas en más el mezclarte en los fastidiosos enredos de los príncipes, en lugar de aprovechar esta oportunidad de retirarte para cultivar, y ayudar a los demás a cultivar la parte más noble del ser humano; el espíritu.

— ¿Acaso entendéis que no cultiváis el vuestro, por servir al mismo tiempo a tan gran señor, como es nuestro rey? —no pude por menos de replicarle.

—Bien decís —admitió no sin un punto de humor—
que siervo soy de nuestro señor el rey...

—No digo tal —me apresuré a interrumpirle—, que no
he dicho siervo, sino servidor y fidelísimo.

—¿Y qué diferencia va de siervo a servidor si no es la
de una sílaba? Pero no hace al caso la minucia; la vida me
llevó a mí por este camino, y a él estoy uncido pues son
muchas las personas de mi casa que dependen de mi trabajo y a ellas me debo. Mas no es ése vuestro caso, sin otra
obligación que la de vuestra persona, y en cuanto a las
que contraigáis en el futuro procurad hacerlo con medida
para que nunca lleguen a asfixiaros.

A continuación con mucho gracejo, sin que faltara la
ternura, me explicó la vida que me esperaba en Oxford,
en todo regalada y sin el agobio de tener que contentar a
los príncipes de este mundo, discurriendo entre las aulas
de la Universidad y los meandros del río, que en aquella
parte de Inglaterra son especialmente hermosos y propicios para el sosiego que requiere el cultivo del espíritu.

—En cuanto a vuestra soltería —concluyó festivo— no
tiene sentido que sigáis empecinado en ella, que a nada
bueno conduce en varón que no profesa en religión. Dos
veces me he casado y de ninguna de ellas me arrepiento al
extremo de que cuando muera y alcance el Cielo por la
misericordia de Dios, confío, que no siendo carnal el trato
que allí nos aguarda, podré disfrutar de ambas. Y en Oxford conozco no menos de media docena de buenas doncellas, bien dotadas y de ilustre cuna, que serán excelentes
esposas y os ayudarán a llevar una vida en todo placente-
ra. Mientras que si seguís en la corte el día menos pensado habéis de caer en las redes de alguna dama de ésas que
miran más al boato que al decoro que, por desgracia, son
las que más abundan por esos pagos.

A la postre, como viera que no había de torcer mi voluntad, me encareció:

—Mas si decidís seguir junto a su Majestad, aguzad el
ingenio para que vuestra presencia le resulte beneficiosa,
aunque ello os cause penas e inconvenientes. Procurad
meterle en la cabeza, como no dudo que haréis, consejos
honrados y persuasiones virtuosas, porque del príncipe,
como de un inagotable manantial, viene a los pueblos la

inundación de todo lo bueno y todo lo malo. No lo olvidéis, mi buen amigo.

Éstos fueron los consejos que me dio aquel príncipe de la amistad, que no fui capaz de seguir y de ello bien que me duelo.

Lucía la corte de Inglaterra con gran ostento exterior, no queriendo ser menos que las demás de Europa, pero muy desarbolada en lo que a virtud se refiere por culpa de costumbres extrañas traídas de Francia; estando en paz con tan gran país se puso de moda entre los nobles ingleses el ir a ilustrarse allí, y si algunos lo consiguieron, como fue el caso de lord Mountjoy, los más se ilustraron en lo que no debían, a saber, en las licenciosas costumbres de la corte de París.

Baste considerar que el rey Francisco, apenas salido de la adolescencia, se hizo rodear de amantes y una de ellas de tal modo le tenía prendido el ánimo, que se atrevió a nombrar a sus tres hermanos generales del ejército francés, y por culpa de uno de tales, Lautrec, perdió la batalla de Pavía, en la que el mismo monarca fue hecho prisionero.

Este rey francés tendría virtudes, como todos los grandes de este mundo, pero la continencia no se contaba entre ellas. Los jóvenes ingleses eran muy bien recibidos en su corte y con ellos, de noche y disfrazado, recorría las calles de París so pretexto de conocer las costumbres de su pueblo, aunque a la postre sólo conocían las de tabernas y lupanares, no siendo infrecuente que terminaran en borracheras con su secuela de riñas y pendencias. De estos jóvenes recuerdo a Nicolás Carew, Frances Brian, William Compton, y el mismo Boleyn, o Bolena, que cuando regresaban a Inglaterra querían seguir aquel modo de vida haciendo burla de la virtud de las mujeres inglesas, siendo de admirar que éstas, por no ser menos que las francesas, comenzaron a consentir en lo que no debían.

Al rey Enrique le prendieron por su afición al juego. Si su Majestad, como queda dicho, no entendía el participar en alardes de destreza sin que mediaran envites de dinero, cuánto más habría de aficionarse a los juegos de naipes que traían de Francia, algunos muy ingeniosos, pero que noche había que los perdedores se dejaban en la mesa no menos de cinco mil ducados. Catalina no veía con buenos ojos esta afición de su regio esposo y de ahí la enemiga que comenzaron a sentir contra ella los que en tanto tenían las costumbres francesas.

Del rey Enrique, en aquellos años, puedo decir que era presa de encontrados sentimientos para dar cauce a los cuales en la corte se habían formado dos grupos. Seguía muy honrado y protegido el de los humanistas, con Moro, Tunstall y Colet, a la cabeza, con veladas en las que el ingenio más limpio corría a raudales y su Majestad se deleitaba oyendo a unos y a otros. Era materia de estas reuniones la preocupación por la doctrina de Martín Lutero que, como pólvora, se extendía por Europa. De todos el más apasionado en este punto era su Majestad que decía que le gustaría hacer del canal de la Mancha un dique insalvable, como hizo Moisés con el mar Rojo, para que tan perniciosas doctrinas nunca pudieran anegar nuestros espíritus. Recuerdo que en este punto la reina le replicaba que el milagro no lo hizo Moisés, sino Dios Padre, y que a Él debíamos de encomendarnos ante la marea protestante, con la misma fe que puso Moisés. Su Majestad seguía escuchando con gusto a la reina y alabando públicamente su manera de discurrir.

El otro grupo era el de los nobles amantes de las costumbres francesas. De mi coleto diré (si no lo he dicho ya antes) que desde que los conquistara Guillermo I, duque de Normandía, son muchos los ingleses que no ocultan su admiración por Francia y entienden que antes de llegar los normandos, no pasaban los sajones de ser un pueblo de rudos pastores. No me toca mediar en la cuestión, pero sí insistir en que a nada bueno nos condujo lo que aquellos jóvenes se habían traído de Francia; con ellos compartía su Majestad los juegos de azar por la noche, y los de destreza por el día. Con los caballos acometían verdaderas locuras, el rey a la cabeza, haciéndoles dar saltos que parecía que los animales iban a echar a volar. En esto se extremaban delante de la reina y de su séquito de damas, entre las que se contaba la citada Bessie Blount.

Yo estaba en ambas camarillas.

El cardenal Wolsey animaba al rey a divertirse, pues decía que convenía para su temperamento fogoso y, mientras tanto, él se hacía con todos los resortes del gobierno para el que tan bien dotado estaba. En las partidas de caza, que las teníamos casi a diario, era cuando más ocasión de lucimiento tenían los jinetes y donde se traían amoríos con las damas jóvenes, buenas amazonas. Nuestra señora lo era, pero como ya se barruntaba que se encontraba en estado de buena esperanza solía acompañarnos en carruaje. Fingía el rey interesarse por los progresos de las damas, como Dianas cazadoras, mostrándose discreto en público en lo que a Bessie Blount se refiere, a la que trataba como a una chiquilla, pues la había conocido siendo poco más que una niña. Pero a la sazón había cumplido ya los diecinueve años, y sin ser hermosa sobremanera, era de buen talle, recia de carnes y muy alborotada toda ella. Cierto que su Majestad se traía algunos galopes en su compañía entre la tupida foresta, pero como no era la única favorecida por sus galanteos, nada hacía sospechar lo que sucedería; digo galanteos pues de ahí no pasaba la cosa. Su Majestad en aquellos años era de trato muy llano y aun cuidando de que no se le faltase al respeto, se mostraba cortés especialmente con las damas; con ellas gustaba de hacer música, a la que era muy aficionado, y todas se desvivían por acompañarle al clavicordio. No digo que todas estuvieran prendadas de él, pero sí que anhelaban el que las distinguiera sobre las demás y para conseguirlo bien que se esforzaban. A estos galanteos me refería.

Un día del mes de septiembre del 1518, después de un partido de pelota, me dijo su Majestad que cómo así que no le había invitado a conocer mi nueva casa de Greenwich y por qué razón quería mantenerla oculta a su vista. No salía de mi pasmo oyéndole decir tal, pues nunca debe el vasallo invitar a su señor, sino que ha de ser al contrario. Y este contrario raras veces acontece pues si un monarca honra con su presencia la mansión de un servidor, parece que hace de menos a los demás. A tal punto, que si con ocasión de una partida de caza o de un viaje, un monarca se aposenta en la casa de un vasallo, luego se pone una inscripción diciendo que en tal fecha durmió allí tal Majestad.

—Mal puede invitar el servidor a conocer al dueño de lo que es suyo —me limité a decirle—, pues mi casa, al igual que mi persona, y todo cuanto poseo, pertenece a su Gracia, mas si queréis honrarme con vuestra presencia me haréis el más dichoso de los mortales.

—Pues si os parece, John Egont, esta misma tarde podréis disfrutar de esa dicha —me replicó su Majestad con aquel tono desenfadado que tanto nos honraba a los que lo recibíamos.

Es excusado decir cómo me afané en preparar la regia visita urgiendo a los criados para que preparasen los manjares más del gusto de su Majestad, y en buena cantidad pensando que vendría, como de costumbre, con todo su séquito. Puse vigías en el camino principal para que me avisaran con antelación de su llegada y con asombro por mi parte, mediada la tarde, apareció por un bosquecillo lateral en compañía de Bessie Blount, y no más de media docena de lanceros de su guardia.

Estaba el monarca en extremo ufano y yo confuso en igual medida; ufano pero sin que le faltara un punto de nerviosismo por lo que venía a hacer. En cuanto a la Bessie Blount, aunque mostraba algún rubor, no podía disimular su contento por las atenciones que a cada momento le prodigaba su Majestad. Para empezar montaba el mejor caballo de las cuadras reales, un ruano que no consentía el rey que lo montara otra persona, engalanado con arreos de plata y gualdrapas de terciopelo color violeta esmaltado de estrellas de oro.

Desmontó su Majestad de un salto, sin aguardar a los caballerizos, y ayudó a descabalgar a la doncella tomándola por la cintura, y reteniéndola entre sus brazos de manera que pocas dudas quedaban sobre las intenciones de aquella visita. Hizo su Majestad grandes elogios de mi mansión, mas sin apenas mirarla, pues no tenía ojos más que para la Bessie Blount, quien reía de cuanto decía su egregio acompañante.

En mi casa de Greenwich se consumó el primer adulterio de su Majestad el rey y es difícil explicar la naturaleza de mis sentimientos en tan infausta ocasión. Conviene advertir que su Majestad, por muchas razones que se verán, no hizo ostentación de su amante como acostumbraba su igual el rey de Francia. Hasta conmigo se mostró disimulado en aquella tarde de septiembre, en la que entre juegos y risas (con las que pretendía disimular su lascivia) se limitó a decirme que estaba muy fatigado y que necesitaba reposar, y que la dama precisaba de otro tanto. Como si yo fuera entendido en esta clase de tercerías, me las ingenié para apartar a los criados y así me convertí en guardián de aquellos amores nefandos.

Después de aquella tarde se sucedieron otras, y también alguna noches, hasta que la Bessie Blount quedó preñada y su Majestad dispuso para ella una casa próxima a palacio, en la orilla derecha del Támesis. El rey se mostraba muy orgulloso de tener embarazadas a un tiempo a su esposa y a su amante, vaya una hazaña para quien estaba llamado a empresas más excelsas. Mas todo con cierto disimulo para que la reina no se enterara de estos amoríos hasta pasado el tiempo, como creo que así fue. La suerte de ambos embarazos fue distinta a lo que convenía, el Señor sabrá por qué; la reina dio a luz una niña que murió al poco de nacer, mientras que la Bessie Blount alumbró a un varón, el único que había de tener su Majestad en su dilatada vida de amores y desamores. Le pusieron por nombre el de su padre, Enrique, y por apellido el reservado a los bastardos, que en Inglaterra es Fitzroy. ¿Qué trabajo ha de tener el demonio en ordenar sus huestes en la acometida de la lujuria, cuando de reyes se trata, si hasta las leyes prevén el nombre que han de tener los nacidos fuera del legítimo connubio?

De mí sé decir que me mostraba orgulloso de la confianza que me hacía su Majestad al tomar mi casa como refugio de sus amores, siendo mi única preocupación el que la reina no llegase a saber la parte que me tocó en el comienzo de su desventura. Su Majestad para nada me hablaba de su desvío, pues el rey sólo debe dar cuenta a Dios de sus actos, y a su confesor en la parte que le toca; y, sin embargo, su Majestad tuvo conmigo una atención que mucho le agradecí, y hasta me atrevo a decir que las atenciones fueron dos, que por su orden son las siguientes:

La primera fue que cuando la Bessie Blount se quedó bien preñada y pronto muy abultada, díjome su Majestad:

—Lo que haya sucedido en vuestra casa nadie tiene por qué saberlo, John Egont, y menos que nadie nuestra señora la reina pues no quiero que os tenga en menos de lo que os tiene, que es mucho y bien merecido, y ninguna culpa os toca a vos en mi desvío, pues no habéis hecho sino dar cobijo a vuestro rey, como corresponde hacer a todo buen vasallo.

Esto me lo dijo un día que andaba muy contrito pues era de suyo muy escrupuloso, aunque siempre terminaba por arreglar su conciencia a sus deseos. Digo que fue atención pues la reina nunca supo de mi tercería con Bessie Blount, que a saber si me lo habría perdonado.

La otra atención fue más señalada, pues de no haber mediado su Majestad mucho hubiera torcido mi vida. Cuando Bessie Blount estaba para dar a luz, sería el mes de mayo del 1519, me llamó a su presencia el canciller Wolsey, quien me habló de negocios de paños a tratar con los franceses, que habrían de ser muy bien pagados por los comerciantes ingleses, que estaban muy interesados en ellos. En negocios semejantes ya había tomado yo parte, mas siempre a las órdenes de sir Tomás Moro o del mismo Tunstall, hombres ambos de la confianza del cardenal. Era virtud grande de Wolsey que, pese a los múltiples asuntos que había de despachar cada día, se mostraba sosegado en el hablar y paciente en el escuchar, como si no tuviera otro quehacer que atender a su interlocutor. En aquella ocasión me explicó por detalle el beneficio que había de sacar de todo ello, a lo que yo asentía, hasta que me dijo:

—Y a propósito, Juan Egaña, ¿no habéis pensado en contraer matrimonio? ¿Es cierto, lo que me cuentan, de que os ha visitado con frecuencia una dama de noble familia galesa?

Aunque ya estaba hecho a los enredos de la corte me admiró que llegaran a tanto, pues lo que pretendía el cardenal es que desposara a Bessie Blount y me hiciera padre de lo que iba a nacer. Digo que me admiré, pero no en exceso, pues es costumbre que se sigue en todas las cortes europeas el que las amantes reales casen con caballeros del rey. Prueba de ello es que me limité a preguntar:

—¿Lo sabe y aprueba su Majestad?

—Su Majestad aprobará todo lo que conviene al bien del reino, y en este caso lo que conviene es que nada enturbie la fidelidad debida a su matrimonio.

Esto lo decía porque acababa de fallecer en Austria el emperador Maximiliano de una apoplejía y a su sucesión aspiraba Enrique VIII, al tiempo que el rey Carlos, de España, y el rey Francisco, de Francia. En tanto tenía el canciller Wolsey a su Majestad que entendía que siendo Enrique monarca tan cumplido, los electores alemanes habrían de aclamarle como emperador por sus virtudes. De ahí que quisiera que también luciera la de esposo fidelísimo. (A la postre los electores tuvieron en más los dineros que las virtudes y salió elegido el rey de España que fue quien mejor supo contentarles en este punto.)

Yo accedí al matrimonio pues Inglaterra era ya mi patria y a ella me debía, mas quien no accedió fue su Majestad, que a los pocos días de lo relatado, me dijo:

—Cierto que Bessie Blount merece un buen esposo, mas no tan bueno como vos. Olvidaos de lo que os ha dicho el canciller.

No acontumbraba su Majestad a dar explicaciones de sus decisiones, mas en aquella ocasión, como estuviera de buen talante, se dignó a bromear sobre mi persona, añadiendo:

—Además no deseo que ocupe mi puesto junto a una dama varón tan galán como vos, no vaya a ser que salga perdedor en la comparación.

Su Majestad, como queda dicho, estaba muy pagado de sus prendas físicas y yo, que era casi tan alto como él y de no mala presencia, había de cuidar no creyera que quería hacerle sombra, ni cuanto menos disputarle el favor de una dama. En los partidos de pelota cuando jugaba de pareja con él, todo eran alabanzas para mis golpes, mas si por azar (que bien procuraba yo evitar) habíamos de enfrentarnos, todo cuanto hiciera le disgustaba. Esto fue pasado el tiempo, pues de joven no era así. En cambio, en lo que al saber atañe, seguía muy humilde y aun siendo el monarca más culto de la cristiandad, siempre se ha-

175

cía aconsejar de nosotros, aunque no siempre atendía el consejo como se verá en el asunto del matrimonio con la reina.

Y aquí concluye la hazaña de Bessie Blount que tan poco significó en la vida de su Majestad, mas si me he detenido en ella es porque a partir de entonces ya nada fue igual. Con quién casó, a la postre, la primera amante del rey no hace al caso, pero yo bien agradecido quedé a su Majestad de no ser el elegido, pues pasados algunos años, no muchos, topé con ella y no era a reconocerla, en extremo gruesa, sin apenas dientes, el andar torpe, y el rostro ceniciento. Al hijo habido con su Majestad nunca más lo vio (¿puede haber dolor más grande para una madre?), pues así que nació y se supo que era varón se lo apartaron para educarle como correspondía a su regio linaje. Cumplidos los siete años, por voluntad del rey, se le nombró duque de Richmond y Somerset, y Bessie Blount siguió siendo Bessie Blount.

Su Majestad se mostraba muy ufano de haber procreado un varón, por entender que le hacía de menos el que sus mujeres sólo concibieran hembras.

Los Blount algún provecho sacaron, pues al padre le nombraron escudero del rey, que es cargo muy apreciado en aquella corte, y también resolvieron a su favor ciertos pleitos de tierras que tenían en sus dominios de Gales. Ya digo que no hay deshonra en lo que atañe a la virtud de las hijas, cuando es el rey quien juega con ella, pues el provecho compensa el deshonor.

Y yo, vergüenza me da confesarlo, también resulté beneficiado ya que el canciller Wolsey, viéndome tan bien dispuesto, recompensó mi mansedumbre con pingües encargos. El canciller llegó a ser de los hombre ricos que había en Inglaterra, de manera que las migajas que cayeran de su mesa, mucho aprovechaban a quien las recibía.

CAPÍTULO XII

LA FAMILIA BOLEYN

¿Con quién estaba mi corazón en aquellos años inciertos, de cara a la tormenta que se avecinaba? Siempre con la reina, mi señora adorada, mas sin por ello dejar de estar muy sumiso a su Majestad, dispuesto a seguirle hasta las mismas puertas del infierno. En este punto conviene advertir que los sesudos varones del Parlamento y del Consejo Real entendían por tormenta el peligro de guerra, ora con Francia, ora con España, pues tan pronto parecía que habíamos de aliarnos con el rey de España, contra Francia, como con el rey de Francia, contra España. De esto habría mucho que hablar, mas poco que decir de fundamento, y no digamos de provecho, pues ninguno se saca de las guerras. Mas la verdadera tormenta era la que se estaba fraguando en el corazón de su Majestad, y en el de aquellos que le rodeaban que veían en la reina un valladar a sus torpes ambiciones.

Hay un proverbio en Castilla que dice que «hecho un cesto, hecho cientos», y así que su Majestad perdió el respeto debido al sagrado vínculo conyugal por culpa de la Bessie Blount, o de sus familiares, o del mismo diablo, ya no tuvo reparo en seguir por esa trocha y los demás con él. Digo los caballeros de la corte antes mencionados, mas no los Moro y compañía que nunca consintieron en semejantes desvíos, aunque tuvieran que tolerarlos. Para mi vergüenza yo me conté entre los primeros.

La historia nos muestra cómo las reinas se resignan a la infidelidad de sus regios esposos, pues si es condición en cualquier esposa el perdonar al marido, al que están sometidas, cuánto más lo será en quienes, además, les deben obediencia como reyes que son, amén de la necesidad de que los matrimonios reales perseveren, para el bien de los pueblos, aunque se desacompasen los corazones de quienes lo componen. Es de suponer que esta lección la tendría aprendida nuestra reina Catalina de su excelsa madre la Reina Católica, que también habría de padecer en este punto, si se atiende al número de hijos bastardos que tuvo su egregio esposo (aunque no digo que concebidos mientras duró su matrimonio).

Dolor hubo de sentir nuestra señora cuando, nacido el bastardo Fitzroy, ya no se podía ocultar quién era su padre ni quién su madre, pero bien supo disimularlo. Para su fortuna, al poco de este nacimiento, cayó su Majestad muy enfermo al punto de que se temió que fuera la temible *sweating sickness*, aquel mal del sudor que se llevó a la tumba al príncipe Arturo. Era tal el terror que tenía su Majestad a esta enfermedad que cuando se presentaba en alguna parte del reino, presto tomaba el caballo para marcharse al otro extremo de él.

Pensando que se moría pidió confesión y en todo se mostraba tan contrito que parecía que de salir de aquel trance otra sería su vida. La reina no se apartaba de su lecho ni de día ni de noche, y su Majestad no consentía que nadie que no fuera ella le cambiara los paños de agua fría, único remedio para la terrible enfermedad. La fiebre la tenía tan alta que no cesaba de delirar. El médico de cámara, sir Anthony Peel, que era muy sesudo, no consintió que le hicieran sangrías ni embrujos de clase alguna, sino sólo cataplasmas de agua bien fría con mostaza. Y sir Tomás Moro, que era todavía más sesudo, se presentó una noche con una reliquia de san Etelberto, y dijo que a él habíamos de encomendar la preciosísima salud de su Majestad. Este san Etelberto fue rey de Kent y el primero de los sajones que se hizo cristiano y por su gracia el reino entero de Inglaterra se convirtió a la verdadera fe.

—¿Quién mejor que un rey que fue santo —nos amonestó sir Tomás— podrá mediar desde el cielo porque no muera otro rey del que tanto precisamos?

Y dándonos ejemplo se pasó gran parte de la noche en el oratorio, rezando ante la sagrada reliquia que luego colocó debajo del cobertor de su Majestad. ¿No es de admirar que tanto porfiara por la vida de quien había de privarle, a no mucho tardar, de la suya? Los hombres no llevamos un profeta en ancas y de ahí que no sepamos pedir a Dios lo que verdaderamente nos conviene, pero Dios sí sabe y a sir Tomás Moro, por su fidelidad, le concedió la palma del martirio que le habrá valido un puesto muy alto en el Reino de los Cielos, mientras que otros más torpes seguimos penando en este valle de lágrimas. Pero este miserable servidor, desde su amargura por los acontecimientos que le tocó vivir, no puede por menos de considerar el bien tan grande que nos hubiera venido si el Señor se hubiera llevado a su Majestad aquella noche, arrepentido como estaba de sus pecados, y dejando una reina viuda, más una hija heredera, que entre ambas hubieran llevado a Inglaterra por el buen camino, y no por el que lo llevó aquel príncipe, desde que el demonio se hizo con él. ¿Pero quién soy yo para juzgar los caminos del Señor?

Sea por intercesión de san Etelberto, sea por el acierto de sir Anthony Peel, y en todo caso por los cuidados de la reina, su Majestad no murió y aquella madrugada, cuando le bajó la fiebre, se quedó mirando con mucho amor a su regia esposa y le musitó:

—¿Cómo podré pagar lo que estáis haciendo por mí? ¿Es que acaso no teméis que os pueda contagiar el grave mal que me aqueja? (Esto lo decía por lo medroso que era para las enfermedades.)

A lo que la reina le contestó con mucho cariño:

—De vuestra Gracia sólo he recibido bienes y la enfermera sería el más grande de todos si así salváis vuestra vida, o el Señor dispone que por su causa juntos vayamos a disfrutar de su Divina Presencia.

Escuchando tales hermosuras, y estando yo en el mismo riesgo de coger la maléfica enfermedad (pues tampoco me separaba del lecho real), sentía tanta dulzura en mi interior, que le pedía al Señor que me llevara con ellos, caso de que dispusiera de sus vidas. Tal era el amor que tenía a sus Majestades.

Volvieron las fiebres, pero sir Anthony dictaminó que no era la *sweating sickness* (pues ésta en veinticuatro horas aplica su mortal aguijón) y dijo que podía ser la viruela y entonces tuvimos ocasión de reír, pues su Majestad decía que prefería morir a quedar con el rostro marcado por las pústulas de tan repugnante enfermedad. Digo reír (aunque con el natural disimulo), pues su Majestad, con aquel tono que empleaba cuando niño se dirigía a la princesa Catalina como a su hermana mayor, le suplicaba:

—¿Me seguiréis queriendo si me quedo con el rostro mellado?

La reina, festiva viendo que no se moría, le contestó:

—Os seguiré queriendo, porque os dejaréis la barba y para nada se notarán las mellas.

Ni fue la enfermedad del sudor, ni la de la viruela, sino el sarampión del que salió muy debilitado y parecía que muy entregado a su regia esposa.

No digo que no lo estuviera, pero poco le duró aunque de algo sirvió lo sucedido, pues hasta que cayó en la trampa que le tendiera Ana Bolena, siempre cuidó de no ofender a la reina, procurando no hacer ostentación de sus amoríos, como acostumbran otros monarcas. Eso así porque la seguía amando y hacía muchas cosas por su consejo, todas buenas, y mejor hubieran sido si no se hubiera dejado apoderar por el demonio de la carne que le trastocó el sentido y con él a los que le seguíamos por camino tan carretero.

Cuando su Majestad se metía en algún mal paso de mujeres (que no siempre eran de la corte, pues también frecuentábamos tabernas y figones de perdición), extremaba sus atenciones con la reina y ésta, con ser tan sabia para los negocios de este mundo, en mediando el amor de su regio esposo, parecía tener una venda en los ojos que de ningún modo se quería quitar. También cuidaba su Majestad de no olvidar el débito conyugal pues decía que lo mismo que habían tenido una hija, amén de otros partos que no llegaron a feliz término, podían tener un hijo que sería el rey deseado. Todo esto consolaba mucho a la reina, haciéndole olvidar otros desvíos, y pensando siempre de cada uno que sería el último.

¿Cómo no había de tenerla engañada si en todo procuraba darle gusto atendiendo al menor de sus deseos? Era nuestra señora muy amante de pájaros y flores y como no se le iba de las mientes las delicias de los jardines de Granada, en los que pasó su infancia, quería que los de Inglaterra fueran iguales y en eso se equivocó, pues no podían prosperar en tan ingrato clima florecillas que se alimentan principalmente del sol; hasta que acertó a traer bulbos de Holanda, muy hechos a la humedad, que florecieron con gran esplendor. Enterado el rey de este capricho dispuso que para el día de santa Catalina (29 de abril), que la reina celebraba con gran fervor, le hicieran traer de Amsterdam un navío de buen tamaño, todo él cargado de plantas, que hizo fondear en el Támesis, a tiro de piedra de palacio, para que fuera lo primero que viera nuestra señora en tan señalado día; si los enamorados acostumbran a regalar ramos de flores a sus amadas, su Majestad el rey, de acuerdo con su munificencia, le regaló un barco entero. Esto sucedió el mismo año en que el rey comenzó sus amores con María Boleyn o Bolena, y ya no queda más remedio que hablar de esta desdichada familia que pagó su codicia a alto precio.

Eran las hermanas Boleyn de rancio abolengo por parte de madre, mas no de padre. El abuelo de sir Thomas Boleyn había sido traficante de sedas y lanas, con las que hizo una gran fortuna, que luego acrecentó dedicándose a la vida pública; llegó a ser lord mayor de Londres, que es como alcalde, y alcanzó a casar con una hija de lord Hastings y por ahí les vino la nobleza. El nieto, Thomas, ya muy adinerado, casó con una Howard, hija del duque de Norfolk, llamada Elizabeth, que fue por la que comenzó la relación con su Majestad, pues siendo los Norfolk de las casas principales de Inglaterra siempre anduvieron por la corte.

Este Thomas Boleyn sería de mi edad, siempre afanoso de recibir favores de su Majestad. Andaba muy erguido como corresponde a un embajador, cargo en el que sirvió a la corona en diversas ocasiones, muy acicalado en el peinar, la mirada caída y la nariz grande. Sin ser de buen trato, no puedo decir de él que fuera perverso salvado lo de la codicia, que le llevó a entregar a su Majestad a las mujeres que de él dependían.

Estas mujeres fueron, la suya propia, y sus dos hijas María y Ana Boleyn, por su orden. En cuanto a la esposa, Elizabeth Howard, había sido compañera de juegos de su Majestad en la infancia, y cuentan que siendo príncipe de Gales estuvo muy prendada de él sin que pasara la cosa a mayores. Luego, después de lo de Bessie Blount, tuvieron amores, pero muy efímeros, pues pronto cambió el rey a la madre por la hija. Esta hija, la mayor, venía de Francia con fama de desaforada en amoríos parece que con fundamento, por lo que se verá. ¿Cómo podía ser de otra manera si sus padres la habían educado para medrar a costa de gracias que poco tienen que ver con el espíritu? Siendo muy rico sir Thomas Boleyn (que yo recuerde tenía posesiones en Blickling y en Norfolk, más dos grandes mansiones, la de Hever, en Kent, la de Loo, en el Middlesex, y el palacio de Londres), era más codicioso de honores que de riquezas, y hasta se valía de éstas para conseguir aquéllos. A su costa se fue de embajador a la corte de la reina Margarita de Austria, que entonces la tenía en Bruselas, y de allí pasó a la de Francia, cerca del rey Francisco, y en esta última fue donde se educaron sus dos hijas, conforme a las costumbres francesas que en la corte no podían ser más depravadas.

Baste decir que cuando la familia volvió de Francia a María Bolena la llamaban la «yegua del rey», pues como tal la había tenido el rey Francisco, y por ahí le entró la comezón a nuestro rey Enrique que seguía con su pique con el monarca francés y quería probar de lo mismo que había degustado a quien tenía por rival en todo. En la corte de Inglaterra se consideraba mucho cuanto viniera de París y de las dos hermanas Bolena se decía, como gran elogio, «que no parecían inglesas». María Bolena, aun sin esa fama, tenía gracias suficientes para enamorar a cualquier caballero, pues era muy dulce en el trato, el cuerpo de buenas proporciones, los ojos azules, la nariz menuda y un poco alzada, el cuello fino y alargado, y el talle muy airoso. Era en todo más agraciada que lo que llegaría a ser con el tiempo su hermana Ana y, sin embargo, fue ésta la que casó con su Majestad, alcanzando a ser reina, mientras que María no pasó de amante y no de las más distinguidas, pues el rey cuidaba de no mostrarse en público con ella.

La familia Boleyn había regresado de Francia en el 1520, con ocasión de las fiestas del Campo del Paño de Oro, en las que se encontraron sus majestades de Francia e Inglaterra, a fin de entenderse contra el emperador de España y Alemania, el rey don Carlos I. De la suntuosidad de este encuentro hay crónicas por doquier, y de cómo ambos monarcas se esmeraron por lucirse el uno frente al otro, y hasta participaron en torneos, juegos y bailes. De comida y bebida no se diga lo que corrió, todo lo cual encendía mucho a su Majestad despertando en extremo su lujuria. Allí fue donde se encontró, de nuevo, con su antigua enamorada Elizabeth Howard y a continuación con su hija María, pasando de la una a la otra como si de un juego se tratara.

¿Se concertaron madre e hija para atraer al rey a su redil? ¿Viendo la madre que no podría retener a su Majestad encargó de ello a su hija mayor? ¿Fue acaso, sir Thomas Boleyn quien azuzó a una y otra para conseguir el favor del rey? De todo hubo y mucho podría hablar al respecto, mas no hace al caso; la historia se escribe de prisa, pero se vive despacio. Cierto que su Majestad cayó en las redes de los Boleyn comenzando por la madre, y continuando con las dos hijas, en total cosa de quince años, pero bien que a la postre lo pagaron, pues aquellos padres desalmados vieron cómo el hacha del verdugo segaba en la flor de la vida a su hija Ana y a su hijo Jorge, uno tras otro, por orden de aquella Majestad cuyo favor en tanto tenían.

Digo que la historia se escribe de prisa, pues en pocos pliegos se puede narrar lo que sucedió en aquellos años tan capitales para la cristiandad, mas cada día tiene su propio afán, y lo que se despacha en pocas líneas, se vive despacio. Despacio y con incertidumbre pues ni tan siquiera se alcanza a conocer lo que vaya a suceder en el instante siguiente de nuestra vida.

Una vez que su Majestad obtuvo los favores de María Bolena (y poco tuvo que forzarse para conseguirlo) se mostró muy plácido y agradecido, sobre todo con los varones de la casa Boleyn. Éstos eran el citado sir Thomas a quien nombró tesorero de la casa real, cargo de los más codiciados por el mucho provecho que reportaba; a su hijo Jorge, joven aventajado, le encomendó misiones en el extranjero muy de su gusto pues era muy dado a viajar y a figurar. Y en cuanto al esposo de María Bolena, en extremo complaciente, le dio un empleo en el Consejo Real suficiente para él, pues era caballero de pocas luces. Según el parecer del canciller Wolsey convenía para el decoro de la corte que la amante del rey estuviera casada y, a tal fin, le buscaron por marido a un tal William Carey que casó advertido de lo que sucedía. Por fortuna, en esta ocasión, el cardenal no pensó en mí.

Vergüenza me da reconocer que yo me sentía muy satisfecho con este arreglo, pues su Majestad, muy gustoso en la compañía de María Bolena, se mostraba más sosegado y apartado de andar por tabernas y figones. Ya digo que esta Bolena era de trato muy dulce y mucho complacía al rey. (¡Ojalá su hermana Ana hubiera sido de la misma condición!) Como su Majestad, a su vez, cuidaba el decoro manteniendo ocultos sus amores, en palacio reinaba la paz y quienes no estaban advertidos, pensaban que todo seguía igual entre sus majestades el rey y la reina. Y yo con esto me conformaba pues seguía gozando del favor del rey, sin perder el aprecio de la reina que para mí era lo que más me importaba.

Pero ya nada podía ser igual pues si el sol a cuyo rededor todos girábamos estaba envuelto en nubes de tormenta, antes o después ésta había de estallar. Un primer estallido se produjo cuando llegó a oídos de su Majestad la noticia de que el duque de Buckingham conspiraba contra la corona. Este ducado era el más antiguo de Inglaterra y lo ocupaba a la sazón sir Edward Stafford, tan pagado de su alcurnia que nadie, salvado el rey, podía dirigirse a él con la cabeza cubierta. Mantenía la pureza de su linaje cuidando en extremo los matrimonios de la casa ducal, siendo yernos suyos el duque de Northumberland y un hijo del de Norfolk. Altanero no podía ser más evitando la corte de su Majestad, a quien hacía de menos por proceder de un condado, el de Richmond, con mucho inferior al ducado de Buckingham. Mas de ahí no pasaba la cosa. Con Wolsey se entendía muy mal como no podía ser por menos siendo el canciller hijo de un carnicero.

El caso es que un criado malévolo, a quien el duque había mandado castigar, fue con el cuento al cardenal de que el duque había manifestado que, por su sangre, estaba en línea directa de sucesión al trono de Inglaterra, lo cual podía ser cierto. Digo que podían ser ciertas ambas cosas, tanto su derecho dinástico, caso de faltar herederos de la casa Tudor, como el que lo hubiera dicho delante de criados. A Wolsey, que tantos desprecios recibía del duque, le faltó tiempo para decírselo a su Majestad, sin otro ánimo que el de mantenerlos enemistados, pero sin pensar que la sangre había de llegar al río.

La cólera del rey estalló en proporciones antes no conocidas, y que poco tenían que ver con el joven monarca al que todos habíamos adorado. Cierto que por aquellos años le comenzó una llaga en la pierna derecha, de la que nunca llegó a curar del todo, a modo de una buba, y que mucho le hizo padecer. Desde aquella ocasión todos nos poníamos a temblar cuando la dichosa llaga le supuraba. Sea por culpa de la llaga, sea por la de la sangre heredada de su padre, que alcanzó el trono degollando a los que se le oponían, tomó aquel negocio en sus manos y por una parte mandó comparecer a su presencia al duque de Buckingham y por otra al criado maldiciente. Al primero lo hizo conducir a la temible Torre de Londres y al segundo le pidió una lista de cuantas personas habían oído la frase del duque.

Lista hubo y también un jurado de pares del reino que no osaron decir que aquella frase no constituía traición.

—Pues ya es sabida la pena que merecen los traidores —se limitó a comentar su Majestad que siguió el juicio desde un aposento vecino como tenía por costumbre.

El presidente del tribunal, que era el duque de Norfolk, consuegro del acusado, dictó sentencia de muerte, a lo que el condenado, con gran majestad, replicó:

—Ni soy traidor, ni nadie de mi casa lo ha sido nunca en tantos siglos de existencia como llevamos; pediré al Dios eterno que os perdone, como os perdono yo.

El de Norfolk, que apenas podía disimular su pena por lo que se veía obligado a hacer, dijo al condenado que se encomendase a la misericordia del rey, a lo que su pariente volvió a replicar:

—Prefiero encomendarme a la misericordia de Dios, que no a la de su Majestad.

A lo que el rey dijo:

—Pues que Él se apiade de su alma.

Puedo testimoniar que así fue pues asistí al juicio, encargado por su Majestad de comunicarle lo que iba sucediendo en la sala.

La muerte de los traidores es en exceso cruel en Inglaterra, pues antes de ahorcarlos acostumbran a flagelarlos o, según la malicia del delito, los descuelgan con vida de la horca y los terminan de matar descuartizándolos. De la benevolencia de su Majestad depende el mitigar estas penas, mas en esta ocasión como el condenado no accedió a pedir clemencia, otros intercedimos por él. El primero, como siempre, fue sir Tomás Moro quien mucho se dolió de esta muerte, diciendo que por altanero merecía castigo el de Buckingham, mas no tanto. Con muy buenas palabras razonó con su Majestad haciéndole ver que no se podía condenar a tan alta dignidad por dimes y diretes de criados y que en ningún caso la desdichada frase significaba que quería hacerse con el trono. A todo lo cual su Majestad hizo oídos sordos, por lo que sir Tomás me requirió:

—No queda otro remedio que recurrir a la reina.

Esto mismo me dijo cuatro años atrás, cuando gracias a la mediación de la reina salvaron el pellejo los artesanos ingleses que se habían alzado contra los extranjeros. Como no podía ser por menos sir Tomás Moro tenía paso franco a la cámara de la reina, pero gustaba de ir conmigo pues decía que nadie como yo conocía a nuestra señora. Me veía con sir Tomás cada día pues ambos trabajábamos en negocios que nos encargaba el canciller, haciéndome el honor de pedir consejo, sobre todo cuando mediaban leyes francesas y españolas, a las que yo había cobrado gran afición. Sir Tomás nunca llegó a saber la parte que me tocó en la hazaña de Bessie Blount (o si lo supo se lo calló), y en cuanto a lo de María Bolena no me tenía por más culpable que otros caballeros de la corte. Pese a todo me reprendía el que anduviera en galanteos que a nada bueno conducían, y todo su pío era que había de casar con doncella que no fuera de la corte, sino de lugares en los que se tuviera en más la verdadera sabiduría que los falsos honores. Hasta me propuso marchar con Erasmo a Lovaina, o quién sabe si a Roma o a Salamanca. En todo me trataba como un buen padre y yo en todo le desatendía como un mal hijo.

A la reina nos fuimos quien nos escuchó muy sentidamente, pues como hija de reyes bien sabía el trato que merecen los nobles que son sustento de la corona, siendo muy contraria a que de modo tan injusto, como cruel, se agraviase a la casa de Buckingham. Tentó de repetir la misma suerte que de tanto le valió cuando el motín del 1.º de mayo del 1517, por entender que a su Majestad le gustaría volver a dar muestras de misericordia delante de la corte, para que se tuviera en más su magnanimidad. De ahí que le tomó por sorpresa estando el rey con muchos de sus principales caballeros y ella con las damas de su séquito, pero quizá no acertó en el momento pues su Majestad estaba con su pierna derecha puesta sobre un escabel para aliviar las molestias de la llaga.

Con manifiesto disgusto escuchó el rey las consideraciones de la reina, todas muy razonadas y misericordiosas, consintiendo que permaneciera de rodillas en su presencia (lo cual antes nunca permitía), con un punto de menosprecio en el visaje, y cuando terminó de hablar, como si no mereciera que él discurriera al respecto, preguntó al canciller Wolsey:

—¿Qué piensa su Eminencia de las razones de nuestra señora la reina?

—Que por boca de su Gracia habla la abundancia de su corazón, que es todo misericordia, y que si el condenado bien merece la justicia del rey, difícil es negarse a la misericordia de la reina —contestó el canciller que era maestro en contentar a los grandes de este mundo diciendo semejantes cosas. Pero en este caso de poco le sirvió pues su Majestad, ante el asombro de la corte, le replicó:

—Hermosas palabras que si hubieran salido de otros labios menos fieles que los vuestros, entendería que eran las palabras de un traidor para salvar la vida de otro traidor.

Fue la primera vez que el rey menospreciaba en público a un tiempo a la reina y a su canciller; este último se demudó mas no la reina que con gran bravura siguió defendiendo al de Buckingham, con tal acopio de buenas razones que, a la postre, el rey malhumorado le espetó desabrido:

—Retiraos, señora, y ocupaos de vuestros asuntos.

Excúsase decir el silencio que se hizo en el salón del palacio de Richmond ante tan adusta reprimenda; éramos no menos de cien personas las que en él estábamos y pareció que se quedaba vacío. La reina con gran majestad, al tiempo que humildad, contestó al rey:

—De ellos me estoy ocupando, señor, al ocuparme de los vuestros pues no alcanzo a comprender que algo vuestro no sea mío también, como yo soy toda vuestra.

A todos nos admiró tanta gallardía, aunque los más fieles quedáramos muy dolidos del trato recibido por la reina. Pero cómo sería el talante de nuestra señora que, a pesar del agravio, siguió porfiando en privado por el de Buckingham, encareciendo a su Majestad que si había de morir le dispensara de crueldades innecesarias y mandara degollarlo por la espada, como corresponde a los condenados de noble condición. De nada sirvió y el duque fue arrastrado y descuartizado su cuerpo, luego que fue ahorcado. Es de las muertes más viles que me tocó presenciar, pues sir Edward Stafford hasta el último momento creyó que su suerte habría de ser otra, por no entrarle en la cabeza que un Buckingham muriera como el más ruin de los malhechores; de ahí que cuando vio la horca y las sogas con las que había de ser arrastrado, perdió su altanería y hasta un tanto la compostura que había mantenido durante el juicio.

Triste es reconocer que la autoridad de su Majestad resultó robustecida después de este atropello, ya que desde ese día todos escarmentamos en cabeza ajena. Ítem más; como la ejecución de Buckingham llevaba aneja la pérdida de privilegios muy antiguos, tales como diversas administraciones y mayordomías, entre otras las de Tunbridge, Penshurst y Bradsted, dispuso de éstas a favor de sir Thomas Boleyn, con lo que quedó manifiesto cuánto convenía la amistad del rey y en cuánto había de temerse su enemiga.

CAPÍTULO XIII

«CORRUPTIO OPTIMI PESIMA»

Sin embargo el mundo no se acabó con esto y hasta volvieron años dichosos para la reina. No digo que los cangilones de la rueda de su fortuna alcanzaran a estar arriba del todo, bien repletos de agua como al comienzo de su matrimonio, pero tampoco estuvieron vacíos del todo. Mucho le valió a nuestra señora la visita que nos hizo su Majestad el emperador Carlos I de España y V de Alemania, a la sazón el monarca más poderoso de la tierra. Éste era hijo de la reina doña Juana la Loca, nieto por tanto de los Reyes Católicos y sobrino de nuestra reina a quien en la citada visita trató con gran deferencia. Sería el 1522 y el emperador del Sacro Romano fue recibido como se merecía su altísima dignidad en el palacio de Greenwich, con la corte muy engalanada, y lo primero que hizo al entrar en el salón del trono fue inclinar la rodilla ante su regia tía, la reina Catalina, pidiéndole su bendición como es costumbre en Castilla entre tía y sobrino. A continuación el emperador dijo que no rendía tal pleitesía sólo por razones de consanguinidad, sino por el mucho amor que sentía por una reina de la que se hacían lenguas todas las cortes de Europa, por su prudencia y amor a la verdad.

Enrique VIII, que se envanecía de todo lo suyo, también se envaneció de que en tanto tuvieran a quien le pertenecía como esposa. Allí mismo concertaron la boda de la princesa María, a la sazón de seis años de edad, con el emperador del Sacro Romano que contaba veintidós; mucha era la diferencia de edad (tanta que con quien casó la princesa María fue con Felipe II, hijo de Carlos V) y por eso no llegó a celebrarse el matrimonio, pero mientras duró el compromiso los ingleses sentíanse orgullosos de tener por heredero de la corona de Inglaterra al emperador; y en cuanto a nuestro rey y señor se mostraba muy ufano, diciendo públicamente que «su nieto, el hijo de Carlos y María, reinaría sobre toda Europa como no lo había hecho nadie desde los tiempos de Roma». Así soñamos los hombres y así nos concertamos para alcanzar los sueños de los que el Señor nos despierta ora con amorosos arrullos, ora con estrépito de tormentas.

El rey Enrique VIII quedó muy prendado del Emperador y muy decidido a ser su aliado en todo, tanto contra el francés, como contra los luteranos que al socaire de su herejía querían alzarse (los príncipes alemanes) con todo el poder de Europa. De ahí que ese mismo año se pusiera a componer un libro en defensa de la fe católica atacada por Lutero en su obra *De Captivitate Babylonica*. Nos llevó un año escribir la réplica que se tituló *Assertio Septem Sacramentorum* y en él su Majestad defendía la supremacía de Roma y del Papa y la doctrina de los siete sacramentos. A mí me tocó parte en este quehacer, al igual que sir Tomás Moro, a quien le cupo trabajo tan principal como es distribuir las materias y moderar los excesos de su Majestad que defendía en demasía la autoridad del romano pontífice. Otros humanistas también participaron, pero el impulso fue del rey, de ahí que cuando lo remitió al Papa, que era León X, tan agradecido quedó que le nombró *Defensor Fidei*. Este nombramiento dio que hablar, pues otros príncipes cristianos dijeron que igual derecho tenían ellos a ser considerados defensores de la fe, pero el título sólo lo tuvo, y lo sigue teniendo, el rey de Inglaterra, el único que ya ni admite la autoridad de Roma y poco quiere saber de los siete sacramentos.

El caso es que mientras estuvimos entregados a este trabajo las cosas parecían que volvían a ser como antes, pues el rey, por su gran afición a las letras, se mostraba muy aplicado y muy teólogo, gustando de comentar lo que escribía con la reina; y muy dócil a cuanto le decíamos los que teníamos las humanidades por oficio.

Parecían ser como antes, pero no lo eran, pues si bien mientras discurría sobre los sacramentos se abstenía del trato carnal con María Bolena, luego caía de nuevo y le volvían aquellos arrebatos de cólera que tanto temíamos todos. La reina nos decía que habíamos de tener paciencia, y que la culpa la tenían los dolores de la dichosa llaga de la pierna. En este punto se me ocurre que así como hay santos extáticos, en los que de modo sobrenatural se les presentan estigmas, que son como huellas impresas de la pasión de Nuestro Señor Jesucristo, en su Majestad la llaga era estigma del demonio pues aparecerle y cometer diabluras era todo uno.

Cuando la llaga estaba seca su Majestad seguía con su vida de juegos, danzas y torneos, mas sin que los médicos acertaran la razón presto se humedecía, sobre todo en la primavera y en el otoño, y ahí penábamos todos. Digo del demonio pues con tantas gentes como rodeaban a su Majestad, decía que sólo la María Bolena acertaba a aliviarle su mal, no sé qué clase de alivio sería, pero sí que no era cristiano del todo. En uno de esos ataques decidió privarme del cobro de las rentas de sus tierras, diciendo que eso me distraía de otros quehaceres más importantes, y le pasó el gaje a sir Thomas Boleyn. Mucho me dolió, no tanto por la ganga que perdía (con ser mucha), como por el temor de que con ello perdía el favor del rey. Si tuviéramos los cortesanos en tanto el perder el favor de Dios, como el de nuestros reyes, todos seríamos santos. No dejó de ser esta pérdida como nubecilla de verano, aunque preludio de tormentas mayores durante las cuales mucho me alegré de no andar mezclado en negocios con su Majestad.

Por esos mismos años fue cuando se vino a Inglaterra Juan Luis Vives, ya ha quedado explicado que como maestro de la Universidad de Oxford, aunque por razones de salud, y por el gran aprecio que le tenían sus Majestades, pasó mucho tiempo en la corte, sobre todo desde que le encargaron la educación de la princesa María. Venía Vives precedido de gran fama, ya que había sido profesor en la Universidad de Lovaina y solicitado por la de Alcalá, con un sueldo de doscientos florines de oro al año, y si se decidió por la nuestra, de no tanto rango como las citadas, fue por los buenos oficios de Tomás Moro y Erasmo de Rotterdam. De ahí que sus Majestades le mimaran en todo y tuvieran a gran honor el que accediera a ser preceptor de la infanta.

¿Qué más podía pedir nuestra señora para sentirse dichosa, si parecía que Castilla había podido sobre el resto de Europa, con su hija instruida por un español y prometida al rey de los españoles? No digo más que cuando su Majestad me privó del cobro de las rentas, me consoló diciéndome que se alegraba pues así quedaba más libre para estar cerca de ella y de la princesa.

—Con el tiempo, Juan Egaña —díjome su Gracia—, esta corte no se distinguirá de la de Castilla y como vos sois de ambas quién sabe si no acabaréis siendo chambelán, o hasta canciller.

En tanto me tenía nuestra señora, a la que no siempre yo correspondía como se merecía.

¿Cómo no había de estar muy alta la estrella de la reina si de allí a poco su sobrino, el emperador, derrotó a los franceses en la batalla de Pavía, haciendo prisionero al rey Francisco a quien encerró en una torre de Madrid? A Enrique VIII le cupo gran satisfacción en este trance, pues el emperador le requirió para que actuase como árbitro en las negociaciones que se llevaron a cabo para la puesta en libertad del monarca francés, lo que le dio ocasión de mostrarse generoso con aquel a quien siempre tuvo como enemigo.

En este panorama luminoso, con el francés vencido y aherrojado y el emperador señoreando el mundo entero, la llaga infernal de la pierna derecha hizo una de las suyas, que ni María Bolena acertó a mitigar. Dicen que el remedio que le aplicaba su tierna amante, aparte de caricias y otros embelecos, era un ungüento de perlas mágicas, trituradas, y que cuando el rey supo que la magia la ponía una monja medio embrujada, temiendo por su alma (por su Majestad era muy enemigo de supersticiones) montó en cólera y desde esa ocasión aquella Bolena comenzó a perder favor en provecho de otra Bolena; su hermana pequeña, Ana.

193

En medio de ese arrebato se le ocurrió al cardenal Wolsey, quizá para distraer de su mal al rey, dar una gran fiesta en su residencia de Hampton Court. De las magnificencias de este palacio se cuenta y no se acaba y ahí está para comprobación de sus excelencias; la casa es la más grande de toda Inglaterra y la hermosura de su jardín no tiene parangón, yendo a terminar en un meandro del río, tan sosegado y recogido, como no lo hay igual en todo el reino. Ya por entonces su Majestad había puesto sus ojos sobre la pequeña de las Bolena y ésta, a su vez, los había puesto en aquella hermosa mansión. El caso es que cuando más gozoso se mostraba el canciller-cardenal, oyendo alabanzas de unos y de otros sobre tanta belleza allí reunida, sobre todo de obras de arte que se hacía traer de Italia y Flandes, su Majestad, con un tonillo de voz que bien conocíamos y temíamos los que andábamos en su rededor, le espetó:

—Decidme, Eminencia, ¿para qué se ha construido tanta hermosura quien dice que sólo se debe a Dios?

Cuál no sería el talento del canciller, que bastaron estas palabras para adivinar el peligro que se cernía sobre su cabeza, y en el acto, aunque el rostro un tanto demudado, contestó con gran viveza:

—Me debo a Dios en lo que atañe al Reino de los Cielos, y a su Majestad en el de este mundo; y esta mansión no la he construido para mí sino para ofrecérsela a su Gracia, como testimonio del gran amor que le profeso.

Esto le valió al cardenal permanecer en el favor del rey cosa de tres años más, pues su Majestad, como si todo le fuera debido, se hizo con Hampton Court que fue el cobijo de sus amores con Ana Bolena.

Para compensar a Wolsey su generosidad, cuando de allí a poco los franceses pagaron dos millones de coronas como rescate por la ciudad de Boulogne, consintió que el canciller se embolsara cien mil de ellas. Fue un mal arreglo para todos pues desde ese día parecía que cualquier propiedad, bien de la nobleza, bien de la Iglesia, podían pasar a la corona si así lo deseaba su Majestad, quedando a su arbitrio el que hubiera, o dejara de haber compensación. Y bien que se aprovechó de ello el rey cuando, separado de Roma, se hizo con las riquezas de la Iglesia en Inglaterra para sí o para los que le eran fieles.

¿Qué se hizo de aquel príncipe generoso que se deleitaba con la lectura de Horacio y se recreaba con los escritos de los santos Padres de la Iglesia? ¿Qué se hizo de quien se consideraba el más feliz de los mortales por haber desposado a doncella a la que en todo tenía en más que a su propia persona? ¿Qué se hizo de quien se complacía con la dicha de sus súbditos y tenía en más la misericordia que la justicia? ¿Qué se hizo de tanta gracia, hermosura y donaire? Porque conviene advertir que según el rey se dejaba arrastrar por sus pasiones bien de mujeres, de gula, o de otros bienes terrenos, perdía el donaire de su figura ya que como dice el de Aquino la destemplanza, al tiempo que enturbia el alma, desbarata la armonía del cuerpo.

«Corruptio optimi pessima» predica el Libro Santo con gran sabiduría, pues quien en la virtud llega muy alto en su caída alcanza los más negros abismos. ¿No fue acaso Judas virtuoso al punto de ser tomado por el Señor como apóstol, y al igual que los demás de ellos capaz de hacer milagros? Mas cuando cayó ¿no llegó con la soga al cuello hasta el hondón de los infiernos? ¿No fue acaso, Nerón, instruido en el amor a la verdad por tan gran filósofo como fuera Séneca y, sin embargo, cuando se apartó de la virtud no dispuso la muerte de éste, como antes había dispuesto la de su propia madre?

Viene a cuento la comparanza, salvadas las distancias, porque pocos príncipes tuvieron tan excelsos maestros como su Majestad, pocos fueron tan amorosamente recibidos por su pueblo, pocos estuvieron adornados de tantas virtudes, y pocos las desaprovecharon tan desaforadamente cuando mayor fruto hubiera debido sacar de ellas.

¿Y qué encontró en la Ana Bolena que le condujo a tales extremos de insania? ¿Qué tenía la pequeña de los Boleyn que no tuvieran otras damas, que bien dispuestas estaban a ofrecerle favores no menos gratos para su desmesurada concupiscencia?

Tendría Ana Bolena cuando el rey se prendó de ella cumplidos los diecinueve años, aunque otros dicen que no más de quince o dieciséis, yo no lo puedo asegurar, sino sólo que sería como cuatro años menor que su hermana, y que no tenía la gracia ni la dulzura de ésta. De virtud no quiero hablar, pues ya queda explicado cómo María Bolena venía muy trasteada de la corte de Francia, mientras que la gracia de Ana estuvo en que se presentó ante su Majestad como muy celosa de su honestidad, haciéndole ver que no le entregaría la flor de su virginidad si no mediaba matrimonio (aunque luego se conformó con promesa), lo cual parecía disparatado estando casado su Majestad, y no siendo de estirpe real la que lo pretendía.

Era de estatura mediana, el cuerpo bien proporcionado aunque muy justo de carnes; el rostro agraciado en el que destacaban unos ojos garzos que sabía hacer reír cuando quería y de los que se servía para sus enredos con los hombres, pues en ellos estaba su principal encanto; tan pronto parecían los de una niña pequeña, como los de una mujer muy amorosa. Con aparente candor gustaba de llevar vestidos muy descotados para que le lucieran bien los pechos que, sin ser notables, eran suficientes. Los cabellos se los hacía peinar siempre muy recogidos para que resaltara el cuello que lo tenía muy fino y alargado, por lo que poco trabajo debió de tener el verdugo para segarlo cuando le llegó su día. En su mano izquierda en lugar de un dedo tenía un muñón, por un accidente que tuvo de niña, y ella lo disimulaba calzando siempre guantes, por lo que a la gente le dio por decir que tenía seis dedos como señal del diablo. Que el demonio anduvo en este negocio, claro está, pero también que no acostumbra a marcar así a las personas. No se me ocurre qué más decir de ella, salvo que no se hacía querer de las gentes, sobre todo del pueblo llano, como no podía ser por menos en quien venía a arrebatar el puesto a reina tan querida, como era nuestra señora. A mí siempre me miró con gran recelo pues conocía mi devoción por la reina.

Cuando esto sucedía había cumplido el rey Enrique VIII los treinta y cinco años, edad en la que a muchos les da por reflexionar y a su Majestad le dio por querer empezar a vivir de nuevo, como si el pasado no contara. De impaciente estaba más que nunca y tan pronto quería ir de caza, como jugar a la pelota, o a los naipes, o tirar al arco, o decir que había que escribir otro tratado refutando nuevos excesos de los luteranos, o que había que declarar la guerra al rey de Francia, o ir a combatir al turco a tierras de Hungría. Días había que oía tres misas, días que decía que él había nacido para monje, mas no por eso dejaba ninguno de ellos de prodigarse suculentos banquetes, pues en el comer y el beber decía que estaba la salud. Con la misma gracia que había pasado de la madre a la hija, pasó ahora de la hermana mayor a la hermana pequeña, aunque miento, pues así como en lo anterior todo fue ir de un lecho a otro, en esta ocasión Ana Bolena no consintió a su Majestad otras licencias que las que se tomaba con cualquier doncella de la corte, esto es, caricias disimuladas. ¿Es que acaso esta Bolena era más virtuosa de lo que lo había sido su madre y su hermana? Sólo alcanzo a decir que era una doncella enamorada, a la que entre unos y otros la desencaminaron de su amor verdadero hasta dar con ella en el cadalso, y por eso debemos compadecerla. Este amor era un joven noble, de nombre Percy, hijo del duque Northumberland y llamado a ser su heredero, que servía en el séquito del canciller Wolsey y con tal motivo visitaba con frecuencia la corte, quedando prendado de la joven Bolena y siendo correspondido por ésta.

Cuando su Majestad comenzó a interesarse por ella, la familia Boleyn (cuya prosperidad era creciente al amparo del monarca) se dispuso una vez más a darle gusto, mas con gran asombro de todos se encontraron con la resistencia de la joven quien temió que si cedía ante el rey, los Northumberland, de los linajes más nobles de Inglaterra, no consentirían que matrimoniara con su heredero. Cierto que las amantes del rey luego casaban, pero no con gente de tanta alcurnia. Prueba de ello es que cuando María Bolena quedóse viuda y sin otro título que el de amante de su Majestad, hubo de conformarse en casar con un alabardero de la guardia; y esto porque cometió el exceso de quedarse embarazada de él.

Por ahí empezó su resistencia y de ahí el ardor del rey en conseguirla. Cuando los Northumberland vieron a su Majestad tan encelado con la joven Bolena, temiendo por la suerte de su hijo, le obligaron a apartarse de ella; en esto también tuvo su parte el cardenal Wolsey que, en tra-

197

tándose del rey, cedía en lo que no consentía para sí, pues su Eminencia fue siempre muy casto y en punto a mujeres nada se puede decir de él. En cambio en aquella ocasión se prestó a esta tercería, despidiendo al joven Percy de su séquito y haciéndole ver que le convenía alejarse de la corte.

Quedó Ana Bolena como es de imaginar en joven enamorada separada injustamente del amado, y conociendo la causa de su mal se mostraba distante de su Majestad, hasta llegar a faltarle al respeto debido. Fueron ahora los Boleyn los que temieron la cólera del rey y dispusieron que su hija se fuera a un castillo que tenían en Irlanda; no podía el diablo haberlo urdido mejor pues el rey, encendido por la separación, se puso a escribirle cartas tan rendidas como pudiera hacerlo el más apasionado de los enamorados. Para colmo cartas muy limpias en las que ofrecía su vida entera amén de poner el reino a sus pies al igual que hiciera Herodes Antipas con Salomé. De esto soy testigo pues me tocó llevarle de mi mano alguna de estas cartas y, hasta vergüenza me da decirlo, en ocasiones ayudarle a escribirlas pues su Majestad quería que fueran muy cumplidas. Aquello era un volcán, una locura, y yo un miserable que me prestaba a ello, no por amistad, no por agradecimiento a quien tanto debía, sino por miedo. Porque desde que cayera la cabeza de Buckingham nadie parecía tener segura la suya sobre los hombros.

Tengo para mí que cuando los Boleyn vieron a su Majestad tan rendido, se concertaron para sacar más provecho del conseguido con el negocio de la madre y de la hija mayor; y esto sólo podía venir por vía de matrimonio.

Ya queda dicho que la reina parecía tener una venda en los ojos que no se quería quitar, mas en esta ocasión no le quedó otro remedio, pues fue el mismo rey quien se la arrancó de una vez por todas. Con asombro mal disimulado de todos los sabios de Inglaterra, y aun de otras cortes europeas, comenzó a decir que su conciencia no le permitía seguir viviendo bajo el mismo techo que la que había sido esposa legítima de su hermano, pues el *Levítico* dispone que «no descubrirás la desnudez de la mujer de tu hermano y que el que toma la mujer de su hermano comete terrible crimen y quedarán sin hijos».

Hubiera sido de reír que, a estas alturas, le entraran tales escrúpulos a quien tantos años de feliz matrimonio había tenido junto a la más cumplida de las reinas, si no fuera porque en los asuntos del rey nadie se atrevía a reír.

¿Qué puedo decir yo que no se haya dicho, ya, sobre «*the King's matter*», que ha hecho correr ríos de tinta en el mundo entero y sobre el que se han pronunciado los más ilustres teólogos, hasta de la Universidad de Salamanca? Sólo diré aquello que me tocó vivir y sobre lo que, por tanto, puedo testimoniar comenzando por la consulta que su Majestad hizo a sir Tomás Moro y, de rechazo, a mi modesta persona. Es sabido en cuánto tenía el rey a Tomás Moro y cómo quería atraérselo a sus intenciones, por lo que con gran acopio de citas bíblicas le quiso hacer ver que por haber casado con la mujer de su hermano, Dios le había castigado sin hijos varones que es tanto como dejar el trono sin sustento. De primeras le contestó sir Tomás que no era teólogo y que mal podía opinar sobre tan delicada cuestión, mas tanto le presionó el rey que dijo el ilustre humanista que lo estudiaría.

Sir Tomás Moro, con aquella su clarividencia natural, desde el primer momento determinó que «el asunto del rey» no era cosa de reír, como pretendía yo arguyéndole que cierto que Catalina había sido esposa del príncipe Arturo, pero del trance había salido tan virgen como entró, y que así lo había manifestado su Majestad con un punto de jactancia en la noche de bodas, de lo que había testigos. A lo que me replicó sir Tomás:

—¿Creéis, querido Juan, que los que testificaron entonces, se atreverían a hacerlo ahora?

A lo que no supe qué responder pues yo era uno de esos testigos, pero con el corazón encogido en todo lo que al rey atañía.

También estaba a favor de la reina el que en su día, y de eso iba ya para veinte años, el Papa había concedido dispensa para el nuevo matrimonio atendido el posible parentesco de afinidad, aunque a esto respondía su Majestad que si su enlace con la reina Catalina iba no sólo contra la ley escrita de Dios, sino también contra la ley natural, de ningún modo podía dispensarla la Iglesia. Su

Majestad tenía respuesta para todo, pero ninguna a derechas pues sus intenciones no podían ser más torcidas, como se verá. Yo estaba muy encendido con este asunto pensando en el dolor de la reina, pero sir Tomás Moro me reprendió así:

—No nos toca a nosotros resolver esta cuestión, pues doctores tiene la Santa Madre Iglesia, y si tampoco nos corresponde entrar en la conciencia de los demás, cuánto menos en la de su Majestad cuyos escrúpulos no somos quién para juzgar.

Así se expresó el prudente caballero, de manera que llegué a pensar que lo hacía por zafarse de tan enojosa cuestión, dándosele poco de su conciencia, con lo que queda manifiesto, viendo lo que luego sucedió, cómo mi pensamiento además de ruin era necio.

Salimos de aquella embestida de su Majestad, quien se fue en busca de otras fuentes más propicias a sus deseos, y a mí me cupo ser de los primeros en hablar a la reina del «asunto del rey». Estaba su Gracia un tanto nerviosa, sin ese sosiego que tanto nos complacía a los que la amábamos, muy desconcertada ya que su Majestad había dejado de frecuentar la regia alcoba, con muchos suspiros de contrición, pero pocas explicaciones. Explicaciones le llegaban a la reina, que ya conocía el trajín que se traía Ana Bolena con su familia de idas y venidas, pero no alcanzaba a conocer las intenciones del rey y cuando las supo de mi boca, dijo una frase que nunca más volvió a repetir:

—¡Valiente cerdo! ¿Se avergüenza de haber contemplado la desnudez de quien se entregó a él ante el altar del Altísimo y no se avergüenza de haber contemplado la de todas las rameras con las que ha mancillado su condición de príncipe cristiano?

Y sin poderse contener rompió en amargo llanto y con ella la fidelísima María Salinas, única de sus damas que escuchó la terrible frase. Nunca más volvió a faltar de palabra a su Majestad y aunque bien que defendió la validez de su matrimonio, por lo mucho que le iba en ello, no sólo para sí, sino también para la legitimidad de su hija, la princesa María, cuidó siempre de recordar a su Majestad como el príncipe generoso que había sido, hasta que el demonio lo convirtió en león rugiente.

CAPÍTULO XIV

«EL ASUNTO DEL REY»

Mas el león rugiente bien que supo disimular su condición durante aquellos años. Por lo pronto encontró un confesor que en todo le dio la razón, con lo que su conciencia quedó muy oronda. ¿Cómo no había de encontrarlo si de allí a poco casi todos los clérigos y frailes de Inglaterra (salvados los que pagaron su fidelidad con la palma del martirio) estaban conformes en separarse de Roma con tal de dar gusto a su Majestad? Además, en el tiempo que cortejó a Ana Bolena, que fue cosa de dos años, se mostraba apartado de su anterior vida licenciosa, muy piadoso y de misa diaria, y muy estudioso de las Sagradas Escrituras a las que daba mil vueltas para, retorciéndolas, topar con la razón que no tenía.

Pero eran muchos los que se la daban y el primero de todos, como no podía ser por menos, el canciller Wolsey que no sólo le dio la razón sino que le dijo que dejase de su cuenta el conseguir de Roma la nulidad del matrimonio. ¿Es que acaso quería el canciller-cardenal que casase con la pequeña de los Boleyn? No, por cierto, pero Wolsey, al igual que el resto de los cortesanos, entendía que antes o después se rendiría la altiva doncella, que así pasaría a ser una más en la lista de amantes del rey, quedando su Majestad libre para contraer nuevo matrimonio. ¿Con quién quería casarle su canciller? Con una princesa de Francia, ya que por entonces el pío de los ingleses era aliarse con los franceses, en contra del emperador Carlos I de España y V de Alemania. O, por lo menos, era el pío del canciller Wolsey que había recibido diversas ofensas del emperador, la más señalada el no ayudarle a acceder al solio pontificio cuando quedó vacante por el fallecimiento del Papa Adriano VI. También tenía en su contra el emperador que, como no podía ser por menos atendida la diferencia de edad, había olvidado su compromiso de casar con la princesa María, contrayendo matrimonio con Isabel de Portugal. Corrían, por tanto, malos vientos para Castilla en la corte de Inglaterra y todo suma cuando de desgracias se trata.

Ya digo que todos confiábamos en que la pequeña Bolena cedería en su virtud, y al decir todos no excluyo a la reina que, aunque resignada a perder el amor de su egregio esposo, de ningún modo podía admitir la invalidez de su matrimonio que sería tanto como privar a su hija de los derechos de sucesión al trono. Pero había más en lo que a la reina atañe, pues nuestra señora también tenía una conciencia que, a diferencia de la de su Majestad, estaba muy ajustada y de ella no había de separarse un ápice como se verá por lo que sigue.

Con haber padecido muchas amarguras en mi vida, las de aquellos años fueron las más colmadas, enredado como andaba entre ambas Majestades. Con el corazón deseaba dar gusto en todo a la reina, pero con la cabeza procuraba no disgustar al rey por razones que son de suponer. Su Majestad me miraba con algún recelo, pero no del todo, y de vez en cuando me hacía encargos muy penosos de cumplir. Un día, cuando ya vivían separados, la reina en palacio y el rey en Hampton Court, me pidió su Majestad que dijera a la reina que había de consentir en lo de la nulidad de su matrimonio y retirarse a vivir a un monasterio y que, en tal caso, él reconsideraría los derechos sucesorios de la princesa María.

Con tan triste embajada me puse a las plantas de su Gracia, quien me dijo con un tono tan dolorido que traspasaba el corazón:

—Nada sería más de mi gusto, Juan Egaña, que retirarme a un monasterio, pues si he perdido el amor del más querido de los esposos, ¿qué puedo esperar ya en esta vida? Sólo el amor de Jesucristo que es esposo que nunca nos olvida, ni en esta vida ni cuanto menos en la otra.

Pero ¡ojo!, Juan Egaña, que si bien me resigno a perder el amor de su Majestad que, como todo lo de este mundo es cosa de pocos años, no me resigno a perder el de Nuestro Señor Jesucristo, que es para siempre en la eternidad beatífica. ¿Y qué habría de hacer para que el matrimonio que fue válido se convirtiera en inválido? ¿Jurar ante las Sagradas Escrituras que las cosas fueran de distinta manera a como sucedieran? ¿Decir que entre el príncipe Arturo y yo ocurrió lo que no tuvo lugar, pese al cariño y respeto que nos profesábamos? ¿Decir que su Majestad fue forzado al matrimonio, cuando vino a mí como el más rendido de los enamorados? ¿Decir que obtuvimos la dispensa de su Santidad el Papa, con engaños? ¿Decir que nos remordía la conciencia por estar viviendo aquel amor que fue tan hermoso que, si naciera de nuevo, estaría dispuesta a repetirlo, aun sabiendo de estas penas que ahora me toca padecer? Decidme, Juan Egaña, vos que sois maestro en leyes, qué debería hacer sin faltar a mi conciencia, para dar gusto a su Majestad en tal principal cuestión.

Nada podía decir ante tanta hermosura, sino sólo tomarle las manos y besarlas con muchísimo amor. No digo que siguiera siendo la más hermosa de las mujeres, pues las penas habían hecho trazas en su rostro, que lo tenía un tanto descuidado desde que el rey la apartó de su lado. En cuanto a su adorno personal lo mismo cabe decir ya que, aun sin serlo, vestía tocas de viuda para que quedase manifiesta la magnitud de su dolor. Y, sin embargo, no le faltó un punto de picardía cuando, al despedirme, me dijo:

—No obstante, podéis decir a su Majestad que estaría dispuesta a entrar en un monasterio, si él hiciera lo mismo y se retirara a otro.

De estas embajadas salía como Dios me daba a entender, siendo muy sincero con la reina y no tanto con el rey a quien decía lo que quería oír, sin dárseme demasiado de lo que cantara mi conciencia.

Hubo otros embajadores que fueron más sinceros que yo y por lo mismo salieron peor librados, tal fue el caso de Juan Luis Vives en quien encontró mucho apoyo nuestra señora, amén de gran ayuda en la educación de la princesa María, único consuelo que le quedaba a su Gracia.

Siendo la autoridad del ilustre humanista reconocida en toda Europa, era natural que la reina le pidiese mediación en el conflicto, pues el rey no podía por menos de oírle dado el respeto en que le tenía.

En un encuentro que tuvimos en los jardines de Hampton Court, Juan Luis Vives razonó a su Majestad por extenso y con buena cita de Santos Padres de la antigüedad, especialmente de san Jerónimo y san Agustín, que se manifestaban contrarios a los deseos del rey. Éste, por venir de Juan Luis Vives, procuraba disimular su disgusto y a la postre arguyó que el reino necesitaba un heredero varón que no le había dado la reina, ni le podía dar como consecuencia de la dichosa maldición del *Levítico*. A lo que el Juan Luis Vives le contestó con notable gracejo:

—¿Cómo así necesitáis un varón para sucederos? ¿Es que acaso existe alguna ley en Inglaterra que prohíba reinar a las mujeres? Pues no siendo así vuestra fortuna es doble, ya que en vuestra mano está elegir el futuro rey de Inglaterra escogiendo para la princesa María el mejor de los maridos.

Y por este camino le razonó con mucho fundamento cómo natura no da siempre a los reyes, por vía de la sangre, el mejor de los herederos y de ahí los apuros que pasan muchas casas reales. Cuanto más sabias eran las consideraciones del ilustre humanista, más se oscurecía el rostro de su Majestad que no quería oír otras razones, que las que su pasión por Ana Bolena le dictaba.

En estos encuentros seguía yo la máxima que aprendiera del capellán Geraldini, de que el hombre es dueño de sus silencios y esclavo de sus palabras, mas luego me remordía la conciencia pues el silencio deja de ser virtud cuando quien sella los labios es la cobardía.

Pero llegó a más la gallardía del Juan Luis Vives pues, entretanto, el cardenal Wolsey había conseguido de Roma traer la causa sobre la nulidad del regio matrimonio a la corte de Inglaterra, con un legado pontificio, el cardenal Campegio, que junto con el cardenal inglés y alguno más había de decidir sobre la espinosa cuestión, hurgando mucho acerca si hubo, o dejó de haber, cópula entre Catalina de Aragón y el príncipe Arturo, como si de ello dependiera todo. Fue requerida nuestra señora a deponer ante ese tribunal eclesiástico, en todo tan parcial a su Majestad, «para que manifestara su opinión». Y como se le autorizara a asistirse de consejeros, la reina quiso que estuviera a su lado el citado Juan Luis Vives, a lo que éste se opuso con mucha viveza, diciéndole:

— ¿Qué es esto de dar vuestra opinión? Opinión es juicio que se forma sobre algo que no se sabe muy bien y vuestra Gracia nada tiene que opinar sobre lo que conoce con todo fundamento y ya lo ha testimoniado en diversas ocasiones. Su Majestad el rey sólo pretende que comparezcáis para que parezca que sois oída en un juicio en el que de poco va a servir lo que digáis. Por tanto más vale que seáis condenada sin defensa de nadie, pues eso os valdrá más ante Roma.

Era tan sabia su reflexión que en esta ocasión no callé y, como abogado que era, le urgí a nuestra señora para que hiciera lo que le decía el ilustre humanista, pero no quiso hacernos caso y se presentó sola ante el tribunal. El tiempo dio la razón a Juan Luis Vives, pues el tal juicio fue una farsa, y el propio cardenal Campegio, viendo el cariz que tomaban las cosas, alzó el vuelo a la primera ocasión retornándose a Roma para no tomar parte en el amaño organizado por el canciller-cardenal.

¿De qué le valió tanta honradez al Juan Luis Vives? Le valió para que tanto el rey como la reina le retiraran la pensión de la que se mantenía, el primero por temor a que siguiera razonando en su contra, y nuestra señora porque entendió que le había desasistido cuando más precisaba de él. En esto se equivocó nuestra señora y pasado el tiempo le pidió disculpas. Pero su Majestad, el rey, llegó a más y le hizo prender, teniéndole en prisión durante cuarenta días y soltándole al cabo, con la condición de que no había de volver a poner los pies en la corte, cosa que Juan Luis Vives hizo de mil amores. Así, después de tantos años de trabajo y de tanto lustre como dio a la corte de Inglaterra, salió Juan Luis Vives del país más pobre que las ratas, al extremo que hube de pagarle de mi bolsillo el pasaje de regreso y algunas expensas para el camino. Fue de las pocas cosas buenas que hice en este malhadado asunto.

Prosigamos con las víctimas de «el asunto del rey». El siguiente, quién lo había de decir, fue el propio canciller del reino, el cardenal Wolsey, que no había acertado a dar gusto a su Majestad en lo más principal: conseguir el divorcio. A todo esto la joven Bolena, viendo que podía ser reina, se las arregló para mantener encendida la llama de la pasión en su Majestad, con tanto acierto, que hombre tan recio para los demás era en sus manos como blanda cera. Bien sabía Ana Bolena que Wolsey trabajaba en «el asunto del rey» para ver de casarle con una princesa de Francia por eso, en cuanto se le presentó la ocasión, consiguió de su Majestad que lo apartara de la cancillería.

La ocasión la propició la aparición de un joven clérigo llamado Cranmer, muy dado al estudio y buen teólogo de Cambridge, que no siendo amigo del Papado (había estudiado mucho las doctrinas luteranas) pronto acertó a convencer a su Majestad de que para nada necesitaba de Roma, pues la Iglesia de Inglaterra, con la opinión de las principales universidades del país, eran suficientes para decidir sobre la nulidad de un matrimonio consumado en contra de la ley natural. A tanto llegó su audacia que con extrema hipocresía se tituló a sí mismo legado de la Sede Apostólica y, como tal, constituyó un tribunal que acabó por determinar la nulidad del matrimonio real. Esto le valió, con el tiempo, llegar a arzobispo de Canterbury.

Con tan buen consejero ¿qué falta le hacía a su Majestad el anciano cardenal Wolsey? Como primera medida fue desposeído del Gran Sello de los Cancilleres, que a Wolsey le faltó tiempo para entregar de prisa y corriendo, temiendo lo que vendría después. Apresuróse a trasladarse a su sede de York de la que era obispo, pero nunca había pisado antes, y cuentan que durante el poco tiempo que le dejaron ejercer su episcopado, lo hizo muy cumplidamente no pensando más que en hacer obras de caridad. Pero su Majestad —corruptio optimi pessima—, no queriendo que saliera tan bien librado quien no había sabido servirle, dispuso su traslado a la Torre de Londres so pretexto de que había defendido la jurisdicción papal no sólo en el dichoso «asunto del rey», sino también en lo relativo a los derechos de la corona sobre los bienes de la Iglesia. Porque su Majestad le había tomado gusto a hacerse con estos últimos, no viendo más que ventajas en no depender de Roma.

¿Quién mejor que Wolsey no había de saber que entrar en la Torre de Londres, era para salir de ella sin cabeza? Pero Dios se compadeció del ilustre prelado y camino de su encierro cayó enfermo de muerte en la ciudad de Leicester, y ningún noble quiso recibirle en su palacio, pues venía señalado por el dedo del rey, por lo que tuvo que acogerse a la caridad de una abadía de benedictinos, de las más pobres. Sus últimas palabras fueron éstas: «Si hubiese servido a Dios con la diligencia que he puesto en el servicio del rey, no me hubiera desamparado a la puerta de la muerte. Pero ésta es justa recompensa que debo recibir por los trabajos y diligencia mundana que me he tomado para satisfacer tan sólo sus vanos placeres sin consideración a mis deberes piadosos.»

Así consta en el cronicón del monasterio de Leicester para memoria de los siglos futuros.

Como las cerezas que tiran las unas de las otras, así se sucedían las muertes y a no mucho tardar llegó la de mi amado sir Tomás Moro, la más sonada en toda Europa.

Había decidido su Majestad que no quería un nuevo canciller prelado de la Iglesia y siendo Tomás Moro el caballero más sabio de Inglaterra, en él recayó el nombramiento. Lo aceptó con agradecimiento, no exento de temor por estar a medio resolver «el asunto del rey». Pero su Majestad fue el primero en tranquilizarle diciéndole que le tomaba a su servicio por lo muy experimentado que estaba en negocios de Estado y la mucha consideración de que gozaba en todas las cortes europeas, y que en cuanto a su matrimonio con la reina no le competía al canciller del reino el resolverlo y que, además, no quería que de ningún modo hiciera o dijese nada que no creyera de acuerdo con su propia conciencia; y que debía mirar primero a Dios y después de Dios a él.

Estas cosas las decía su Majestad con gran sinceridad y pensaba que habían de ser así, mas luego le tomaba el demonio de las pasiones y lo que era blanco se le convertía en negro.

Fueron muchas las personas en Inglaterra que se alegraron con este nombramiento, y la más señalada de todas nuestra señora, la reina, que concibió esperanzas de que el nuevo canciller conseguiría enmendar la voluntad del rey en cuestión tan principal para ella. Tuvieron encuentros y sir Tomás Moro la trató con mucho amor y hasta se atrevió a decirle que para él siempre sería la reina (que ya era mucho arriesgar si esto llegaba a oídos de su Majestad), mas bien claro le advirtió que no había de intervenir en el asunto de su matrimonio, que correspondía a la Iglesia. La reina, cegada como estaba por el sufrimiento, no tomó a bien estas palabras y durante algún tiempo no quiso saber nada de sir Tomás Moro. Yo la consolaba y le hacía ver las razones que asistían al canciller, pero de poco servía.

Tres años estuvo en su cargo sir Tomás Moro que fueron de gran provecho para Inglaterra. Hizo tanto por la paz entre los pueblos de Europa que Erasmo de Rotterdam le llamaba «el pacificador de Chelsea», por ser éste el lugar de su residencia. También se ocupó mucho de la justicia, cuidando que no hubiera abusos en los tribunales, para lo que contó con mi ayuda que se la presté gustoso; éstos hubieran sido los años más felices de mi vida, si no fuera por la tristeza que embargaba a mi señora, sobre todo desde que su Majestad la separó de su hija, la princesa María. Lo hizo temiendo que la reina, por fuerza, habría de malquistarle con él y en eso se equivocaba, pues nuestra señora bien que cuidaba de que su hija no olvidara quién era su padre, y cómo ante la ley de Dios y de los hombres estaba llamada a sucederle y en todo le debía respeto y reverencia.

Cuando le apartaron a la princesa María requirió la reina la presencia del canciller, rogándole intercediera en su favor. A lo que sir Tomás, con lágrimas en los ojos, le contestó:

—Pedidme la vida, señora y reina mía, y tened por cierto que os la daré con gusto. Pero no me pidáis lo que no depende de mí, como es el asunto de la educación de la princesa.

Mas como la reina le insistiera con nuevas razones, sir Tomás, como una premonición de lo que de allí a poco había de suceder, le dijo:

—Me temo que lo que yo pienso de vuestro matrimonio es cosa bien sabida, no siendo del todo improbable el que eso me pueda costar la vida, por tanto, señora, os puedo dar la razón con mi propia vida, pero no puedo daros lo que no depende de mí.

Así quedó la cosa, la reina consolada sólo en parte, pues lo que ella deseaba por encima de todo era tener junto a sí a su amada hija.

Como un huracán que arrasa cuanto encuentra a su paso así se desató la furia de su Majestad cuando el Papa Clemente VII determinó la validez del matrimonio de Enrique y Catalina y, por ende, nulo el que había contraído con Ana Bolena. (Los había casado en secreto el obispo Cranmer, siempre tan deseoso de agradar a su Majestad y, para colmo, lo hizo estando ya preñada la pequeña de los Boleyn que, a la postre, se conformó para ceder en su virtud con promesa de matrimonio.) De este Papa decían algunos que el mejor servicio que prestó a la Iglesia fue el de morirse, pues en todo lo demás estuvo muy desacertado, pero digo yo, de mi cuenta, que en este asunto del matrimonio de los monarcas supo hacer lo que debía, ya que hubiera sido gran oprobio para la Iglesia hacer lo contrario para dar gusto al rey de Inglaterra.

Respondió su Majestad, el rey Enrique VIII, haciendo que el Parlamento votase el *Acta de Sucesión*, que todos los ciudadanos estaban obligados a jurar, en la que se reconocía a Ana Bolena como reina y a sus posibles hijos como herederos del trono. A continuación, por otra ley del Parlamento de noviembre de 1534, titulada *Acta de Supremacía*, se reconocía al rey como suprema cabeza de la Iglesia de Inglaterra con poder sobre laicos y clérigos.

Ante tal cúmulo de desatinos sir Tomás Moro, con la prudencia en él acostumbrada, se limitó a presentar su dimisión al rey alegando razones de salud, lo cual en parte era cierto pues las dolencias le aquejaban por doquier, sobre todo las del alma, dolorida como la tenía por el gran mal que se avecinaba para la amada esposa de Cristo, la Iglesia. Causó gran admiración en la corte esta decisión por ser la primera vez en Inglaterra que un canciller dejaba de serlo, de grado, y que además salía del cargo más pobre de lo que entró. No digo más que tuvo que despedir a la mayor parte de la servidumbre de su casa de Chelsea y hasta vender de sus bienes para poder mantenerse. A todo esto Ana Bolena había sido coronada reina con gran pompa, pero con no menor disgusto del pueblo que la tenían por una ramera, y una monja benedictina, de nombre Elizabeth Barton, que se atrevió a decirlo en público, fue de las primeras que lo pagó con su vida. Las buenas gentes seguían considerando que su reina era Catalina de Aragón y éste fue el único consuelo que le cupo a nuestra señora, confinada como estaba por orden del rey en el castillo de Kimbolton, al norte de Bedford, de las regiones más inhóspitas de Inglaterra o, al menos, así la recuerdo yo por las tristezas que pasamos allí.

Este rechazo del pueblo encrespó las iras de su Majestad que dispuso que se había de cumplir el que todos los ciudadanos jurasen el *Acta de Sucesión*, que era tanto como reconocer la validez del matrimonio que el Papa había declarado nulo. Apresuráronse a jurar los principales de la corte, muchos de grado, otros forzados, pero a negarse nadie se atrevió. Había nombrado su Majestad, como canciller, a un tal Thomas Cromwell, que ya había sido secretario con Wolsey, muy ducho en dar gusto al rey, que junto con Cranmer bien que cuidaron de que ninguno dejara de hacerlo. Y por ese camino le llegó su hora a sir Tomás Moro, quien por vivir apartado en Chelsea, muy pobre y entregado a la meditación y al estudio, pensó que habría de librarse del trance. Pero pronto se vio que su Majestad tenía en más el juramento de sir Tomás que el de todos los pares del reino juntos, pues al ser tanta su autoridad moral, en jurando él, hasta los más remisos habían de seguir su ejemplo.

En abril del 1534 fue requerido a presentarse en el palacio de Lambeth y tan cierto estaba sir Tomás de lo que había de suceder que, después de confesar y comulgar, se despidió de toda su familia sabiendo que ya no los habría de volver a ver. En Lambeth, como excelente abogado que era, se mostró tan dispuesto a acatar lo que le pedían, que parecía que todo se habría de arreglar. Manifestó que su conciencia no le impedía jurar el que los hijos de su Majestad y Ana Bolena podían estar llamados a ser reyes de Inglaterra, con lo que el canciller Cromwell se mostró muy gozoso pensando cómo agradaría con ello a su Majestad. Pero Cranmer, que era más sibilino, le preguntó:

—Entonces, ¿reconocéis la validez del matrimonio de su Majestad con la reina Ana?

A lo que sir Tomás Moro contestó que correspondía al rey y al Parlamento el decidir quiénes habían de ser sus sucesores y sobre eso estaba dispuesto a jurar sobre las Sagradas Escrituras, mas en orden a la validez del matrimonio él no tenía autoridad para decir sí, o decir no, y que lo que él dijera en nada había de cambiar la sustancia de la cuestión. Sobre esto arguyó mucho y bien, no sólo ese día, sino cuatro más que le tuvieron allí encareciéndole que jurara como habían hecho otros. Hasta amigos suyos muy queridos se lo pedían y él a todos decía lo mismo. Como consecuencia fue encarcelado en la Torre de Londres en la que permaneció quince meses, para bien de la cristiandad, pues durante ese encierro escribió obras muy provechosas para el alma, entre ellas *El diálogo de la Fortaleza contra la Tribulación.*

Cuando nuestra señora supo la suerte que le esperaba a quien tan fidelísimo se le había mostrado desde que llegara a Inglaterra, de eso hacía ya más de treinta años, derramó amargas lágrimas y me pidió que, en su nombre, fuera a visitarle a la prisión y le dijera que le dispensaba de no prestar el juramento que le pedía su Majestad. Esto lo hacía con la magnanimidad habitual en ella, a fin de que salvara la vida, aun doliéndole mucho que quedara en entredicho su matrimonio con el rey.

A sir Tomás lo tenían encerrado en una celda estrecha y húmeda, sin dejarle recibir visitas a menos que éstas fueran para hacerle cambiar de parecer. (Por tal motivo consintieron que le visitara su hija Margaret, la más querida de él, quien le suplicó con lágrimas en los ojos que jurara, sin que sirviera de nada.) A mí también me lo consintieron intuyendo Cromwell el recado que llevaba.

Aun siendo todavía de buena edad, pues recién había cumplido los cincuenta y siete años, en todo parecía un anciano por el trato recibido en aquellos meses, sin que por ello hubiera perdido el ánimo festivo con el que tanto nos deleitaba. Al verle de aquella guisa no pude reprimir las lágrimas, encareciéndole por su vida, a lo que me replicó con aquel punto de humor que empleaba en las tertulias de palacio:

—¿Es eso todo lo que tenéis que decirme, querido Juan Egaña? ¿Será posible que no caigáis en la cuenta que entre vos y yo no existe más diferencia que la que yo he de morir mañana y vos pasado mañana?

A cuenta de esto bromeamos un poco hasta que le dije la embajada que traía en nombre de la reina, lo que le enterneció de sobremanera, mas presto se repuso para decirme:

—Su Gracia me dispensa de actuar con arreglo a mi conciencia, y yo se lo agradezco de todo corazón y por eso la tengo en más de lo que la tenía, si eso es posible. Mas ¿pensáis que Dios será tan condescendiente conmigo como lo es la reina? Mas aunque Él lo fuera no querría yo corresponder al amor que nos mostró al morir por todos nosotros en la cruz y tengo por cierto que lo haría si faltara a mi conciencia.

En este punto, como abogado que era yo también, y no malo, me puse a razonar sobre cómo estábamos todos obligados a prestar el juramento que nos pedía su Majestad, sin merma de nuestro honor. Sir Tomás me escuchaba muy sesudo, como si tuviera muy en cuenta lo que le razonaba, para acabar interpelándome:

—¿Y quién os manda a vos prestar tal juramento cuando seáis requerido a ello?

Conviene advertir que si yo todavía no lo había prestado era porque no me había llegado el turno, no por mérito de mi parte.

—¿No trae su causa en este asunto, la invalidez del matrimonio entre sus Majestades? —continuó discurriendo sir Tomás Moro—. Pues si entiende el rey que no existe ni ha existido nunca tal matrimonio, ni la reina Catalina es inglesa ni vos tampoco, puesto que su Gracia sigue siendo tan castellana como cuando desembarcó en Plymouth, y vos, como caballero de su séquito, seguís la misma suerte que vuestra señora.

—¿Cómo así, sir Tomás, queréis arreglar mi conciencia, cambiándome de nación? ¿O es que acaso no pensáis que me siento inglés en lo más profundo de mi corazón?

—no pude por menos de replicarle.

—Dejad a vuestro corazón que poco cuenta en este negocio y haced caso de lo que os digo; tales son las leyes y a su amparo podéis salir bien parado de este trance.

Y a continuación, con una sinceridad en extremo conmovedora, añadió:

—Pongo a Dios y a la Santísima Virgen, por testigos, que si pudiera librarme de prestar juramento y así retornar a mi casa de Chelsea, con la cabeza sobre mis hombros, me consideraría el más dichoso de los hombres. Por tanto si vos, Juan Egaña, no estando obligado a ello prestáis tal juramento, seréis doblemente culpable: por perjuro y por necio.

Éste era sir Tomás Moro; mientras yo discurría para poner su alma en peligro él lo hacía para salvar la mía y, con tanta agudeza, que acertó en lo de mi juramento, como se verá.

Por fin juzgaron a sir Tomás los pares del reino, presididos por el duque de Norfolk el día 6 de julio del 1535. Fue de los juicios notables que me cupo presenciar; era tal la majestad del acusado y se defendía con tanta gracia de las acusaciones, que sus jueces sólo acertaban a replicarle con denuestos. Se le acusaba de traición a su Majestad al no querer reconocer el *Acta de Supremacía* y cuando sir Tomás se cansó de argüir sobre su demostrada fidelidad al rey y su respeto a cuanto dispusiera en orden a su sucesión, clamó aburrido de oír tantas necedades:

—Hasta ahora, por respeto a su Majestad, he callado y soportado las vejaciones a las que me habéis sometido en la torre, pensando que así cambiaría de parecer. Mas llegado a este punto, y visto que sus señorías no están dispuestas a quitarse sus orejeras, en descargo de mi conciencia debo decir y digo: ¡No es sólo por la Supremacía por la que buscáis mi sangre, sino por no querer condescender en el asunto del matrimonio del rey! Y no puedo condescender aunque otra cosa digan todos los prelados de Inglaterra y universidades tan queridas para mí, como son las de Oxford y Cambridge, porque ningún príncipe temporal puede disponer en contra de lo que sólo corresponde decidir a la sede de Roma, por especial prerrogativa concedida tan sólo a san Pedro y a sus sucesores, los obispos de dicha sede, por el mismo Señor Jesucristo durante su paso por esta tierra.

Con lo cual, los magistrados se dieron por satisfechos y al igual que los fariseos en el juicio a Jesús se rasgaron las vestiduras; en esta ocasión el duque de Norfolk dijo, en nombre de todos, que con tales palabras quedaba patente su traición y sólo procedía dictar sentencia de muerte.

Invitado sir Tomás, como es costumbre en aquellos tribunales, a decir lo que tuviera a bien sobre la condena, dijo lo siguiente:

—Señores, nada más tengo que decir, sino que así como el bienaventurado apóstol san Pablo se hallaba presente y consintió en la muerte de san Esteban al extremo de custodiar la ropa de quienes le apedreaban y, sin embargo, juntos están ahora los dos santos en el cielo, así también espero y rezaré para que a pesar de que vuestras Señorías hayan sido aquí en la tierra jueces de mi condena, nos encontremos gozosamente en los cielos en eterna salvación. Y así, también deseo que Dios Todopoderoso preserve y defienda a su Majestad el rey de todo mal.

Ante tan hermosa oración muchos de los magistrados, que habían sido buenos amigos de sir Tomás Moro, no podían disimular la emoción y hasta alguno se bajó del estrado para estrechar sus manos, por lo que el presidente ordenó que se llevaran presto al prisionero.

La ejecución de sir Tomás tuvo lugar en Tower Hill el día 6 de julio, en medio de gran emoción pues eran muchas las gentes que le debían favores y allá se fueron a rezar por su alma, cuando abandonase este mundo. Su Majestad, en atención a los servicios prestados por el que fuera su canciller, dispuso que en lugar de ser ahorcado, desentrañado y troceado, fuera decapitado. Así se lo comunicó en el mismo cadalso sir William Kingston, gobernador de la torre, a lo que replicó Moro con su habitual humor:

—No permita Dios que el rey tenga muchas oportunidades de hacer semejantes clemencias a sus amigos.

Con el verdugo también estuvo muy cortés, dándole las gracias por el servicio tan grande que le iba a prestar, a lo que el sayón correspondió seccionándole el cuello de un solo tajo.

Cuando llevé la noticia a Kimbolton la reina se sumió en un mar de lágrimas y me hizo contarle con gran detalle cuanto había sucedido, tanto durante el juicio como en el cadalso, y al cabo concluyó:

—Una muerte tan hermosa y rápida desearía para mí, si no fuera por el peso que caería sobre la conciencia de su Majestad.

Esto lo decía porque se había corrido la voz de que el rey, para terminar de una vez por todas con el asunto del matrimonio, había dispuesto la muerte de la reina, unos decían que mediante juicio por traición, otros que por envenenamiento. En cuanto a lo primero podía tener algún sentido, dentro del sin sentido de aquel cúmulo de desatinos, puesto que eran muchas las gentes que se acercaban al castillo de Kimbolton a rendir pleitesía a nuestra señora, a la que seguían considerando como única reina legítima de Inglaterra. Pero Cromwell pronto terminó con tales peregrinaciones, poniendo guardias que impedían el acceso al castillo. La reina se alegró de tan cruel medida que la apartaba del mundo, pues decía que no quería que se derramara más sangre por su causa.

En cuanto a lo del envenenamiento nunca pasó por las mientes de su Majestad, por lo que paso a narrar. Me requirió Cromwell para lo del juramento y me presenté en la cancillería presa de encontrados sentimientos. Después de la muerte de sir Tomás Moro pocas dudas quedaban de lo que les había de ocurrir a los que se opusieran; mas después del ejemplo que nos diera tan excelso varón ¿cómo decir ser blanco lo que a todas luces era negro?

Con estas dudas comencé por argüirle lo que me dijera el amigo amado en su celda de muerte, sobre mi pertenencia a la corte de Castilla y no a la de Inglaterra. Cromwell, que era ducho en leyes, me replicó con un punto de ironía:

—¿Así pensáis salvar el cuello?

A lo que yo repliqué:

—En lo que a mí respecta me siento muy orgulloso de ser inglés y, como tal, súbdito de su Majestad. Pero otro es el parecer de las leyes y el del embajador del emperador Carlos V en esta corte.

Este embajador era a la sazón Eustaquio Chapuys que, a mi juicio, se preocupó muy poco de la suerte de la tía del emperador, lamentándose de su situación, pero sin querer contrariar al monarca inglés, pues España e Inglaterra seguían teniendo intereses comunes frente a Francia, que estaban por encima de los lazos de la sangre. Ciertamente que conté mi caso a Chapuys quien me dijo que había de valerme para que siguiera al servicio de la reina, en mi condición de castellano.

Cromwell me dijo que se lo había de pensar, lo que quería decir que lo consultaría con el rey, y cuando a los pocos días fui requerido de nuevo a su presencia, me dijo:

—Mucho perdéis con dejar de ser inglés, pues su Majestad consiente, pero con la condición de que ya no habéis de volver a pisar esta corte, sino recluiros en Kimbolton y seguir la suerte de vuestra señora. Perdéis los títulos otorgados por su Majestad (el de caballero que me había concedido pocos años antes) y los beneficios a ellos anejos, así como el derecho a ejercer vuestro oficio de abogado.

Mucho perdía, pero menos de lo que estaba dispuesto a perder pues, a ejemplo de sir Tomás Moro, antes de entrar en la cancillería cuidé de confesar y comulgar por lo que pudiera ocurrir; y pedí fuerzas a Dios para que me sostuviera si tenía que decir, no.

Tengo para mí que la benevolencia de su Majestad obedeció a que no quería enfrentarse al embajador del emperador, aunque tampoco estoy muy cierto que éste me hubiera defendido a ultranza. En conclusión, loado sea sir Tomás Moro que en trance de muerte aún tenía ingenio y generosidad para ocuparse de la suerte de sus amigos.

A continuación me sucedió una cosa misteriosa. El canciller me dijo que su Majestad quería verme y que había de presentarme en Hampton Court a no mucho tardar. Como hacía tiempo que el rey sólo consentía en ver a los que en todo le eran muy propicios, temí que quisiera tornar mi ánimo en lo del juramento y allá me fui con el natural desasosiego. Me recibió de seguido, rodeado de caballeros de su corte, a muchos de los cuales veía por primera vez. Eran todos más jóvenes que su Majestad y tenían un aire desenfadado muy distinto del de los nobles caballeros que le asistieron en su juventud. Enrique VIII estaba en exceso grueso pues había perdido toda afición a los ejercicios que tanto amó de joven, salvado el de la caza, aunque decían que ya no gustaba de andar tras las piezas, sino que habían de ponérselas de manera que pudiera matarlas sin tenerse que bajar del carruaje.

Digo que fue misteriosa pues apenas estuve unos minutos con su Majestad, quien me dijo:

—O sea, *John Punch*, que no os duele dejarme ahora que tenía decidido volver a nuestros juegos de pelota.

Es de admirar que el rey fuera capaz de consentir en la muerte del mejor de sus amigos (estoy pensando en sir Tomás) y pocos días después mostrarse en extremo afable con quien no se lo merecía tanto. Digo afable y hasta festivo pues la frase antecedente me la decía a modo de broma. Antes de que pudiera yo balbucear alguna excusa, continuó:

—En todo caso mostráis ser buen vasallo de quien os trajo a esta tierra, pues de seguir a mi lado os quedaba un largo camino por recorrer, mientras que allá donde vais emprendéis un camino sin retorno.

Yo le escuchaba sumiso, genuflexo en su presencia, y por último me dijo lo más asombroso.

—Puesto que así lo deseáis cuidad de vuestra señora y decidle de mi parte que nada me hubiera hecho más dichoso que seguir teniéndola por esposa, si mi conciencia me lo hubiera permitido.

Y con un gesto de la mano me indicó que había terminado el encuentro. Quizá lo dijo para que lo oyeran sus caballeros, pues desde que se hiciera nombrar suprema cabeza de la Iglesia de Inglaterra en todo fingía ser muy escrupuloso y arreglado a su conciencia; pero aun así, noté un punto de temblor en su voz, que es lo que me hace decir que nunca pasó por sus mientes envenenar a esposa a quien tanto había amado. Lo de cortarle el cuello, después de un juicio de los que tanto gustaba, hubiera sido otra cosa, pues pronto se habría convencido de que su conciencia le obligaba a ello, y buen número de cortesanos le habrían dado la razón.

Sirvió este encuentro para traer algún consuelo a la reina en el poco tiempo que le quedó de vida. En nuestro encierro de Kimbolton me hacía repetir esta entrevista y lo que dijo y cómo lo dijo su Majestad el rey. Yo se lo decía de manera que se entendiera que le seguía teniendo mucho amor, aunque la reina se conformaba con que fuera tan sólo un rescoldo del amor tan grande que hubo entre ambos. Tenía prohibido que en su presencia se mencionara a Ana Bolena, convencida como estaba de que aquella infame mujer había sido la culpable del desvío de su egregio esposo; en esto no se le podía llevar la contraria.

La corte de Kimbolton no merecía el nombre de tal, pues se componía de guardianes ingleses, que no consentía la reina que se mostraran en su presencia, ni cuanto menos que le dirigieran la palabra, puesto que no le daban ni el nombre ni el tratamiento de reina. De Castilla sólo quedábamos el confesor y un cirujano que cuidaba de su salud. Penurias no pasábamos pues el Parlamento le había asignado una pensión holgada.

Ya digo que nunca hablaba mal de su Majestad, salvo lo relativo al dolor tan grande de tenerla separada de su amada hija, la princesa María. Yo, por consolarla, le hacía ver que estando llamada a ser reina de Inglaterra (como así fue a la muerte del rey) era de natura que se educara en la corte y no en lugar tan apartado como aquél. Un día, el de la Nochebuena de aquel triste año, me dijo:

— ¿Y vos creéis, Juan Egaña, que deseo yo para mi hija que sea reina? ¿Es que acaso pensáis que nuestra suerte es mejor que la del común de los mortales?

Esto lo decía porque le daba mucho que pensar la triste suerte que había corrido su hermana Juana, reina de Castilla, y la que estaba padeciendo ella. Pero luego se acordaba de su madre, la reina Isabel, y de sus obligaciones dinásticas ante Dios, y consentía en la separación.

En esa Navidad, la del 1535, se le acentuó un mal que tenía de tiempo atrás, por el que se le hinchaban las manos y los pies, y que el cirujano decía que era hidropesía. Le venía un cólico detrás de otro y ya ni dormir podía, a lo más descabezaba un sueño sentada en un sillón; en la cama no se hacía a estar por los ahogos tan grandes que le daban. En aquellas largas noches lo único que le aliviaba eran los rezos, muy entregada como estaba a la voluntad del Señor, ofreciendo tanto dolor por la salvación del alma del rey y por el destino de su amada hija María; también acostumbraba a rezar por los reinos cristianos acosados por el turco, y por aquellos que padecían un acoso, no menos cruentos para las almas, por parte de los luteranos.

Otro alivio era el que habláramos de los sucesos de la juventud, en los que ambos habíamos participado, siempre relacionados con los tiempos en los que el rey Enrique era el más gentil de los caballeros. Lo que no sabía es que el más gentil de los reyes se había convertido en el más cruel de los déspotas, pues bien que le hice llegar recados haciéndole saber que la reina tenía sus días contados y que era de misericordia el que le dejara ver a su hija antes de morir. Pero no consintió. Dicen que temía que si la reina y la princesa estaban juntas serían capaces de alzar todo el reino de Inglaterra contra él. A tanto llegó su desvarío.

A lo más que accedió fue a que la visitara el embajador Chapuys, aunque de poco consuelo sirvió esto a nuestra señora. Pero como premio a tanta conformidad ante la adversidad y a la enfermedad, el Señor le concedió un favor muy grande en vísperas de su muerte, que sucedió el día 7 de enero, festividad de san Raimundo de Peñafort.

219

La más amada de sus damas, María Salinas, la que casara con lord Willoughby, se presentó contra la expresa prohibición del rey, alegando que iba de paso por allí y que se le había estropeado el carruaje. El gobernador de la guardia accedió a dejarla pasar por ser dama de gran poder, ya que una de sus hijas había casado con lord Suffolk, de los más validos frente a su Majestad. Mas una vez dentro, y vista la gravedad de su antigua señora, no consintió en dejar el castillo, aun a riesgo de incurrir en la temible cólera del rey.

A la reina se le iba y se le venía la cabeza por culpa de los humores de la hidropesía, pero cuando estaba en su ser, no cabía en sí de gozo viendo a su vera a la dulcísima María Salinas. Poco antes de morir, nos miró a uno y a otro y nos dijo con voz muy clara y amorosa:

—He aquí, salvados mis padres y su Majestad el rey, mis dos amores en este mundo: María Salinas y Juan Egaña.

Esto me sirvió de mucho consuelo y con el recuerdo de esa frase he vivido muchos años y he enmendado mi conducta para que cuando muera —y pido a Dios que sea a no mucho tardar— me encuentre con ella en el cielo.

El capellán, que era hombre de buena doctrina, no ocultó a nuestra señora la gravedad de su mal y la reina se dispuso a comparecer ante la presencia de Dios, Nuestro Señor, con buen ánimo; en un momento de lucidez me dictó una carta para que la hiciera llegar a su Majestad, en la que le trataba de muy querido señor, rey y esposo, encareciéndole que cuidara de su hija y que mirase mucho a la salvación de su alma, firmando de su puño y letra, con las pocas fuerzas que le quedaban, «Catalina, reina de Inglaterra». Esto último me pareció muy hermoso. Luego me dictó un codicilo para que cuidase el rey de dotar a las tres únicas sirvientas que le habían atendido hasta su muerte, a fin de que pudieran casar.

De allí a poco murió con mucha dulzura. Tan pronto su alma subió a los cielos, el cuerpo, como para no desmerecer de la belleza sublime de su espíritu, tornó a su ser natural desapareciéndole las hinchazones que le afeaban y mostrándose tan terso que causaba admiración. La

María Salinas no consintió que nadie que no fuera ella la amortajara.

Cuando dispuso su Majestad le dimos sepultura, con gran discreción en el monasterio de Peterborough. Honores no recibió ninguno, por lo que es de suponer que se los encontró todos en el Cielo.

CAPÍTULO XV

EPÍLOGO

Muerta la reina Catalina, Ana Bolena se sintió, por fin, reina de Inglaterra pero poco le duró la dicha pues de allí a cuatro meses el canciller Cromwell, para dar gusto a su Majestad, la acusó de adulterio y su cabeza rodó por los suelos en cosa de días, pues así era de presurosa la justicia del rey. Y no fue a la única a la que le sucedió tal, pues a otra esposa que tuvo, llamada Catalina Howard, también la mandó degollar. Llegó a casar hasta seis veces y de ninguna de las sucesivas esposas obtuvo ni la sombra de la felicidad de la que gozó con la más generosa y hermosa de las reinas. A Enrique VIII se le pueden aplicar aquellas palabras del profeta Jeremías, cuando clama: «Espantaos, cielos, horrorizaos y pasmaos. Porque dos maldades ha cometido mi pueblo: me abandonaron a Mí, fuente de agua viva, y cavaron aljibes agrietados, que no pueden contener el agua.»

Su Majestad apartó de su lado el agua viva que manaba de su matrimonio con Catalina y quiso saciar su sed en aljibes agrietados que apenas alcanzaban a mojarle los labios.

Corruptio optimi pessima. Enrique VIII, príncipe cristiano que alcanzó tantas cimas de virtud y felicidad, cayó en el hondón de la crueldad y la barbarie, porque quien muy arriba llega en la virtud más abajo cae cuando se aparta de ella. Ya nadie se sentía seguro junto al rey y prueba de ello es que el mismo Cromwell, que tan fielmente le sirvió, acabó por entregar su cabeza al verdugo por no haber acertado en uno de los matrimonios de su Majestad.

En cuanto a hombres justos a los que descabezó, la lista sería larga, comenzando por el venerable obispo de Rochester, John Fisher, que al igual que Moro tampoco quiso jurar las *Actas de Sucesión y Supremacía*. Y para no contarme yo en esa lista, tan pronto como falleció nuestra amada reina, tomé un navío que me llevó a Brujas, donde residía Juan Luis Vives, quien me recibió de grado y a su amparo pude ganarme la vida dando lecciones en tan notable ciudad. Pasados unos años retorné a Castilla, a la Universidad de Salamanca, donde seguí impartiendo humanidades, amén de evacuar consultas que me solicitaban los ministros de su Majestad Serenísima, nuestro rey don Felipe II, sobre tratados comerciales con Flandes en los que estaban muy interesados. Yo en todo procuraba complacer a su Majestad, mas siempre estando muy distante de la corte, pues por nada de este mundo quería volver a ser cortesano.

Es más, cuando en este año de gracia del 1554 se ha celebrado el regio matrimonio entre nuestro señor el rey don Felipe, y la reina de Inglaterra, María Tudor, hija de mi muy amada Catalina de Aragón, he sido requerido para acompañar a aquellas islas a su Majestad, razonándome el príncipe de Éboli, muy valido suyo, que nadie como yo conoce las costumbres y el habla de aquella corte, mas yo me he excusado atendida mi edad, próximo que estoy a cumplir los setenta años.

Me complace este matrimonio, pues desde el cielo mi amada señora mucho se habrá alegrado de que su porfía por defender la santidad de su matrimonio con Enrique VIII, le haya valido a su hija para ser reina.

Pero por nada de este mundo quisiera tomar parte en él, pues ya tengo dicho en cuán poco estimo los matrimonios que conciertan los príncipes creyendo que así han de arreglar el mundo, cuando lo único que aciertan es a desarreglar las vidas de los que los contraen, quedando el mundo como estaba si no peor. Pido a Dios equivocarme en el de sus Majestades de España e Inglaterra.

Y así termino esta relación desde mi querida costa de Zumaia a donde me he retirado, huyendo de Salamanca por estar más lejos de la corte y de sus peligros. En Salamanca era conocido y requerido y, por contra, en la tierra que me vio nacer apenas soy conocido de nadie, y sólo los más ancianos recuerdan que hubo un Juan Egaña huido de la justicia; ahora todos me conocen por el *Inglés*.

Amores turbios tuve algunos, sobre todo cuando anduve al retortero de su Majestad el rey de Inglaterra, pero limpios sólo dos: el de Francisca de Cáceres que no acertó a esperarme, y el de Catalina de Aragón a quien amé como deben de amar los ángeles en los cielos. Como ambos resultaron imposibles nunca quise casar por tener en tanto el matrimonio que hacerlo sin amor, es para mí delito de alta traición. Y con este pensamiento y dando gloria a Dios y a su madre, la Santísima Virgen María, pongo fin a mi relato, siendo el día catorce de octubre del mil quinientos cincuenta y cuatro, festividad de san Calixto I, Papa y mártir.

FUENTES BIBLIOGRÁFICAS

Para la composición de esta novela sobre la vida de Catalina de Aragón he tropezado con una dificultad inicial: por tratarse de una reina inglesa apenas existe bibliografía en castellano. La laguna la he podido suplir gracias a la diligencia y conocimientos de Rosemary Clark, mi traductora al inglés, que ha sabido facilitarme la riquísima documentación que existe en Inglaterra sobre tan notable personaje. Al tiempo que agradezco su colaboración, me considero obligado a aclarar que ella no es responsable de la interpretación que hago en este relato de la figura de Enrique VIII, que quizá no agrade del todo a los ingleses.

Los libros obtenidos por ese conducto son los siguientes:

Catherine of Aragon, de Garret Mattingly, edición de Jonathan Cape. Thirty Bedford Square, Londres, 1942. Es la biografía más completa y extensa sobre Catalina de Aragón.

The six wives of Henry VIII, de Antonia Fraser, edición de Weidenfeld-Nicolson, Londres, 1992. Es la más reciente biografía sobre Catalina de Aragón y contiene interesantes puntualizaciones.

The six wives of Henry VIII, de Alison Weir, edición de Bodley Head, Londres, 1991. Complementaria de las anteriores.

Katharine, the virgin widow, de Jean Plaidy, edición de Robert Hale, Londres, 1961. Se trata de una novela romántica que contiene aspectos costumbristas de la época de cierto interés.

The shadow of the pomegranate, novela continuación de la anterior, igual edición, 1962.

En orden de interés destaco, a continuación, *Sir Tomás Moro, lord canciller de Inglaterra*, de Andrés Vázquez de Prada, Ediciones Rialp, 1962. A mi juicio es el que con mayor rigor histórico trata el problema del matrimonio entre Enrique VIII y Catalina de Aragón. En caso de duda siempre me he atenido a la versión de Vázquez de Prada y he recogido de ella diálogos entre personajes de la época.

Para las relaciones entre Catalina de Aragón y Juan Luis Vives, me he atenido al excelente trabajo de Ángel Gómez-Hortigüela, en su ensayo *Luis Vives, entre líneas*, editado por la Obra Social y Cultural de Bancaixa, Valencia, 1993.

Otras fuentes:

Enrique VIII y sus seis mujeres, Francis Hackett, Ed. Juventud, Barcelona, 1959.

Juan Luis Vives. Epistolario. Edición preparada por José Jiménez Delgado, Editora National, Madrid, 1978.

Cisma de Inglaterra, del padre Pedro de Rivadeneyra, Biblioteca de Autores Españoles, tomo LX, Madrid, 1952. La primera impresión es de 1868.

Juana la Loca, de Carmen Barberá, Editorial Planeta, 1992.

Los Reyes Católicos, de Luis Suárez Fernández, Ediciones Rialp, 1990.

Para localizaciones geográficas y descripciones monumentales —aparte de mi personal conocimiento de Inglaterra— me he servido de dos obras espléndidas:

The British Isles, Edición de lujo del duque de Norfolk, 1988, cuyo antepasado, por cierto, no sale muy bien parado en mi libro, por lo que le pido disculpas.

Treasures of Britain, edición de Fanum House, Leicester Square, Londres, 1968.

Por último, agradezco a Alicia Collantes que, en funciones de secretaria, me ha servido de gran ayuda para sintetizar la ingente información en inglés.

CRONOLOGÍA

	Vida	Inglaterra	España/Mundo
1485	Nacimiento en Alcalá de Henares, hija del matrimonio entre Isabel de Castilla y Fernando de Aragón. Recibirá una cuidadosa educación.	Enrique VII, rey de Inglaterra tras la derrota y muerte de Ricardo III en Bosworth: fin de la guerra de las Dos Rosas.	
1486		Nacimiento de Arturo (heredero al trono y futuro esposo de Catalina) del enlace entre Isabel Tudor y Enrique VII.	
1491		Nace en Greenwich el futuro Enrique VIII.	
1492		Tratado de Etaples entre Inglaterra y Francia.	Toma de Granada. Descubrimiento de América. Expulsión de los judíos.
1496			Boda de Juana la Loca y Felipe el Hermoso (reyes de Castilla en el bienio 1504-1506).
1497	Se concierta su desposorio con Arturo, príncipe heredero de la corona de Inglaterra.		

Enrique VII.

Juana la Loca.

Felipe el Hermoso.

Vida	Inglaterra	España/Mundo
1498		Luis XII de Francia prepara la invasión de Italia. Vasco de Gama en la India.
1499		*Tragicomedia de Calixto y Melibea,* de Fernando de Rojas
1501	Boda con Arturo, quien morirá al año siguiente sin haber tenido, probablemente, trato carnal con Catalina.	
1502		Victoriosas campañas del Gran Capitán contra los franceses en Italia.
1503	Firma del compromiso para contraer nuevas nupcias con el hermano menor del fallecido Arturo, el futuro Enrique VIII, cuando sea coronado. Muerte de Isabel Tudor, esposa de Enrique VII. Éste baraja la posibilidad de entroncar directamente con alguna hija de los Reyes Católicos.	
1504		Muerte de Isabel la Católica. Nápoles y Milán, bajo protectorado de España y Francia. *Manual del combatiente cristiano,* de Erasmo.
1506		Muerte de Felipe el Hermoso. Enclaustramiento de Juana la Loca y regencia de Cisneros y Fernando de Aragón.
1507/ 1509		Campañas portuguesas y españolas en África.
1507	Nacimiento, en noble cuna, de Ana Bolena.	
1508		Maximiliano, emperador electo de Alemania.

Luis XII.

El Gran Capitán.

Isabel la Católica.

Vida	Inglaterra	España/Mundo

1509 Catalina de Aragón reina de Inglaterra tras su boda con Enrique VIII. De los numerosos vástagos habidos en el matrimonio sólo sobrevivirá María Tudor, nacida en 1516. (Reina de Inglaterra en 1553, al siguiente año casó con Felipe II de España, sin lograr tener descendientes.)

Fallece Enrique VII. Catalina de Aragón y Enrique VIII, reyes de Inglaterra.

1511 Liga Santa contra el francés que ha invadido Italia. Inglaterra junto a España en dicha coalición.

1512 Navarra incorporada a España.

1513 Enrique VIII y el emperador Maximiliano derrotan a los franceses en su tierra (Guinegatte). Jacobo IV de Escocia derrotado y muerto a manos inglesas en Flodden Field.

Balboa descubre el mar del Sur. Cristián II rey de Dinamarca y Noruega.

1515 El cardenal Tomás Wolsey, lord canciller de Inglaterra. Restauración de Hampton Court, pronto lujosa residencia real.

Francisco I sucede a Luis XII en el trono de Francia.

1516 *Utopía*, de Tomás Moro.

Muerte de Fernando el Católico. Regencia de Cisneros y reinado de Carlos I. Selim I, el nuevo sultán turco, inicia sus conquistas por Siria y Egipto.

Cristián II.

Francisco I.

Selim I.

	Vida	Inglaterra	España/Mundo

1517 Tesis de Lutero en Wittenberg.

1518 Amoríos de Enrique VIII con Bessie Blount.

1519 Carlos V emperador de Alemania. Cortés en México.

1520 Contactos entre Enrique VIII y Francisco I de Francia en el Campo del Paño de Oro.
Tratado de Gravelinas y alianza hispanoinglesa frente a Francia. Sublevación de las Comunidades y las Germanías en Castilla y Valencia.

1521 Por sus escritos antiluteranos, el Papado otorga a Enrique VIII el título de «Defensor de la Fe».
Solimán el Magnífico toma Belgrado.

1522 El Tratado de Windsor confirma las alianzas entre España e Inglaterra.
Elcano concluye la primera vuelta al mundo.

1523 Gustavo Wasa, rey de Suecia. Clemente VII nuevo Papa.

1525 Inicio de la *liaison* entre el monarca inglés y Ana Bolena.
Boda de Carlos I e Isabel de Portugal. Francisco I derrotado en Pavía por los españoles.

1527 *El Cortesano*, de Castiglione.

1529 El rey de Inglaterra inicia los trámites del divorcio.
Tomás Moro nuevo lord canciller inglés en sustitución de Wolsey,

Martín Lutero.

Carlos V.

Clemente VII.

1529	caído en desgracia y que fallece en Leicester.	
		Los turcos sitian Viena. Dieta «protestante» de Spira.
1530		Coronación de Carlos V por Clemente VII tras el *saco de Roma*. Los jesuitas, nueva Orden.
1532		*El príncipe*, de Maquiavelo.
1533	Pese a la oposición de Catalina, España y el Vaticano, el arzobispo de Canterbury, Thomas Crammer, anula el matrimonio entre Catalina de Aragón y Enrique VIII y autoriza el del monarca con Ana Bolena, iniciándose un cisma político-religioso de gravísimas consecuencias. La princesa española se niega a admitir los hechos y a renunciar a su título de soberana inglesa.	
	El sometimiento del clero inglés a la voluntad real preludia la ruptura con Roma. Nace la futura Isabel I, hija de Ana Bolena y Enrique VIII.	
1534	El «Acta de Supremacía» instaura el poder eclesial del monarca inglés. Roma condena el anglicanismo.	
1535	Ejecución del obispo Fisher y de Tomás Moro por oponerse al capricho real en la cuestión matrimonial y religiosa. Cromwell, canciller.	
1536	Muerte de Catalina de Aragón en el castillo de Kimbolton, donde ha permanecido confinada los tres últimos años de su vida. Sus restos serán enterrados,	

Tomás Wolsey.

Isabel de Inglaterra.

Tomás Moro.

Vida	Inglaterra	España/Mundo

1536 casi clandestinamente, en la catedral de Petersborough.

Ejecución de Ana Bolena. Gales incorporado a la corona inglesa.

Alianza francoturca contra el emperador Carlos. Muerte de Garcilaso de la Vega.

1547 Muerte de Enrique VIII en Westminster.

Ana Bolena.

Enrique VIII.

Índice onomástico

235

Impreso en Talleres Gráficos
DUPLEX, S. A.
Ciudad de Asunción, 26, int., D
08030 Barcelona